méthode de français

C'est à dire !

A1

Livre de l'élève

SANTILLANA
FRANÇAIS

Coordination éditoriale : Charlène Robert
Édition : Charlène Robert, Agnès Jouanjus

Coordination du projet éditorial : Elena Moreno
Direction éditoriale : Sylvie Courtier

Conception graphique et couverture : Zoográfico
Dessins : Carles Alberdi, Jesús Escudero Cuadrado, Ángel Sánchez Trigo, Zoográfico

Photographies : J. Jaime ; J. L. G. Grande ; J. M.ª Escudero ; L. M. Iglesias ; P. Revilla / Photononstop / Mauritius Images, Jacques Loic, Dan Bannister / John Warburton-Lee, Jean-Pierre Lescourret, Bernard Rouffignac, Fabrice Lerouge / Onoky, Cédric, Michel Setboun, Alain Le Bot, Nigel Pavitt / John Warburton-Lee, Danièle Schneider, Lionel Lourdel, Joel Damase, Sébastien Rabany, Philippe Turpin, Guy Bouchet, Tips / Luis Castaneda, Daniel Thierry, Nicolas Thibaut, Mauritius, François Renault ; S. Padura ; A. G. E. FOTOSTOCK / Peter Erik Forsberg, Fabrice Lerouge, J W Alker, IFPA, Alfred Schauhuber, Patty Abbott, Michael S. Nolan, Pauliene Wessel, José Antonio Moreno, ARCO / Hinze K., Creatista, Ubik, De Agostini / G. Dagl ; CONTACTO / Photononstop / Cultura / Ghislain & Marie David de Lossy, Nigel Pavitt / John Warburton-Lee, Nicolas Thibaut, Stéphane Ouzounoff, Sylva Villerot, Julien Thomazo, Jacques Loic, Gérard Labriet ; CORDON PRESS / Boris Lipnitzki / Roger-Viollet / Tailleur Chanel. Paris, 1936 ; CORDON PRESS / CORBIS / Condé Nast Archive, Lucas Allen, Riou / SoFood, Demotix / infosart, Andrew Brown ; Ecoscene, Galeries / Felix Ledru, Blend Images / V Stock / DreamPictures ; EFE ; GETTY IMAGES SALES SPAIN / B2M Productions, Pidjoe, Rayes, WIN-Initiative, AAGAMIA, Sandra Arduini, Emely, CAP53, Martial Colomb, JLPH, Julian Elliott, Franck Guiziou, Foodcollection, Daniel Thierry, MANIN Richard, Klaus Vedfelt, Joe Schmelzer, Arctic-Images, Albert Mollon, Zubin Shroff, William Shaw, Vlad Fishman, Thomas Craig, Stefano Oppo, Simon Watson, Photo by Ada, Patrick Lane, Jacques Loic, Doug Pearson, Cavan Images, Barry Murphy, Amos Chapple, Allan Baxter, Alain Le Bot, Spiderstock, SelectStock, Jason Loucas, Sami Sarkis, Peter Phipp, Peter Adams, MyLoupe / UIG, Ghislain & Marie David de Lossy, Julian Elliott Ethereal Light, Kelly Cline, Yvan Travert, Cultura / Les and Dave Jacobs, The Bridgeman Art Library, Joel Damase, Brett Stevens, Hola Images, WireImage / Tony Barson, David Evans, Siri Stafford, Andrew Bain, Doxieone Photography, Pascal Le Segretain, Alex Wilson, Travel Ink, Miguel Navarro, Patrice Hauser, Pierre Jacques, Betsie Van Der Meer, Thinkstock, AFP / Doug Kanter, Altrendo images, Shaun Egan, DEA / G. CIGOLINI, Gardel Bertrand, Igor Demchenkov, Nicholas Eveleigh, Kristina Lindberg, Peter Cade, Ojo Images, Sheer Photo, Inc, M. Gebicki, Patrice Tourenne, Jose Luis Pelaez, David Lees, Datacraft Co Ltd, Catherine Ledner, David Gunn, Stephen Simpson, Abel Mitja Varela, DEA / G. DAGLI ORTI, Dave & Les Jacobs, Reza Estakhrian, Arnt Haug, Barbara Van Zanten, Dorling Kindersley, Photos.com Plus, Florence Guillemain, Henglein and Steets, José Luis Gutiérrez, Nicolas Thibaut, A DEMOTES, Christopher Groenhout, Medioimages / Photodisc, Matthias Clamer, CAVIGLIA Denis / hemis.fr, esthAlto / Matthieu Spohn, GERAULT Gregory / hemis.fr, Justin Horrocks, Floortje, Juergen Richter, REPORTERS ASSOCIES / Gamma-Rapho, James And James, BABAYAGA ; I. PREYSLER ; ISTOCKPHOTO / Getty Images Sales Spain ; PHOTO RMN / RMN-Grand Palais (Château de Versailles) / Jean Popovitch ; Helen Chelton López de Haro / Jorge Cueto ; SERIDEC PHOTOIMAGENES CD ; ARCHIVO SANTILLANA

Recherche iconographique : Charlène Robert, Agnès Jouanjus, Mercedes Barcenilla

Coordination artistique : Carlos Aguilera
Direction artistique : José Crespo

Correction : Agnès Jouanjus, Anne-Sophie Lesplulier

Coordination technique : Miguel Ángel Mora-Gil Domínguez

Direction technique : Ángel García Encinar

2014 Santillana Educación, S.L.
Avda. de los Artesanos, 6
28760 Tres Cantos – Madrid
Printed in Spain

CP : 403575
ISBN : 978-84-92729-63-0
Depósito legal : M-4926-2014

Avant-propos

- **C'EST À DIRE !** est une méthode de français destinée aux grands adolescents, jeunes adultes et adultes débutants ou faux-débutants.
  Elle incorpore tous les principes préconisés par le Cadre européen commun de référence pour les langues.

- **C'EST À DIRE !** est une méthode ambitieuse.
  Le premier niveau de C'EST À DIRE ! (A1 → A2) vise l'acquisition du niveau A1 du CECR, qui pourra être certifiée par le DELF A1. Elle amorce en outre la présentation de certains contenus du niveau A2.

- **C'EST À DIRE !** est une méthode pratique.
  Dans une perspective actionnelle, elle développe les compétences de communication des apprenants en leur proposant des activités et des tâches qui les prépareront réellement à agir et interagir de façon efficace en contexte francophone.
  Les réalités socioculturelles, qu'elles soient présentées au fil des textes ou en parallèle, y tiennent une place importante.

- **C'EST À DIRE !** est un véritable outil de formation.
  La méthode privilégie l'acquisition des stratégies d'apprentissage pour impliquer les étudiants, les aider à progresser plus rapidement et à devenir autonomes.

- **C'EST À DIRE !** est un projet.
  L'ensemble des supports constitue un véritable dispositif pédagogique qui aborde les réalités langagières en variant les points de vue et qui prend en compte la diversité des situations d'apprentissage.

LIVRE DE L'ÉLÈVE - MODE D'EMPLOI

Structure générale

- Unité 0
- 12 unités
- 3 évaluations formatives
- Précis grammatical
- Conjugaison
- Phonétique
- Transcriptions des enregistrements non transcrits dans les unités

Organisation d'une unité

Objectifs

- Le thème général de l'unité.
- Les compétences à acquérir.
- Les stratégies à développer.
- La tâche finale.

Découvertes

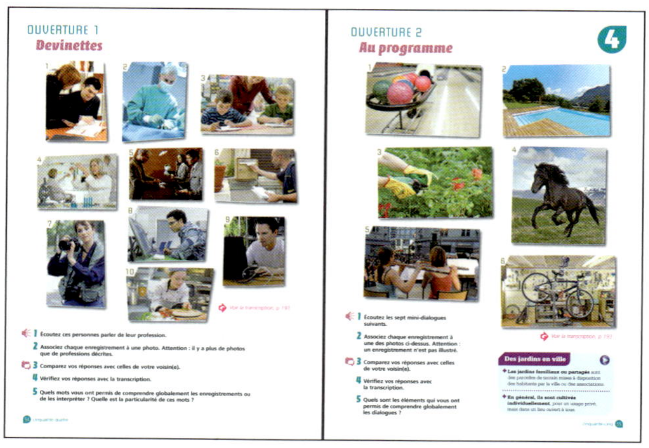

« Ouvertures »

- Pour les quatre premières unités, initiation à l'écoute.
- Mise en place des stratégies de compréhension globale.

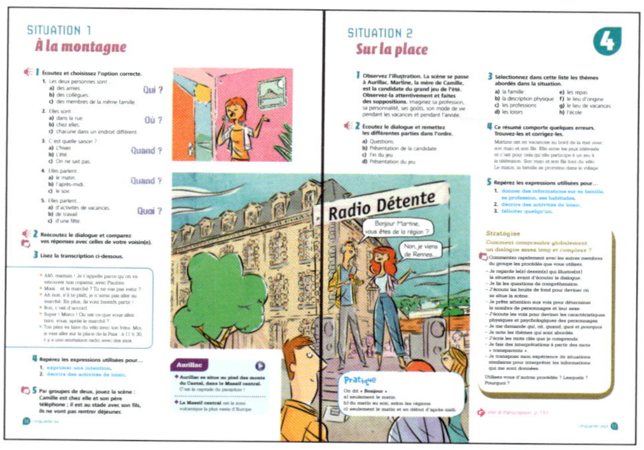

« Situations »

- Deux documents enregistrés : les contenus en contexte.
- Entraînement à la compréhension orale systématisée.
- Pour aider : des « fenêtres » socioculturelles (encadrés et pastilles vidéo).
- Progressivement, des documents écrits authentiques.

Outils

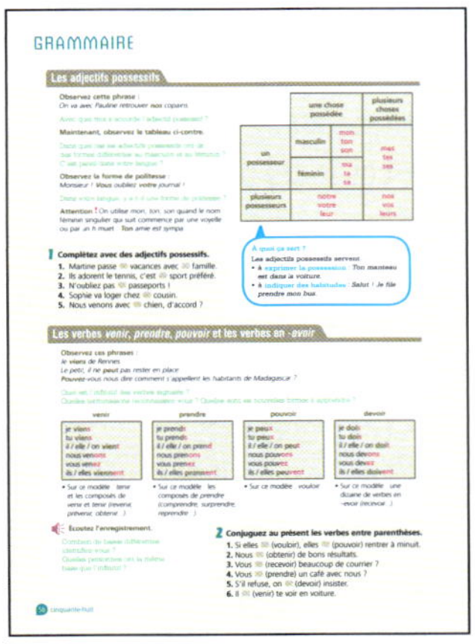

« Grammaire »

- Observation de la langue, en contexte.
- Appropriation des règles.
- Exercices d'application.

« Lexique et prononciation »

- Découverte active, par champs sémantiques.
- Réemploi dans un cadre communicatif.
- Pratiques de discrimination phonétique.

Compétences de communication

« Compétences »

- Des activités pour s'approprier la langue : deux pages pour les unités 1 à 4, quatre pages pour les unités 5 à 12.
- À partir de documents authentiques.

« Société »

- Des suppléments d'information socioculturelle au service des activités des « Compétences ».
- Un « plus » illustré par une courte vidéo documentaire.

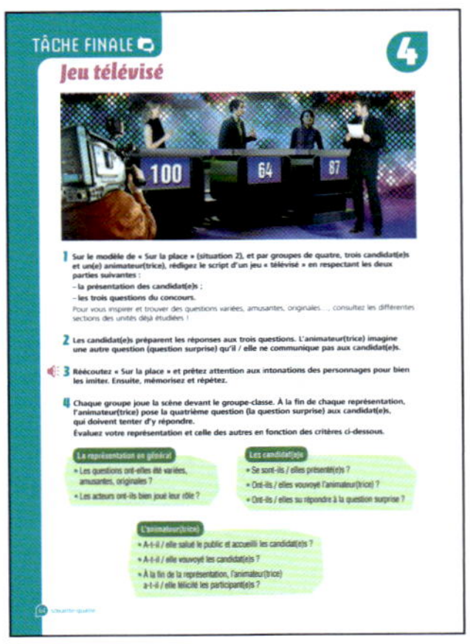

« Tâche finale »

- Un véritable projet collaboratif.
- L'aboutissement pratique de l'unité.
- Des critères d'auto-évaluation et de co-évaluation.

TABLEAU DES CONTENUS

TABLEAU DES CONTENUS

Apprendre le français, pour quoi faire ?
Se distraire et s'informer.
Voir des films en version originale.
Lire la presse.
Écouter la radio.
Visiter des pages web francophones.
Rester curieux, continuer à apprendre.
Ressentir l'émotion d'une chanson en français.
Accéder à la littérature en français dans le texte.
Découvrir des pays et leurs habitants.
Échanger avec des personnes francophones.
Voyager sans intermédiaire.
Accéder à d'autres cultures.
Améliorer sa situation professionnelle.
Augmenter ses chances de trouver un emploi.
Intégrer un secteur international.
Obtenir un poste à l'étranger.
Étudier dans un pays francophone.

unité

Premiers contacts

0

À la fin de l'unité 0, vous serez capable de...

- reconnaître le français parmi d'autres langues.
- comprendre et utiliser des mots et expressions d'usage quotidien.
- commencer à communiquer en français.
- saluer quelqu'un et prendre congé.

Stratégies
Comment se fixer
des objectifs d'apprentissage.

Sonorités

1 Écoutez. En quelle langue sont ces phrases ?

- en français
- en espagnol
- en anglais
- en portugais
- en italien

Se présenter en français

2 Écoutez les enregistrements et répétez après le modèle.

3 Maintenant, présentez-vous.

Salutations

4 Écoutez comment on dit et répétez.

1

2

5 Maintenant, saluez de deux manières différentes une personne de la classe.

6 Ça va ? Aujourd'hui, que répondez-vous ? Posez cette question à votre voisin(e).

Ça va
(très) bien.
Ça va super !

Ça va.
Pas mal.

Comme ci
comme ça.
Bof !

Ça ne
va pas.

Connaître l'alphabet et épeler

7 Écoutez.

- Votre nom et votre prénom, s'il vous plaît ?
- Fraysse Gabriel.
- Vous pouvez répéter, s'il vous plaît ?
- Fraysse Gabriel.
- Votre nom, comment ça s'écrit ?
- Fraysse, F-R-A-Y-deux S-E.
- Ah oui ! Merci.

8 Écoutez et observez l'alphabet ci-dessous.

A apprendre
B bibliothèque
C classe
D dialogue
E élève
F facile
G grammaire
H histoire
I imagination
J jeu
K kiosque
L lexique
M mémoriser
N nombre
O objectif
P professeur
Q question
R réponse
S sons
T texte
U utile
V Vive le français !
W Wouaouh !!!
X Xavier
Y Yasmina
Z zéro

Attention ! Pour épeler, on utilise aussi :

- le trait d'union (-) : *Anne-Sophie*.
- les accents : accent aigu (´), accent grave (`), accent circonflexe (^) : *élève, tâche*.
- le tréma (¨) : *Joëlle*.
- la cédille (ç) : *français*.
- l'apostrophe (') : *l'alphabet*.

9 Par groupes de deux, à tour de rôle, épelez votre nom de famille. Ensuite, épelez le nom et le prénom d'une personnalité francophone que votre voisin(e) doit retrouver.

10 **Écoutez, notez et dites les noms de villes qui sont épelés. Repérez ces villes sur une carte, puis comparez leur prononciation et leur orthographe. Que constatez-vous ?**

11 **Quels sigles correspondent à ces expressions ?**

a) organismes génétiquement modifiés
b) taxe sur la valeur ajoutée
c) pacte civil de solidarité
d) appellation d'origine contrôlée

Compter

12 **Écoutez la prononciation des nombres et observez leur orthographe. Ensuite, cherchez sur les pages du livre comment on écrit les nombres signalés en rouge.**

Les nombres

0	zéro	20	vingt	80	quatre-vingts	100	cent
1	un	21	vingt et un	81	quatre-vingt-un	101	cent un
2	deux	22	vingt-deux	82	quatre-vingt-deux	102	cent deux
3	trois	23	… 28, 29	83		112	cent douze
4	quatre	30	trente	84	quatre-vingt-quatre	124	cent vingt-quatre
5	cinq	31	trente et un	85		200	deux cents
6	six	32	trente-deux	86	quatre-vingt-six	236	deux cent trente-six
7	sept	33	… 35 … 39	87		499	quatre cent quatre-vingt-dix-neuf
8	huit	40	quarante	88	quatre-vingt-huit	1000	mille
9	neuf	41		89	quatre-vingt-neuf	2004	deux mille quatre
10	dix	42	quarante-deux	90	quatre-vingt-dix	4918	quatre mille neuf cent dix-huit
11	onze	43	… 44 … 49	91	quatre-vingt-onze		
12	douze	50	cinquante	92	quatre-vingt-douze		
13	treize	51	… 52 … 59	93	quatre-vingt-treize		
14	quatorze	60	soixante	94			
15	quinze	61	… 68, 69	95	quatre-vingt-quinze		
16	seize	70	soixante-dix	96	quatre-vingt-seize		
17	dix-sept	71	soixante et onze	97	quatre-vingt-dix-sept		
18	dix-huit	72	soixante-douze	98			
19	dix-neuf	73	… 79	99	quatre-vingt-dix-neuf		

13 **Lisez les numéros de téléphone suivants.**

02 41 12 73 96 : zéro deux • quarante et un • douze • soixante-treize • quatre-vingt-seize
06 07 68 23 81 : zéro six • zéro sept • soixante-huit • vingt-trois • quatre-vingt-un

14 **Écoutez et notez les numéros de téléphone des lieux suivants.**

1. la Bibliothèque nationale de France
2. l'office de tourisme de Strasbourg
3. la gare SNCF de Tours
4. l'Université de Lille
5. la grotte de Lascaux II
6. l'hôtel Ritz à Paris

Pratique

Pour appeller de l'étranger, on fait le 00, l'indicatif de la France (33) et le numéro de son correspondant sans le premier 0.

15 **Donnez votre numéro de téléphone à votre voisin(e). Faites la liste des numéros de téléphone de quatre ou cinq personnes. Quel est le numéro de téléphone de votre école ?**

Les jours de la semaine et les mois de l'année

16 Écoutez et répétez les jours de la semaine.

– Quels jours avez-vous cours de français ?
– Quel jour de la semaine préférez-vous ?

17 Écoutez et répétez les mois de l'année.

– Quelle est la date de votre anniversaire ?
– Quelle est la date de la fête nationale française ?

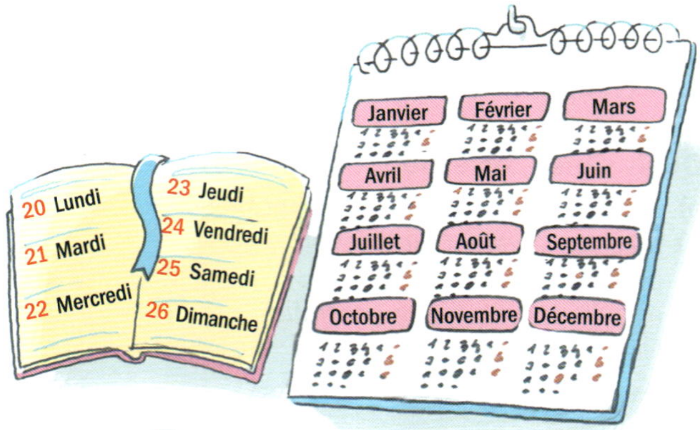

Communiquer en français en classe

18 Observez les phrases, puis écoutez l'enregistrement et dites dans quel ordre vous entendez ces dix phrases.

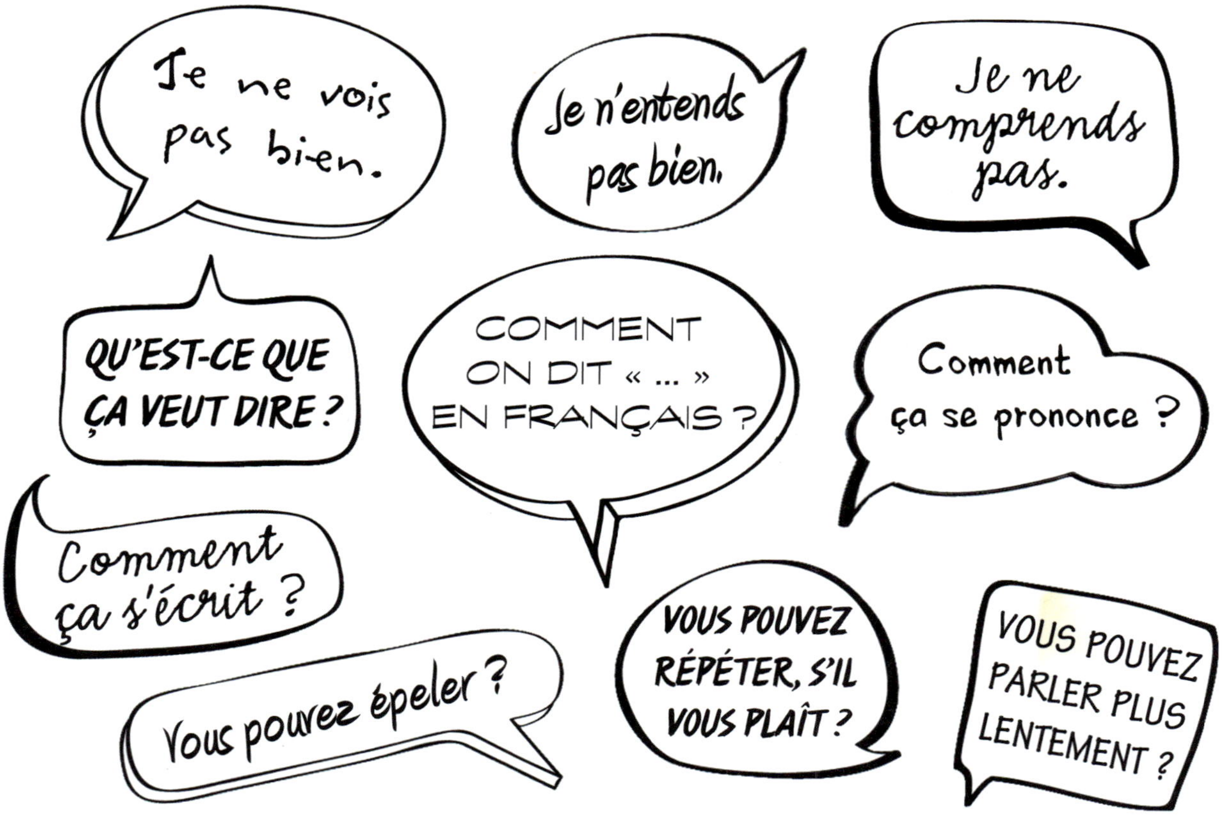

Vos objectifs d'apprentissage

19 Apprendre le français... pour quoi faire ? Lisez le document p. 10.

1. Indiquez les trois objectifs les plus importants pour vous.
2. Par petits groupes, commentez et comparez vos objectifs.
3. Pour ces objectifs, quelles sont vos priorités ?
   - comprendre l'oral
   - comprendre l'écrit
   - parler
   - écrire

unité 1

Rencontres

À la fin de l'unité 1, vous serez capable de...

- **comprendre et participer à de courts échanges dans un contexte scolaire.**
- **comprendre et remplir un questionnaire simple.**
- **rédiger votre biographie langagière.**

TÂCHE FINALE :
« Le club des langues et de la culture »

Pour cela, vous apprendrez à...

- saluer et prendre congé.
- vous présenter et présenter d'autres personnes.
- donner et demander des informations sur des personnes (âge, nationalité et profession).
- utiliser des formules de politesse.

Stratégies
Apprendre à repérer des indices pour comprendre l'oral.
Comment s'entraîner à interagir oralement.

OUVERTURE 1

Bruits de fond

1 **Écoutez. Associez les bruits de fond entendus aux photos.**

1

2

3

4

OUVERTURE 2

Au resto U

Voir la transcription, p.191.

1 Écoutez et observez l'illustration. Repérez sur le dessin le groupe de personnages qui correspond à chaque dialogue.

2 Comment avez-vous associé les groupes de personnages aux dialogues ?

a) Grâce au dessin.
b) À l'aide des voix :
– féminines ou masculines ;
– nombre de voix différentes.
c) Grâce aux mots qui sont presque identiques dans ma langue maternelle.
d) Par d'autres moyens.

3 Comparez vos réponses avec celles de votre voisin(e).

4 Lisez la transcription des dialogues et vérifiez vos réponses.

5 Écoutez à nouveau les dialogues avec la transcription.

Le Restaurant universitaire

- Les étudiants l'appellent « **Resto U** » ou « **RU** ». Il est situé près des sites universitaires.
- Les repas sont proposés par le CROUS (Centre Régional des Œuvres Universitaires et Scolaires). Ils sont **très bon marché**.

SITUATION 1
C'est la prof ?

1 Écoutez et choisissez l'option correcte.

1. On entend parler…
a) deux personnages.
b) trois personnages.
c) quatre personnages.
Qui ?

2. Les personnages sont…
a) masculins et féminins.
b) uniquement féminins.
c) uniquement masculins.
Qui ?

3. Les personnages qui parlent sont…
a) tous des étudiants.
b) un étudiant et des professeurs.
c) des étudiants et un professeur.
Qui ?

4. Ils sont…
a) dans une cafétéria.
b) dans une salle de classe.
c) dans un endroit indéterminé.
Où ?

5. Ils parlent…
a) des vacances.
b) des professeurs en général.
c) du professeur et des élèves de la classe.
Quoi ?

6. Qu'est-ce qu'ils font ?
a) Le professeur présente les étudiants.
b) Le professeur se présente.
c) Les étudiants présentent leur professeur.
Quoi ?

2 Quels mots de la situation identifiez-vous ?

3 Comparez vos réponses avec celles de votre voisin(e) et réécoutez le dialogue.

4 Lisez la transcription et vérifiez vos réponses.

- Salut ! Je m'appelle Julia, et toi ?
- Moi, c'est Grégory ! Tu connais les autres étudiants ?
- Oui, la blonde à côté de la porte, elle est très sympa, et les garçons qui sont avec elle aussi.
- Eh, regarde ! C'est la prof ?
- Oui, elle est québécoise. Ses cours sont super !
- Bonjour ! Je suis Madame Évrard, votre professeure.

Pratique

Abréger les mots est un procédé très utilisé dans le langage parlé : *prof, fac, resto, dico, extra, ciné, pub, coloc,* etc.

Le Québec

✚ **Jacques Cartier,** navigateur français originaire de Saint-Malo, découvre le Canada en 1534.

✚ **Le français** est la langue officielle du Québec.

5 Repérez les expressions qui sont utilisées dans le dialogue pour…

1. se présenter.
2. donner des informations sur une personne.

6 Maintenant, par groupes de trois, mémorisez et jouez cette situation.

SITUATION 2
Elle est comment ?

Voir la transcription, p.191.

1 Écoutez et dites si c'est vrai ou faux.

1. On entend parler trois personnages.
2. Deux personnages se connaissent.
3. Ils sont professeurs.
4. Ils ne connaissent pas la bibliothécaire.
5. La bibliothécaire s'appelle Ariane Leduc.
6. L'étudiante ne connaît pas Ariane Leduc.
7. Elle demande aux professeurs comment elle est.
8. Ariane Leduc est au secrétariat avec le concierge.
9. L'étudiante parle finalement avec Ariane Leduc.
10. La situation se résume ainsi : deux professeurs indiquent à une étudiante où est la bibliothécaire de la médiathèque. La bibliothécaire arrive et l'étudiante parle avec elle.

Pratique

« **Merci beaucoup** », « **Excusez-moi** » et « **Avec plaisir** » sont :

a) des formules de politesse.
b) des manières de saluer.

2 Par groupes de quatre, mémorisez et jouez cette situation.

3 Repérez les expressions qui sont utilisées dans le dialogue pour…

1. **demander et donner des informations sur une personne.**
2. **demander quelque chose à quelqu'un.**
3. **faire une appréciation sur une personne.**
4. **saluer et prendre congé.**

4 Par groupes de trois, transformez cette situation pour présenter Catherine Hébert, secrétaire du directeur.

GRAMMAIRE

Le présent des verbes en *-er* (1) et les pronoms personnels sujets

Observez ces phrases :

Je cherche *la bibliothécaire.*
Elle arrive *tout de suite.*
Tu manges *tous les jours au RU ?*
Elle parle *très bien français.*

Observez et écoutez la conjugaison de ces verbes.

parler	arriver
je parl**e**	j'arriv**e**
tu parl**es**	tu arriv**es**
il / elle / on parl**e**	il / elle / on arriv**e**
nous parl**ons**	nous‿arriv**ons**
vous parl**ez**	vous‿arriv**ez**
ils / elles parl**ent**	ils / elles‿arriv**ent**

Le pronom de la première personne a-t-il toujours la même forme ?

Combien de formes différentes entendez-vous pour chaque verbe ? Et à l'écrit, combien de formes observez-vous ?

Attention à la prononciation !
Distinguez : ***elle*** *arrive* / ***elles***‿*arrivent.*
Par contre : ***il*** *parle* = ***ils*** *parlent.*

Attention à l'orthographe !
Écoutez la conjugaison des verbes *placer* et *voyager*. Afin de garder la même prononciation à toutes les personnes, les verbes en *-cer* / *-ger* prennent *ç* / *ge* devant *a* et *o* :
placer → *nous pla**ç**ons.*
voyager → *nous voya**ge**ons.*

- **En français, le verbe est toujours précédé d'un pronom personnel sujet.**
  À l'oral, c'est souvent la seule façon d'identifier le sujet puisque le verbe se prononce pareil à quatre personnes (*je, tu, il / elle, ils / elles*).
- **Le pronom *vous* peut renvoyer à une seule personne.**
  C'est le vouvoiement, une marque de respect :
  Monsieur Maunier, ***vous*** *êtes médecin ?*
- ***on = nous***
  À l'oral, *on* est très souvent employé à la place de *nous* :
  Nous aimons le cours de français.
  → ***On aime*** *le cours de français.*

À quelle personne est conjugué le verbe avec le pronom *on* ?

1 Écoutez et dites si les phrases sont au singulier, au pluriel ou si on ne sait pas.

2 Conjuguez les verbes au présent.

1. Elle … (travailler) dans une librairie.
2. Tu … (étudier) le français.
3. On … (voyager) en famille.
4. J'… (entrer) en classe.
5. Nous … (commencer) à 10 h.
6. Ils … (passer) leur examen cette année.
7. Nous … (manger) à midi.
8. Nous … (placer) les invités à table.

3 Retrouvez les pronoms sujets.

1. … souriez : … voyez la vie en rose !
2. … portent la même jupe à carreaux.
3. C'est mon copain, … étudie le droit international.
4. … sommes désolées : … n'est pas libres.
5. … ai les yeux bleus et les cheveux châtains.
6. … notes les horaires des cours de français ?
7. Valérie et moi, … mange à la brasserie.
8. Madame, … parlez trop vite !

4 Posez ces questions à une personne que vous vouvoyez.

1. Tu manges au RU ?
2. Tu arrives demain ?
3. Tu cherches quelqu'un ?
4. Tu commences à quelle heure ?
5. Tu aimes voyager ?
6. Tu travailles en France ?
7. Tu entres dans le bureau ?
8. Tu passes à la maison ?

5 Remplacez les pronoms *Nous* par *On*.

1. Nous donnons notre fiche.
2. Nous présentons notre professeur aux nouveaux étudiants.
3. Nous aimons beaucoup le français !
4. Nous voyageons ensemble.
5. Nous travaillons dans une entreprise française.
6. Nous entrons en cours dans 5 minutes.

Le groupe « article défini + nom »

Observez ces groupes nominaux :
l'assistante
la prof
le directeur
les filles

- **L'article défini** précède le nom, avec lequel il s'accorde en genre et en nombre.

Attention à la prononciation !
Distinguez :
le cahier [lə] / *les cahiers* [le]
les mots [le] / *les‿exemples* [lezɛ]

	masculin	féminin
singulier	le secrétaire l'assistant	la secrétaire l'assistante
pluriel	les‿étudiants	les‿étudiantes

Il y a combien d'articles définis au singulier ? Et au pluriel ? C'est la même chose dans votre langue ?

- **Le genre des noms : masculin ou féminin**
  le voisin / la voisine ; l'ami / l'amie
- **Le nombre des noms : singulier ou pluriel**
  le mot / les mots ; la secrétaire / les secrétaires ; l'étudiant(e) / les étudiant(e)s

Quelle lettre est la marque écrite du féminin ? Et la marque du pluriel ? Ces lettres sont-elles prononcées ?

6 Écoutez et dites si les groupes « article + nom » sont au singulier ou au pluriel.

7 Dites si les affirmations suivantes sont vraies ou fausses. Si elles sont fausses, corrigez-les.

1. On emploie *l'* au lieu de *le* ou de *la* quand le mot qui suit commence par une voyelle ou un *h* muet.
2. L'article défini a une seule forme au pluriel.
3. Les articles *le* et *les* se prononcent pareil.
4. Le *s* de *les* ne se prononce jamais.

8 Complétez à l'aide de l'article qui convient.

1. ... garçons parlent avec ... professeur.
2. ... ordinateur de Jean-Luc est super !
3. ... amie de ma voisine s'appelle Carole.
4. Il est dans ... bureau de ... directrice.
5. ... chaises sont confortables.

Les verbes *être* et *avoir*

Observez ces phrases :
*Elle **est** québécoise. Elle **est** avec les garçons ?*
*Il **a** des lunettes. Il **a** 50 ans.*

Attention à la prononciation !
Distinguez :
*ils **sont*** [s] / *ils‿**ont*** [z]
*nous **sommes** belges / nous **sommes**‿allemands* [z]

être	avoir
je suis	j'ai
tu es	tu as
il / elle / on est	il / elle / on a
nous sommes	nous‿avons
vous‿êtes	vous‿avez
ils / elles sont	ils / elles‿ont

À quoi ça sert ?
Le verbe ***être*** sert…
- à **donner des informations** : nationalité, profession, état civil, caractéristiques physiques ou psychologiques.
- à **dire où on se trouve**.

Le verbe ***avoir*** sert…
- à **donner des informations** : âge, possession…

Quel(s) verbe(s) utilisez-vous dans votre langue pour donner ces informations ?

9 Complétez ces présentations.

1. Je ... médecin. Je ... marié. Ma femme ... prof d'anglais dans un lycée. Nous ... trois enfants. Ils ... 4, 7 et 8 ans.
2. Je ... ingénieure. Je ... divorcée et j'... deux enfants. Ils ... 10 et 12 ans. Nous ... un bel appartement. Je ... belge mais mes parents ... italiens.

LEXIQUE

L'école

1 Observez le plan, puis complétez les phrases.

1. Pour consulter un dictionnaire, on va à la ___.
2. Avant d'entrer en classe, on attend dans le ___.
3. Pour s'inscrire, on va au ___.
4. Pour travailler la phonétique, on va dans la ___.
5. Les professeurs font des réunions dans la ___.
6. Les cours ont lieu dans les ___.
7. Pour boire un café, on va à la ___.
8. Pour emprunter un film, on va à la ___.
9. Pour parler au directeur, on va dans son ___.
10. Pour se laver les mains, on va aux ___.

Quels espaces existent dans votre école ou votre université ?

2 Observez ce dessin et comparez avec votre classe. Regardez bien autour de vous ! Y a-t-il des éléments qui ne sont pas sur le dessin ?

Dans quelle salle êtes-vous ?

Les personnes

3 Complétez les phrases avec les mots suivants.

le / la concierge • le / la professeur(e) • le / la directeur(trice) • le / la secrétaire • le / la bibliothécaire

1. La ___ me conseille un film en français.
2. Le bureau du ___ de direction est à côté du bureau de la ___.
3. Ma ___ de français s'appelle Anne. Elle est canadienne, du Québec.
4. Le ___ m'explique où est ma classe.

Comment s'appelle votre professeur(e) ? Vous connaissez le / la directeur(trice) de l'école ? Et le / la secrétaire, comment il / elle s'appelle ?

4 **Associez les mots suivants par paires, puis complétez les phrases avec ces paires.**

(le) garçon • Madame • (le) monsieur • (les) hommes • (les) femmes • (la) fille • (la) dame • Monsieur

1. À la cafétéria, il y a des toilettes pour ___ et pour ___.
2. Viens, je veux te présenter à ce ___. Le blond, très grand, qui parle avec la ___ là-bas.
3. Dans notre groupe, il y a plus de ___ que de ___.
4. Bonjour, je suis ___ Anne Bertier et je vous présente mon ami, ___ Pierre Morin.

La nationalité des étudiants

5 **Les étudiants de la classe organisent un buffet international. Observez ces spécialités culinaires et dites leur origine.**

a) espagnole
b) anglais
c) italiennes
d) argentin
e) turcs
f) japonais
g) mexicain
h) russes
i) marocain
j) grecque

Quelques nationalités

belge
russe
allemand(e)
français(e)
anglais(e)
portugais(e)
irlandais(e)
chinois(e)
espagnol(e)
américain(e)
cubain(e)
brésilien(ne)
égyptien(ne)

Quel plat de cette liste préférez-vous ?
Vous avez des ami(e)s étrangers(ères) ? Quelle est leur nationalité ?

Relations sons-graphies : la finale des mots

1 **Lisez les mots suivants et écoutez l'enregistrement en même temps.**

1. alors
2. amie
3. journal
4. assez
5. beaucoup
6. blond
7. sportif
8. bonjour
9. cahier
10. sac
11. chercher
12. d'accord
13. deux
14. guichet
15. là-bas
16. avec
17. madame
18. professeur
19. salle
20. bavard
21. salut
22. secrétariat
23. animal
24. sérieux
25. très

2 **Classez ces mots selon que la dernière lettre écrite se prononce ou ne se prononce pas.** Quelles lettres ne sont pas prononcées ? Quelles lettres sont toujours prononcées ? Quelle lettre est prononcée ou non, selon les mots ?

COMPÉTENCES
PARLER

1 **C'est le premier jour de cours. Vous saluez votre voisin(e) et vous vous présentez. Puis vous présentez votre voisin(e) au groupe-classe.**

Saluer et répondre à une salutation :
Bonjour monsieur, comment allez-vous ? – Très bien, merci. Et vous ? – Moi aussi. – Salut, ça va ? – Ça va. Et toi ? – Ça ne va pas.

Se présenter et présenter quelqu'un :
Moi, je m'appelle Camille. – Moi, c'est Stéphane. – Je me présente : Florent. – Elle, c'est Béatrice. – Je vous présente mon collègue.

Donner des informations sur quelqu'un (nationalité, âge, profession, lieu de résidence…) : Il est canadien. – Elle est prof. – Elle a 22 ans. – Elle est architecte. – Elle habite à Valence.

2 **Canevas : préparez un dialogue à partir d'un des deux scénarios suivants. Ensuite, interprétez-le devant la classe.**

Se montrer poli(e) : Excusez-moi. / Excuse-moi. – Pardon. – S'il vous / te plaît. – Merci (beaucoup). – Avec plaisir. – Je suis désolé(e).

Prendre congé : Au revoir. – À tout à l'heure. – À bientôt. – À plus (fam.). – Bonne nuit ! – À la semaine prochaine. – À mercredi. – À demain.

Demander de se présenter : Comment tu t'appelles ? – Qui est-ce ? – Quel est votre nom, s'il vous plaît ? – Et votre prénom ? – Comment vous appelez-vous ?

Stratégies

Conseils pour réussir une intervention orale à deux ou trois.

Lisez bien le canevas du dialogue. Repérez dans les « situations » les éléments à réutiliser. Adaptez-les à la nouvelle situation. Attention à l'intonation et aux gestes.

1. Coralie Gasté est professeure à l'école de langues. Julien frappe à la porte de la salle où elle se trouve.
   - Coralie Gasté ouvre la porte et salue.
   - Julien salue et dit qu'il cherche André Dupuis.
   - Coralie Gasté dit à Julien où est André Dupuis.
   - Julien remercie Coralie Gasté et prend congé.
2. Charlène est dans la rue avec Tünde, son amie hongroise. Elles rencontrent Thibault.
   - Charlène salue Thibault.
   - Thibault salue Charlène et demande comment elle va.
   - Charlène répond et présente Tünde à Thibault.
   - Tünde salue Thibault.
   - Thibault salue Tünde et demande si elle est française.
   - Charlène informe Thibault de la nationalité de Tünde.

LIRE

3 **Lisez ce document et répondez aux questions.**

MA BIOGRAPHIE LANGAGIÈRE

1. MES LANGUES

- Quelle est votre / Quelles sont vos langue(s) maternelle(s) ?
- Connaissez-vous une ou plusieurs langues étrangères ? Vous la / les comprenez, parlez, lisez et écrivez un peu, bien ou très bien ?

2. MES CONTACTS AVEC LE FRANÇAIS ET LA CULTURE FRANCOPHONE

- Choisissez l'option qui vous correspond.

	A	B	C	D
Relations affectives	J'ai des parents ou des ami(e)s dans des pays francophones.	J'ai des parents ou des ami(e)s francophones.		
Voyages et séjours dans un pays francophone	J'ai fait un / des voyage(s).	J'ai fait un / des séjour(s) linguistique(s).		
Étude du français	Je l'ai étudié pendant peu de temps.	Je l'ai étudié il y a longtemps.	Je commence maintenant.	
Relations de travail	Je travaille / Je me prépare à travailler pour une entreprise francophone.	Je travaille avec des collègues francophones.		
Goûts	J'aime la gastronomie des pays francophones.	J'utilise des produits d'origine francophone.	J'aime la littérature, le cinéma et la musique francophones.	
Activités en langue française	Je lis des BD, des revues, des nouvelles.	Je regarde la télévision.	J'écoute des chansons.	Je vais au cinéma.
Personnalités francophones connues	Je peux citer des artistes, des écrivains.	Je peux citer des sportifs(ves).	Je peux citer des scientifiques.	Je peux citer des personnalités politiques, des personnages historiques.

*Et la géographie française, vous connaissez ? Faites le test ! Consultez notre **dossier « Société »**, p. 39.*

ÉCRIRE

4 **À partir de votre biographie langagière, faites votre présentation et illustrez-la par une photo ou un dessin.**

Le club des langues et de la culture

Un service d'échanges de services gratuits entre particuliers, le « club des langues et de la culture », vous invite à participer à une expérience d'échanges à composante culturelle dans ses locaux ou sur Internet.

1 Lisez ces messages de particuliers, affichés au club.

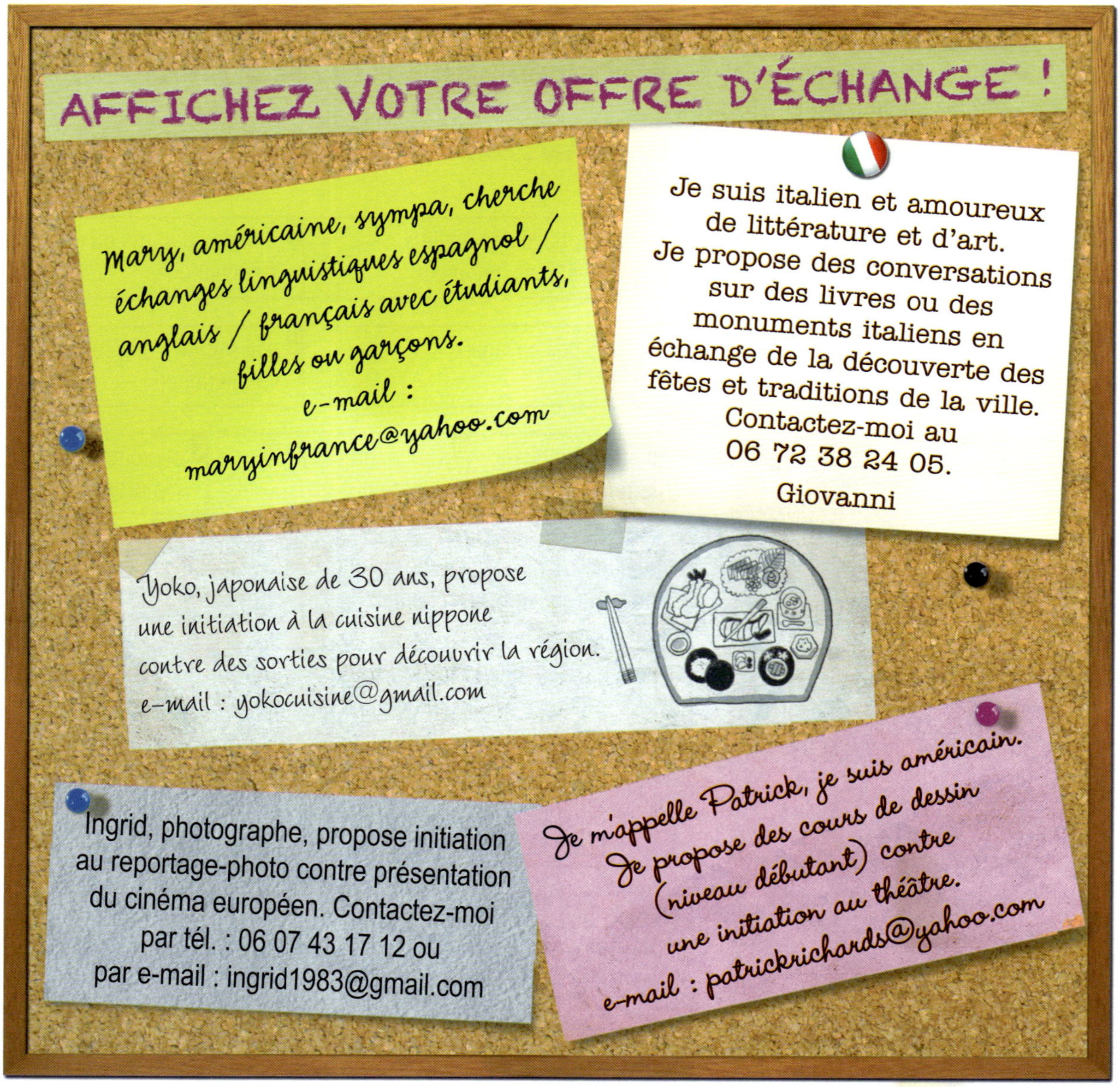

2 Remplissez une fiche pour devenir membre du réseau d'échanges et rédigez votre message.

1. Mentionnez sur la fiche votre nom, votre prénom et votre adresse électronique ou un numéro de téléphone de contact.
2. Indiquez clairement votre offre d'échange : ce que vous proposez, ce que vous cherchez.

3 Affichez au tableau votre message avec votre fiche et consultez les messages des autres élèves. Sélectionnez le(s) message(s) qui vous intéresse(nt).

4 Présentez-vous à la personne ou aux personnes qui ont rédigé ce(s) message(s). Décidez quel jour de la semaine vous convient pour vous réunir : *« Je suis libre le... »*.

unité **2**

Profils

À la fin de l'unité 2, vous serez capable de...

- comprendre et participer à des conversations dans un cadre professionnel.
- jouer à deviner l'identité de quelqu'un.
- répondre à un test de personnalité dans un magazine.
- rédiger la description d'une personne.

TÂCHE FINALE :
« Le prénom détermine-t-il la personne ? »

Pour cela, vous apprendrez à...

- donner des informations sur une personne (état civil, adresse).
- décrire physiquement une personne.
- décrire psychologiquement une personne.
- exprimer vos goûts et vos préférences.
- décrire des émotions.

Stratégies
Savoir interpréter des indices pour comprendre l'oral.
Comment mémoriser des situations.

OUVERTURE

Qui dit quoi ?

1 **Observez ces photographies. Dites à quel(s) sentiment(s) ou émotion(s) vous associez chaque personne : la surprise, la joie, l'indignation, la fierté, la tristesse, le bonheur, l'inquiétude, la gaieté…**

1

2

3

4

5

2 **Écoutez l'enregistrement. Associez chaque phrase entendue à l'une des personnes suivantes.**

1. Une petite fille anxieuse.
2. Un enfant en colère.
3. Un petit garçon surpris.
4. Un jeune homme admiratif.
5. Un monsieur très ému.
6. Une dame très persuasive.
7. Une femme très triste.
8. Un vieux monsieur ironique et mécontent.

3 **Qu'est-ce qui vous a surtout aidé à réaliser l'activité précédente : la voix, l'intonation ou les mots ?**

4 **Vous allez entendre les phrases suivantes prononcées de trois manières différentes chacune. Écoutez les enregistrements et observez les photos, puis dites qui prononce chaque phrase.**

1. « *Bravo, je te félicite !* »

1

2

3

2. « *Tu veux ma photo ?* »

1

2

3

SITUATION 1
À Pôle emploi

Voir la transcription, p.192.

1 Écoutez et choisissez l'option correcte.

1. On entend parler… **Qui ?**
a) deux personnes.
b) quatre personnes.
c) cinq personnes.

2. Les interlocuteurs sont… **Qui ?**
a) masculins et féminins.
b) uniquement féminins.
c) uniquement masculins.

3. Ce sont… **Qui ?**
a) des amis.
b) des employés du même organisme.
c) des personnes qui ne se connaissent pas.

4. Ils sont… **Où ?**
a) dans la rue.
b) à l'école.
c) dans une agence.

5. Ils parlent… **Quoi ?**
a) d'amis communs.
b) d'une dame qui travaille à Pôle emploi.
c) de travail en général.

6. La deuxième personne préfère… **Quoi ?**
a) traiter son dossier avec son interlocuteur.
b) attendre l'employée qu'elle connaît déjà.
c) téléphoner plus tard à cette employée.

2 Dites si c'est vrai ou faux. La jeune fille…

1. connaît le nom de l'employée qu'elle cherche.
2. connaît l'employée qu'elle veut voir et la décrit correctement.
3. veut demander du travail à Pôle emploi.
4. veut parler de son job d'été.

3 Commentez les intonations des deux personnes. Comment caractérisez-vous le ton de la jeune fille (agréable, très aimable, surpris, poli, irrité…) ? Et le ton de l'employé ?

4 Repérez les expressions qui sont utilisées dans le dialogue pour décrire physiquement une personne.
Consultez la transcription si nécessaire.

5 Par groupes de deux, mémorisez cette situation à l'aide de la transcription. Si elle vous semble trop longue, sélectionnez les répliques les plus importantes.

Pratique

« Bien sûr ! » signifie :
a) « C'est évident ! »
b) « C'est impossible ! »

Pôle emploi

- **Pôle emploi** est le service public pour les demandeurs d'emploi en France.
- **Ses principales missions** sont l'accueil, l'inscription, l'accompagnement, l'orientation et la formation des demandeurs d'emploi.

SITUATION 2

C'est formidable !

2

1 Écoutez plusieurs fois le dialogue, puis dites si c'est vrai ou faux.

1. Deux jeunes hommes se parlent dans la rue.
2. Ils se connaissent bien.
3. Ils parlent de leur travail.
4. Ils parlent de Vanessa Gaudin.
5. Elle est brune, c'est une amie de la fac.
6. C'est la copine de l'un d'eux.
7. Elle va se marier avec lui.
8. Elle va vivre avec lui.
9. Ils vont organiser une fête pour célébrer leur installation.
10. L'ami ne sait pas s'il acceptera l'invitation.

2 Lisez la transcription et vérifiez vos réponses.

- Tiens, Ludovic, bonjour ! Qu'est-ce que tu fais ici ?
- Eh ben*... J'attends Vanessa, ma copine.
- Vanessa Rousseau ? La brune de la fac ?
- Non, une autre Vanessa, elle s'appelle Vanessa Gaudin. Elle est sympa, très mignonne...
- Ah ouais**, tu es amoureux, toi ! Elle est comment ?
- Rousse, de taille moyenne, bavarde...
- Et alors, tu reviens vivre à Tours ?
- Heu... Ben oui...
- Oh là là ! Quel mystère !
- Non, non, il n'y a pas de mystère... Nous allons vivre ensemble, voilà !
- C'est pas vrai*** ! Toi, le célibataire ? C'est formidable ! Félicitations !
- Merci, je suis vraiment content ! Justement, Antoine, on fête bientôt notre installation dans le nouvel appartement, je t'invite, il est génial !
- Avec plaisir, c'est où ?
- Place Plumereau, au n° 2.
- Ah, j'adore cette place ! Bon, on m'attend. À bientôt alors !
- Salut !

* « Eh ben » = « Eh bien » (familier)
** « Ah ouais » = « Ah oui » (familier)
*** « C'est pas » = « Ce n'est pas » (familier)

Tours

✚ **Tours** se situe au cœur du Val de Loire, inscrit au patrimoine mondial de l'humanité.

✚ On y parle **le français** le plus pur. C'est la région de Rabelais, Ronsard, Balzac, Descartes...

Pratique

Que dites-vous pour **accepter une invitation** ?
a) « Félicitations ! »
b) « Avec plaisir ! »

3 Par groupes de deux, mémorisez et jouez cette situation. Si elle vous semble trop longue, sélectionnez les répliques les plus importantes.

4 Repérez les expressions qui sont utilisées dans le dialogue pour...

1. **décrire physiquement une personne**.
2. **décrire psychologiquement une personne**.
3. **exprimer des goûts**.
4. **exprimer des sentiments**.

Stratégies

Comment mémoriser plus facilement une situation ?

Commentez rapidement les procédés que vous préférez.

– J'écoute l'enregistrement sans lire la transcription.
– J'écoute l'enregistrement plusieurs fois et je lis la transcription dans mon livre.
– J'écoute l'enregistrement et j'écris dans mon cahier les mots que je comprends.
– J'écoute l'enregistrement plusieurs fois et je répète en même temps.
– Je lis la transcription et je répète les répliques.

GRAMMAIRE

Le groupe « article indéfini + nom »

Observez ces phrases :
Je cherche ***une*** *dame.*
Elle est brune, frisée, avec ***des*** *lunettes.*

	masculin	féminin
singulier	un garçon un‿ami	une fille une amie
pluriel	des‿hommes des‿amis	des femmes des‿amies

Combien d'articles indéfinis y a-t-il au singulier ? Et au pluriel ? Est-ce que c'est la même chose dans votre langue ?

Rappelez-vous : le nom est toujours introduit par un déterminant.

- **L'article indéfini** s'accorde en genre et en nombre avec le nom.
- **Le genre des noms**
  - Certains noms ont la même forme au masculin et au féminin (*un / une élève*, *un / une artiste*), d'autres se différencient par la terminaison (*un étudiant / une étudiante*), d'autres enfin ont des formes très différentes (*un homme / une femme*, *un monsieur / une dame*).

Attention à la prononciation !
Distinguez : ***un*** *monsieur* [œ̃] / ***une*** *dame* [yn]
un‿*élève* [œ̃n] / ***une*** *élève* [yn]

1 Complétez à l'aide de l'article qui convient.

1. Brigitte Ledoux porte ___ lunettes.
2. J'étudie dans ___ école près de la place Plumereau.
3. Ludovic habite dans ___ appartement à Tours.
4. Tu connais ___ fille qui s'appelle Magali ?
5. Djamel est ___ ami de Philippe.
6. Christine a ___ amis sympas.
7. Je veux parler à ___ employé.
8. Il lit ___ dossiers de candidature.

2 Choisissez le nom qui convient pour compléter chaque phrase : ***monsieur, garçon, dame, amis, pays, université, filles.***

1. Dans ma classe, il y a un ___ et quinze ___.
2. Elle adore voyager dans des ___ étrangers.
3. J'ai des ___ français à Paris.
4. Nous étudions dans une ___ publique.
5. Philippe m'a présenté un ___ très sympa.
6. Il y a une ___ à la réception.

Le genre des adjectifs

Observez ces phrases :
Un endroit ***différent****.*
Elle est vraiment très ***mignonne****.*
Oui, ***brune****, un peu* ***frisée****, avec des lunettes.*

- **Les adjectifs s'accordent** en genre et en nombre avec le nom qu'ils qualifient, comme les déterminants.

masculin	féminin	
blond content français brun mignon sportif roux amoureux blanc	blonde contente française brune mignonne sportive rousse amoureuse blanche	adjectifs ≠ à l'oral et ≠ à l'écrit
noir fatigué bleu	noire fatiguée bleue	adjectifs = à l'oral et ≠ à l'écrit
dynamique célibataire	dynamique célibataire	adjectifs = à l'oral et = à l'écrit

3 Mettez ces phrases au féminin.

1. Il est petit, mince et très bavard.
2. Tu es très curieux !
3. Je ne suis pas marié, je suis divorcé.
4. Le garçon est grand et gros.
5. Les élèves sont très sportifs !
6. Vous êtes très amusant.
7. C'est un petit garçon très mignon.
8. Il est admiratif.

Le présent des verbes en *-er* (2)

Écrivez la conjugaison du verbe *chercher* et soulignez les terminaisons.

- **La partie qui ne varie pas s'appelle la base.**
  90 % des verbes français sont des verbes à une seule base, comme *chercher*.

Maintenant, observez et écoutez la conjugaison des verbes suivants :

préférer	essayer	s'appeler *
je préf**è**r**e**	j'essai**e**	je m'appel**le**
tu préf**è**r**es**	tu essai**es**	tu t'appel**les**
il / elle / on préf**è**r**e**	il / elle / on essai**e**	il / elle / on s'appel**le**
nous préfér**ons**	nous essay**ons**	nous nous appel**ons**
vous préfér**ez**	vous essay**ez**	vous vous appel**ez**
ils / elles préf**è**r**ent**	ils / elles essai**ent**	ils / elles s'appel**lent**

* verbe pronominal

Est-ce que la base est la même à toutes les personnes ?

aller (irrégulier)

aller
je **vais**
tu **vas**
il / elle / on **va**
nous all**ons**
vous all**ez**
ils / elles **vont**

- **Autres verbes à deux bases**
  – Sur le modèle de *préférer* : *répéter, compléter, espérer…*
  – Sur le modèle d'*essayer* : *payer, envoyer, tutoyer, employer…*
  – Sur le modèle de *(s')appeler* : *épeler, jeter…*

4 Conjuguez les verbes au présent.

1. Elle ___ (compléter) sa formation.
2. En France, une vendeuse ne ___ (tutoyer) pas les clients.
3. Nous ___ (aller) en cours de français le mardi.
4. Pour mémoriser le dialogue, je le ___ (répéter) plusieurs fois.

La négation

Observez ces phrases :
*Elle **ne** répond **pas**. Elle **n'**est **pas** là aujourd'hui ?*

- La négation comporte deux éléments : ***ne … pas***.
  À l'oral, on supprime souvent le premier terme, jamais le deuxième : *C'est **pas** vrai !*

- Devant un nom, on utilise **de / d'** pour remplacer *un, une, des* :
  *Il y a **un** mystère.* → *Il **n'**y a **pas de** mystère.*

Attention à la forme de la question pour répondre affirmativement **!**
– *Jonas est marié ?* (forme affirmative)
– ***Oui**, il est marié.*
– *Il n'a pas d'enfants ?* (forme négative)
– ***Si**, il a une petite fille de trois ans.*

5 Mettez ces phrases à la forme négative.

1. Elle habite à Toulouse.
2. Il a des amis belges.
3. On va à la piscine.
4. Elle s'appelle Sandrine.
5. J'ai un cousin belge.
6. Tu achètes un sac.

C'est... - Il / Elle est...

Observez ces phrases :
***C'est** Ludovic. **Il est** amoureux et **il est** très content.*

À quoi ça sert ?
- On utilise *c'est* pour **présenter des personnes ou des objets** : *C'est la fiancée de Philippe. C'est la place du Capitole.*
- On utilise *il / elle est* pour **caractériser les personnes ou les objets dont on parle** : *Elle est géniale !*

6 Complétez les phrases suivantes.

1. ___ une amie. ___ prof de français.
2. ___ le concierge de l'école. ___ très sympa.
3. ___ mon collègue de bureau. ___ tunisien.
4. ___ ma rue. ___ en travaux.

Le visage

1 Observez le dessin et complétez les phrases.

1. Elle porte toujours les … très courts.
2. Elle a les … bleus, très grands et très beaux.
3. Elle a un petit … tout droit dans un … carré.
4. Sa … est sensuelle et son … un peu proéminent.
5. Elle a un … très mince et long.
6. Elle n'aime pas ses grandes ….
7. Elle a toujours les … rouges.

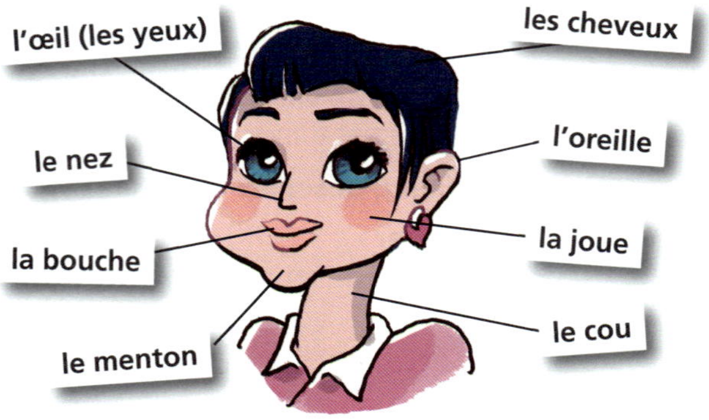

2 Observez les visages et lisez les descriptions. Puis, associez les descriptions aux visages.

1

2

3

a

J'ai un visage allongé qui repose sur un cou large. J'ai un gros nez et de grandes oreilles. Mes yeux sont marron, et mes cheveux sont bruns et frisés.

b

J'ai le visage carré et un cou gracieux. Mes yeux sont verts, mon nez est fin et j'ai une petite bouche. Mes oreilles sont rondes. Je suis blonde et mes cheveux sont ondulés.

c

J'ai le visage triangulaire, mon menton est proéminent. Mon cou est long. J'ai de beaux yeux bleus, un long nez et une grande bouche. Mes cheveux longs, roux et raides cachent mes oreilles.

3 Décrivez votre visage à votre voisin(e) à l'aide des mots suivants. Quelle partie de votre visage préférez-vous ? Quelle partie n'aimez-vous pas ?

un visage rond / allongé / triangulaire / carré • un long / petit cou, un cou large / gracieux • des joues rondes / rouges • un tout petit menton / un menton proéminent • un petit / gros / long nez, un nez fin • une grande / petite / grosse bouche • des yeux bleus / noirs / marron / verts • de petites / grandes oreilles, des oreilles rondes • des cheveux blonds / noirs / blancs / roux / châtains / bruns, frisés / raides / ondulés

4 Composez le portrait de l'homme / la femme idéal(e).

De toutes les couleurs !

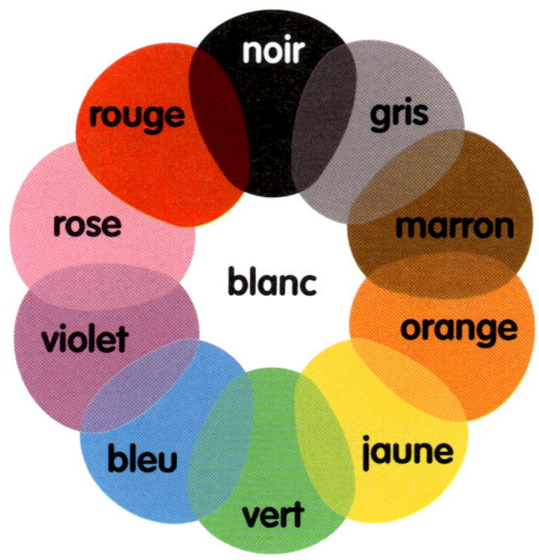

Orange et *marron* sont invariables.

Du physique au caractère

5 Qui est qui ? Observez les illustrations, puis lisez les descriptions. Associez chaque personnage à sa description.

a) C'est un lycéen. Il est un peu maigre, il a un grand sac à dos. Il a les cheveux blonds. Il porte un jean et un pull, et des lunettes de soleil.

b) C'est une femme. Elle est très belle, un peu grosse. Elle a des cheveux blonds très longs. Elle porte une jolie robe rouge. Elle écoute de la musique.

c) C'est une petite fille très mignonne. Elle porte une jupe longue, rose et elle a les cheveux bruns et frisés. Elle a une poupée et elle a l'air pensive.

d) C'est un homme de 35 ans, environ. Il est de taille moyenne, mince. Il a les yeux marron, un long nez et de petites oreilles. Il porte des vêtements de sport : son pantalon est rouge, comme son sweat et ses baskets. Il a un visage sérieux, un peu triste.

e) C'est un monsieur très âgé et très ridé. Il a une longue barbe blanche, il a un chapeau noir. Il est sympathique.

6 Quelle annonce a écrit chacun des personnages précédents ?

a

Garçon de 16 ans, nouveau dans la résidence, drôle et sportif, cherche ados de son âge, amusants et sympas.

b

Jeune homme célibataire, un peu timide, cherche jeune femme tendre et passionnée pour relation stable. Femmes jalouses, s'abstenir !

c

Monsieur âgé, veuf et un peu seul, cherche dame patiente, affectueuse et compréhensive.

d

Dame de 40 ans, divorcée, très sensible, cherche monsieur agréable, actif, cultivé et aimant les voyages.

e

Petite fille qui adore les poupées et jouer à la console, cherche enfants gentils pour s'amuser.

7 Rédigez l'annonce à laquelle vous aimeriez répondre.

Rythme et accent

1 Écoutez et comptez le nombre de syllabes prononcées dans chaque série de mots.

Entraînez-vous à suivre le rythme des groupes phoniques : tapez des mains !

2 En français, la dernière syllabe du groupe phonique est toujours accentuée. Écoutez.

1. C'est Xavier ! Oui, c'est Xavier Martin !
2. C'est joli ! C'est vraiment joli !
3. Il est amoureux ! Il est très amoureux !

3 Écoutez, puis répétez les énoncés suivants. Faites attention au rythme et à l'accent.

1. Tu viens ? Tu viens avec nous ? Tu viens avec nous au cinéma ?
2. Tu es content ? Tu es content du prof ? Tu es content du prof de français ?
3. Une idée ? Quelle idée ? Une bonne idée !

COMPÉTENCES
PARLER

1 Présentez-vous (état civil, adresse, description, goûts et préférences).

1. Vous préparez votre présentation.
2. Vous vous présentez à votre voisin(e).
3. Votre voisin(e) vous présente aux autres membres de la classe.

Donner des informations (état civil, adresse) : Elle est mariée / célibataire / pacsée. – Il habite 4, rue de la Fiole / à Rouen.

Décrire des personnes (physiquement) : Elle est petite. – Il a les cheveux longs / courts. – Il est beau. – Il est mince. – Il a la quarantaine. – Elle porte des lunettes. – Il n'est pas mal ! – Elle a un visage sérieux…

Décrire des personnes (psychologiquement) : Elle est solitaire et sensible. – Il a l'air sympa. – Elle est super ! – Il est amusant. – Elle est gentille. – Elle est pénible.

Exprimer ses goûts et ses préférences : J'aime lire. – Je déteste la musique. – Je préfère sortir. – J'adore le chocolat ! – J'ai horreur d'attendre.

2 Vous cherchez quelqu'un.

1. Par groupes de deux, choisissez une des illustrations ci-dessous. Observez-la et décrivez les émotions de chaque personnage.

a

b

2. Canevas : préparez un dialogue à partir du scénario suivant et des sentiments décrits au point 1. Soignez l'intonation.
   - Gwénola arrive dans un bureau et demande à parler à Mme Lautré.
   - L'employé lui répond qu'il n'y a pas de Mme Lautré.
   - Elle la décrit.
   - Il lui dit que c'est Mme Loriant, mais qu'elle n'est pas disponible.
   - Elle explique pourquoi elle veut la voir.
   - Il lui propose de voir M. Lagile.
   - Elle accepte.

Stratégies

Conseils pour préparer une intervention orale

- Lisez les canevas des interventions à préparer.
- Repérez dans les encadrés les éléments que vous pouvez réutiliser.
- Adaptez-les à chaque nouvelle situation.

Décrire des émotions : Elle est admirative. – Il est triste. – Elle est anxieuse. – Elle est émue. – Il est surpris. – Elle est ironique. – Elle est irritée. – Il est indigné. – Il est en colère. – Elle est joyeuse.

Expression

« **Voir rouge** », c'est :
a) être en colère.
b) être au soleil.

3 Jeu : le personnage célèbre.

1. Par petits groupes, choisissez un personnage célèbre. Pensez à ce que vous savez de lui.
2. Les autres groupes vont vous poser des questions pour deviner qui est ce personnage. Vous répondrez uniquement par *oui* ou par *non*. Le premier qui devine a gagné.

LIRE

4 **Lisez le test et complétez les résultats ( ) : dites quel symbole (■, ◆ ou ●) correspond à chaque tendance. Ensuite, faites le test.**

Voyez-vous la vie en rose ? Prenez-vous la vie du bon côté ? Répondez à notre enquête et découvrez quel est votre profil.

1 Comment trouvez-vous votre région ?
- ■ Banale.
- ● Pleine de possibilités.
- ◆ Horrible.

2 Vous vous présentez pour un travail.
- ◆ Vous êtes pessimiste.
- ● Vous êtes très confiant(e).
- ■ Vous n'êtes pas sûr(e) de l'obtenir.

3 En général, vous trouvez les autres…
- ● très sympathiques.
- ◆ désagréables.
- ■ intéressants.

4 Votre meilleur(e) ami(e) va étudier ou travailler dans un autre pays.
- ● Vous êtes très enthousiaste, c'est fantastique pour lui / elle.
- ◆ Vous êtes triste, il / elle ne va pas revenir.
- ■ Vous vous montrez réservé(e), ce n'est pas facile de partir.

5 Un(e) ami(e) est en retard à un rendez-vous.
- ■ Vous l'attendez tranquillement.
- ● Vous allez prendre un café, vous allez peut-être rencontrer quelqu'un.
- ◆ Vous vous impatientez.

6 Il y a un changement de programme pour vos vacances, vous pensez :
- ■ « Qu'est-ce que je vais faire ? »
- ◆ « Oh là là, c'est terrible ! »
- ● « Ce n'est pas grave après tout, j'adore les surprises. »

COMPTEZ LES SYMBOLES

Vous avez plus de : Vous êtes optimiste. Face à chaque situation, vous réagissez de manière positive ! Vous aimez penser que tout est possible. Mais attention, tout n'est pas toujours rose…

Vous avez plus de : Vous êtes réaliste et accommodant(e). Vous savez attendre avant de juger si une situation est bonne ou mauvaise. Vous vous adaptez facilement.

Vous avez plus de : Vous voyez tout en noir, tout vous irrite, vous avez tendance à tout remettre en question. Soyez un peu plus compréhensif(ve) et positif(ve) ! Essayez de relativiser.

Votre magazine est curieux ! Commentez vos résultats à l'adresse suivante ou par e-mail et vous gagnerez peut-être un magnifique cadeau.

tendances mag
17, rue de la Gaieté - 85170 Belleville-sur-Vie
test@tendancesmag.fr

Et les Français selon vous, ils sont comment ? Reportez-vous à notre ***dossier « Société »****, p. 40.*

ÉCRIRE

5 **Observez la photo ci-contre, puis présentez cette personne physiquement et psychologiquement. (30 mots)**

Le prénom détermine-t-il la personne ?

Des exemples ?

Les **Napoléon** sont petits, gros et ont le regard perçant. Ils sont têtus, autoritaires, amoureux et jaloux ; ils aiment donner des ordres…

Les **Obélix** sont grands, gros, ils ont une moustache rousse et un ventre très rond. Ils sont gourmands et adorent manger. Ils sont affectueux.

1 Par groupes de quatre, choisissez un prénom courant dans votre pays.

2 Attribuez aux personnes qui portent ce prénom des caractéristiques physiques, psychologiques, des préférences…

3 Rédigez leur portrait.

4 Lisez votre texte à un autre groupe : est-ce que tous les membres sont d'accord avec votre description ? Avec quels éléments ne sont-ils pas d'accord ? Est-ce qu'ils proposent d'autres caractéristiques ?

5 Présentez votre production à l'ensemble de la classe.

La France : vous connaissez ?

1 **La France a la forme…**

a) d'un hexagone.
b) d'un rectangle.
c) d'un triangle.

On l'appelle souvent comme ça.

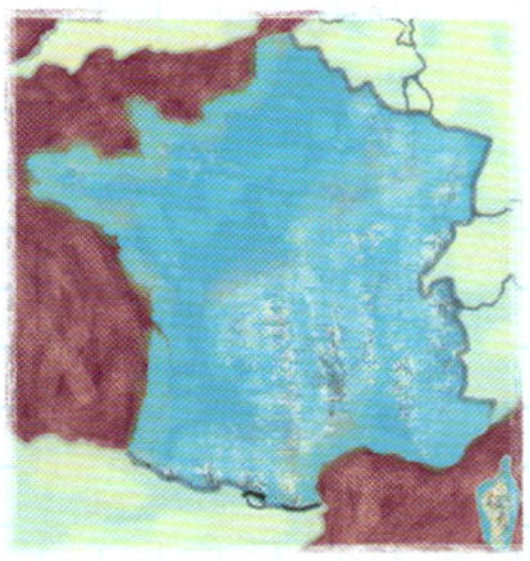

2 **La France métropolitaine a une superficie d'à peu près…**

a) 300 000 kilomètres carrés.
b) 900 000 kilomètres carrés.
c) 550 000 kilomètres carrés.

3 **Quels sont les fleuves français les plus importants ? Mettez les lettres dans l'ordre pour trouver leur nom.**

a) La n / e / G / o / n / r / a, qui passe par Bordeaux.
b) La e / i / L / o / r, qui passe par Tours.
c) Le h / n / i / R, qui passe près de Strasbourg.
d) Le R / e / n / h / ô, qui passe par Lyon.
e) La n / i / e / e / S, qui passe par Paris.

4 **La France est baignée par trois mers et un océan. Vrai ou faux ?**

5 **Les six pays qui ont une frontière avec la France sont…**

1) l'E… **3)** l'I… **5)** la S…
2) le L… **4)** l'A… **6)** la B…

6 **Actuellement, le nombre d'habitants est d'à peu près…**

a) 35 millions. **b)** 80 millions. **c)** 65 millions.

7 **Les villes françaises les plus peuplées sont Nice, Marseille, Paris, Lyon et Toulouse. Classez-les par ordre d'importance.**

8 **L'Île-de-France a à peu près…**

a) 5 millions d'habitants.
b) 22 millions d'habitants.
c) 12 millions d'habitants.

L'Île-de-France, c'est la région de Paris. On appelle ses habitants « les Franciliens ».

9 **Les montagnes les plus hautes sont…**

a) les Pyrénées. **b)** les Alpes. **c)** les Vosges.

Ah, ces Français !

Voici quelques opinions d'étrangers sur les Français. À quels clichés (adjectifs) pouvez-vous associer les phrases ci-dessous? Êtes-vous d'accord ?

râleurs · chauvins · curieux · froids · sociables · gourmets · élégants · bavards

1 « Pour moi, les Français adorent parler et discuter, ils peuvent faire ça pendant des heures. » **étudiant suédois**

2 « Les gens, ici en France, protestent tout le temps. Quand ils ne sont pas d'accord, ils le disent, ils n'ont jamais l'air contents. » **stagiaire canadienne**

3 « J'aime beaucoup comment les femmes s'habillent ici, quelle classe ! » **touriste portugaise**

4 « Moi, je trouve qu'ils posent beaucoup de questions, quelquefois ils veulent tout savoir sur vous. » **étudiante chinoise**

5 « Je pense que les Français sont très distants, pas chaleureux, et qu'ils ne font pas beaucoup d'efforts pour comprendre les étrangers. » **artiste italien**

6 « Les Français aiment bien les bons petits plats, et ils mangent des quantités de pain*, c'est incroyable ! » **médecin brésilien**

*Quel est le nom de ce pain très connu des étrangers ?

Les Français, polis ?

En France, en général, on tutoie seulement ses amis et sa famille. Quand on tutoie, on dit « s'il te plaît » au lieu de « s'il vous plaît ».

unité 3

Au quotidien

À la fin de l'unité 3, vous serez capable de...

- comprendre et répondre à des interviews sur la vie quotidienne.
- téléphoner et répondre au téléphone.
- comprendre de courts articles de journaux (portraits).
- rédiger des textes descriptifs.

TÂCHE FINALE :
« Improvisation théâtrale »

Pour cela, vous apprendrez à...

- demander des informations sur une personne (identité, profession, occupations...).
- décrire des activités quotidiennes.
- exprimer le temps (heure, moment de la journée, fréquence).
- prendre contact par téléphone.

Stratégies
Apprendre à reconnaître différents types de documents oraux et écrits.
Comment mémoriser le lexique.

OUVERTURE 1

Écrits divers

1

…tions enthousiastes …ernet et les félicitations s'ac-…mulent sur sa page Facebook. …HOTO : NBC/NBCU/AP) **Lire page 14**

Le juge Marc Trévidic va enquêter au Rwanda

Le juge antiterroriste Marc Trévidic, 45 ans, épaulé par sa collègue Nathalie Poux, doit se rendre au Rwanda, le 11 septembre, dans le cadre de l'enquête sur l'attentat contre l'avion du président rwandais, Juvénal Habyarimana, en 1994, élément déclencheur du génocide, ont révélé, vendredi 13 août, des sources proches du dossier. Les deux magistrats seront accompagnés de cinq experts en balistique.

…es chiffres

Le triple champion d'Europe du CNM, nouvelle terreur du dos, a basculé dans une autre dimension. Découverte…

Rien ne sera plus jamais comme avant pour Camille Lacourt. Le temps d'une semaine sur l'île Marguerite, au cœur du Danube, le Marseillais, qui donne le vertige (2 m, 84 kg), a basculé dans une nouvelle dimension. On le sentait venir. Les promesses foisonnaient avec ses coups d'éclat devant le maître américain, Aaron Peirsol, double champion olym… que ou Liam Tancok. … monde du 50 m … marche à gravir … pionnat, celle qu… ordinaires du cha… encore les Mondia… mille Lacourt est bi… droit où ont eu lieu, à … faire dite de la « mos… que. De nombreuses o… ves, se mobilisent co… Michael Bloomberg. L… *mans ont les mêmes dro…*

Belle gueule et regard ravageur

"Camille, c'est un très bon caractère, toujours de bonne humeur, juge Madame Lacourt. Il cherche toujours le positif des choses. Son côté enjoué cache aussi une grande pudeur. S'il est très impliqué dans son sport, il est assez nonchalant pour le reste. Sa gazinière est restée six mois en panne dans l'attente d'une réparation. Pour lui, ce n'était pas grave. Il faisait cuire ses gratins chez le voisin, un autre nageur du CNM…"

… but du … ulma… dredi … ction … l'en… 'af… mi… ui… le, … c'est de la joie et de … le ski, jouer à la …

Maracineanu : "Une … de bras impressionn…

Trois médailles d'or (… dos, agrémenté du relais … ges hier), un record d'Eur… une progression chronom… neuse, c'est la marque d'u… *"C'est un garçon extrêm… que avec une fréquence d… sionnante, une qualité in…* na Maracineanu, premièr… du monde française sur … 1998 à Perth. *Il a mis les … qualités naturelles. Il a un … l'eau aussi, il a gagné de l… fant physiquement tout … mentalement. Quand or… dirait une embarcatio… rames qui tournent d… dination. Il est m…*

2

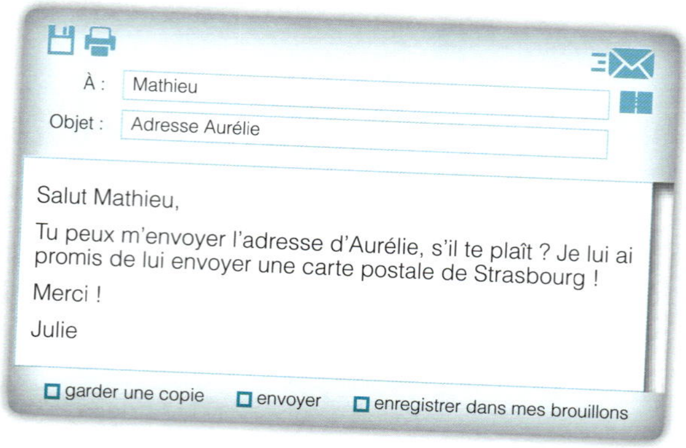

À : Mathieu

Objet : Adresse Aurélie

Salut Mathieu,

Tu peux m'envoyer l'adresse d'Aurélie, s'il te plaît ? Je lui ai promis de lui envoyer une carte postale de Strasbourg !

Merci !

Julie

☐ garder une copie ☐ envoyer ☐ enregistrer dans mes brouillons

3

Salut Aurélie !

Un petit bonjour de Strasbourg de la part de toute l'équipe ! On est sur le point de manger une choucroute !

Il fait très beau, la ville est magnifique. Demain, on part faire un tour dans les vignobles.

Bises,

Julie

Mme Aurélie Bastien

8 rue Mirabeau

26000 VALENCE

COLLECTIONNEZ LES CARTES POSTALES !

4

5

▲ **Lyon**

420.000

11 km

pl. Bellecour. Tel : 78717000

Musée de la Civilisation Gallo-romaine
Ouv. du mer. au dim.
Fermé les jours fériés.

Musée de l'Imprimerie
Ouv. du mer. au dim.
Fermé les jours fériés.

Musée des Tissus
Ouv. du mar. au dim.
Fermé les jours fériés.

Musée des Arts Décoratifs
Ouv. du mar. au dim.
Fermé les jours fériés.

La Maison des Canuts
Ouv. du lun. au sam.
Fermée les jours fériés.

Deuxième ville de France, Lyon est le chef-lieu du département du Rhône et de la Région Rhône-Alpes. Située entre le Nord et la Méditerranée, elle est proche de l'Allemagne, de la Suisse et de l'Italie.

Traditionnellement marchande et industrielle, c'est aussi le pays de la bonne cuisine avec de nombreuses spécialités culinaires (quenelles, charcuterie) que l'on déguste dans les petits bistrots typiques appelés « bouchons ».

Le Vieux Lyon se divise entre les quartiers de Saint-Jean, Saint-Paul et Saint-Georges, et forme le plus grand ensemble urbain Renaissance d'Europe. On trouve deux théâtres romains : le Grand Théâtre (108 m de diamètre), le plus ancien de France et l'Odéon aux dimensions plus réduites. Le musée de la Civilisation Gallo-romaine évoque la vie de Lyon pendant l'Antiquité.

Dans le vieux quartier de Fourvière, se dressent aussi la basilique Notre-Dame-de-Fourvière (XIXe siècle) et la cathédrale de Saint-Jean qui possède une horloge astronomique du XIVe siècle.

LYON

130

La Presqu'île, cœur de la ville, se situe au nord du confluent du Rhône et de la Saône. Sur la place des Terreaux, on trouve une fontaine monumentale et l'Hôtel de ville. L'Opéra dispose actuellement d'un des plateaux scéniques les plus modernes d'Europe. Le musée des Beaux-Arts, véritable petit Louvre, possède des collections très variées, depuis les antiquités égyptiennes à l'art du XXe siècle. Le musée de l'Imprimerie retrace l'histoire du livre et l'évolution de la presse et des moyens d'impression. La ville possède également le musée des Tissus, le musée du Cinéma, le musée d'Histoire Naturelle, et le tout nouveau musée d'Art Contemporain, situé entre le Rhône et le grand parc de la Tête d'Or (où se trouve également le zoo) qui organise les célèbres biennales d'Art contemporain.

La Croix-Rousse est un vieux quartier au nord de la ville, autrefois le domaine des canuts, ouvriers spécialisés dans le tissage de la soie. On trouvera les célèbres traboules, ruelles couvertes destinées à protéger les précieux tissus. Enfin, la Maison des Canuts vous montrera tous les secrets de la production de la soie.

Ne manquez pas !
- Les théâtres romains
- Le musée de la civilisation Gallo-romaine
- Le vieux Lyon

131

6

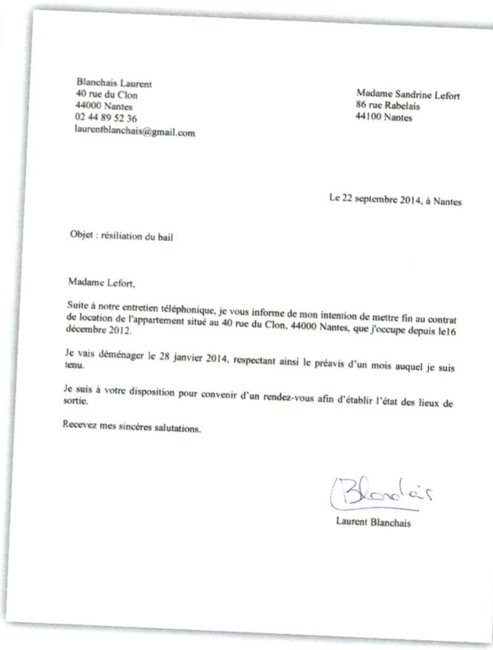

Blanchais Laurent
40 rue du Clon
44000 Nantes
02 44 89 52 36
laurentblanchais@gmail.com

Madame Sandrine Lefort
86 rue Rabelais
44100 Nantes

Le 22 septembre 2014, à Nantes

Objet : résiliation du bail

Madame Lefort,

Suite à notre entretien téléphonique, je vous informe de mon intention de mettre fin au contrat de location de l'appartement situé au 40 rue du Clon, 44000 Nantes, que j'occupe depuis le16 décembre 2012.

Je vais déménager le 28 janvier 2014, respectant ainsi le préavis d'un mois auquel je suis tenu.

Je suis à votre disposition pour convenir d'un rendez-vous afin d'établir l'état des lieux de sortie.

Recevez mes sincères salutations.

Blanchais

Laurent Blanchais

7

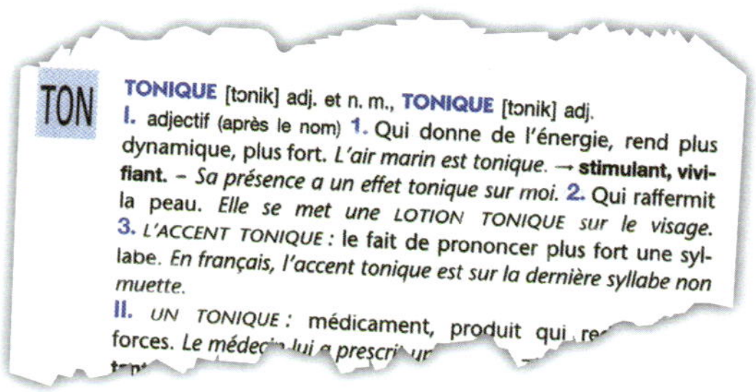

TON

TONIQUE [tɔnik] adj. et n. m., **TONIQUE** [tɔnik] adj.
I. adjectif (après le nom) **1.** Qui donne de l'énergie, rend plus dynamique, plus fort. *L'air marin est tonique.* → **stimulant, vivifiant.** – *Sa présence a un effet tonique sur moi.* **2.** Qui raffermit la peau. *Elle se met une* LOTION TONIQUE *sur le visage.* **3.** L'ACCENT TONIQUE : le fait de prononcer plus fort une syllabe. *En français, l'accent tonique est sur la dernière syllabe non muette.*
II. UN TONIQUE : médicament, produit qui re… forces. *Le médec… lui a prescri… un…*

1 Associez chaque document à un type de texte.

a) petite annonce
b) article de presse
c) carte postale
d) guide touristique
e) entrée de dictionnaire
f) courrier électronique
g) lettre

2 Quels indices vous ont permis de répondre ?

OUVERTURE 2

3

Soyez attentifs !

1 Écoutez. À quel enregistrement correspond chaque étiquette ?

a *annonce de répondeur*

b *conversation en tête-à-tête*

c *annonce par haut-parleur*

d *conversation téléphonique*

e *monologue public*

2 Quelle option correspond à chaque enregistrement ?

1. a) visite d'un musée **b)** circuit touristique
2. a) « On n'est pas là. » **b)** « Les lignes sont occupées. »
3. a) arrivée d'un train **b)** fermeture d'un magasin
4. a) rébellion à la maison **b)** jeux en famille
5. a) activités quotidiennes **b)** invitation pour le week-end

3 Quels indices vous ont permis de comprendre globalement ces documents ?

SITUATION 1
Journée d'école

Voir la transcription, p. 192.

1 Écoutez et répondez aux questions.

1. Les personnages...
   a) sont amis.
   b) sont de la même famille.
   c) ne se connaissent pas.

   Qui ?

2. Ils parlent...
   a) de la famille.
   b) des activités quotidiennes.
   c) des vacances.

   Quoi ?

3. L'un des personnages se lève...
   a) à sept heures.
   b) avant sept heures.
   c) après sept heures.

   Quand ?

4. Il mange...
   a) chez lui.
   b) chez Nicolas.
   c) à la cantine.

   Où ?

5. Il parle...
   a) de l'école et des loisirs.
   b) uniquement de l'école.
   c) uniquement des loisirs.

   Quoi ?

2 Vérifiez vos réponses avec la transcription.

3 Faites un résumé de la journée de Cédric. (trois lignes)

4 Repérez les expressions qui sont utilisées dans le dialogue pour...

1. **demander des informations.**
2. **exprimer le temps (l'heure).**
3. **décrire des activités quotidiennes.**

5 Maintenant, par groupes de deux, mémorisez et jouez cette situation. Si elle vous semble trop longue, sélectionnez les répliques les plus importantes.

Les rythmes scolaires

- **L'année scolaire**, de la maternelle au lycée, est divisée en cinq périodes de travail (de 6 à 9 semaines) et quatre périodes de vacances (en plus des vacances d'été).
- **Ces périodes de vacances** sont la Toussaint, Noël, les vacances d'hiver et les vacances de printemps.

À l'écoute de votre quotidien

1 Écoutez. Dites si c'est vrai, faux ou si on ne sait pas.

1. Laure Rouillac participe à un concours radiophonique.
2. Elle habite à Belfort.
3. Elle aime se lever tôt le matin.
4. Elle ne dort jamais à Bâle.
5. Elle part en taxi pour prendre le train.
6. Elle voyage souvent en train.
7. Elle déjeune dans une cafétéria après ses réunions.
8. Elle aime beaucoup son travail et sa vie en général.
9. Elle sort beaucoup le soir avec ses amis.
10. Elle est divorcée et a trois enfants.

2 Vérifiez vos réponses avec la transcription.

(Au standard d'Est-Radio.)
- Allô, je suis bien chez Laure Rouillac ?
- Allô, oui, c'est bien moi. Qui est à l'appareil ?
- Ici Élodie, de Est-Radio. Vous avez demandé à participer à notre émission du samedi « À l'écoute de votre quotidien » ; vous êtes disponible ?
- Oui, oui.
- Alors je vous passe Stéphane, l'animateur.

(En direct.)
- Bonjour Laure, vous êtes notre première auditrice. Vous nous appelez d'où ?
- Bonjour Stéphane ! De Belfort, j'habite à Belfort mais je travaille à Bâle, en Suisse.
- Et qu'est-ce que vous faites comme travail ?
- Je suis dans le secteur de la biotechnologie.
- Laure, racontez-nous une de vos journées.
- Eh bien, je me lève en général très tôt. Vers six heures. Je pars de chez moi à sept heures !
- Tous les jours ?
- Presque. Le mercredi soir, je dors à Bâle, chez ma fille aînée.
- Comment voyagez-vous ?
- Habituellement en train, en TGV.
- Et vous déjeunez où ?
- Nous avons un petit restaurant d'entreprise… Parfois aussi dans mon bureau avec mes collègues, quand nous avons des réunions l'après-midi. Comme ça, nous ne perdons pas de temps.
- Vous sortez souvent le soir ?
- Oh non ! Je sors quelquefois le week-end avec mon mari, mais en semaine, normalement, nous restons à la maison ! Je lis, on regarde la télévision.
- Votre vie est un peu compliquée, non ?
- Un peu, mais elle est passionnante. Et puis, mes deux enfants sont grands…
- Eh bien, merci Laure et bon week-end !

3 Par groupes de deux, mémorisez et jouez cette situation. Si elle vous semble trop longue, sélectionnez les répliques les plus importantes.

4 Repérez les expressions qui sont utilisées dans le dialogue pour…

1. **prendre contact par téléphone.**
2. **demander des informations.**
3. **décrire des activités quotidiennes.**
4. **exprimer le temps (fréquence et moment de la journée).**

Pratique

« **Vers 6 heures** », ça veut dire :
a) « à 6 heures exactement ».
b) « à 6 heures approximativement ».

5 Maintenant, par groupes de deux, transformez la situation. C'est Éric Laval qui est interrogé. Il est cadre dans une entreprise française et il travaille en Belgique.

La Suisse

✚ **De nombreux Français** qui habitent près de la frontière travaillent en Suisse : ce sont les travailleurs frontaliers.

GRAMMAIRE

Les articles partitifs

Observez ces phrases :
*Je mange **du** pain, **des** tartines avec **du** beurre ou **de la** confiture, et je bois **du** lait avec **du** cacao et parfois aussi, **des** céréales.*

À quoi ça sert ?
Les articles partitifs servent…
- à **déterminer des noms « non comptables »** :
  Vous avez de l'huile d'olive ?
- à **exprimer des quantités indéfinies** :
  Vous voulez des biscuits ?
  (une certaine quantité)
  Voilà du gâteau pour ton goûter.
  (une partie de)

Comment exprimez-vous la quantité imprécise dans votre langue ?
Vous utilisez aussi un déterminant ?

	masculin	féminin
singulier	du pain de l'ail	de la confiture de l'eau
pluriel	des fruits	des tartines

Combien de formes y a-t-il au singulier ?
Et au pluriel ?

Maintenant, observez ces phrases :
*Je ne mange **pas de** viande.*
*Je ne bois **pas d'**alcool.*
*Je ne mange **pas de** céréales.*

- **À la forme négative,** l'article disparaît.
  On utilise *pas de / d'* devant le nom.
  Cette règle ne s'applique pas avec le verbe *être* :
  *Beurk ! Ce n'est **pas du** pain ça ! C'est **du** caoutchouc !*

1 Complétez les phrases suivantes à l'aide d'un article partitif.

1. Achète ___ fromage pour ce soir.
2. Mon petit déjeuner ? ___ café et une tartine avec ___ miel.
3. Laurent préfère manger ___ biscottes avec ___ lait.
4. Le soir, je fais toujours un repas léger : ___ légumes et ___ poisson.
5. Qu'est-ce que tu préfères pour ton goûter : ___ croissants ou ___ brioche ?
6. Ma tante boit ___ thé avec ___ sucre et ___ lait, tu prépares ça ?

L'interrogation

Observez les mots interrogatifs dans ces phrases :
***Quel** âge tu as ?*
***Qu'**est-ce que tu manges au petit déjeuner ?*
*C'est **qui**, Nicolas ?*
***Comment** tu vas à l'école ?*
*Vous déjeunez **où** ?*
***Quand** est-ce que tu sors de l'école ?*
***Combien d'**heures tu travailles ?*
***Pourquoi** tu restes à la cantine ?*

À quoi ça sert ?
Les mots interrogatifs servent à **poser des questions sur la manière, le lieu, le temps, la quantité, la cause, les personnes, les choses**, etc.

Qu'est-ce qu'ils indiquent dans les questions ci-dessus ?

- **Trois constructions possibles :**
  *Vous sortez souvent le soir **?***
  Est-ce que** vous sortez souvent le soir **?
  Sortez-vous** souvent le soir **?

Quelle construction appartient au registre le plus soutenu ?

2 Posez des questions.

1. C'est une copine de l'école.
2. À midi.
3. Dans un petit restaurant.
4. En voiture.
5. Je lis.
6. Je pars huit jours en France.
7. Parce que le train, c'est plus confortable !
8. Je préfère les cours de langue.
9. J'écris un mail.
10. Oui, je veux bien de l'eau !

Les verbes en *-ir* / *-ire* et les verbes en *-dre* / *-tre*

Observez ces phrases :

*L'école **finit** à 4 heures moins le quart.*
*Je **pars** de chez moi à 7 heures.*
*Comme ça, nous ne **perdons** pas de temps.*
*Vous **sortez** souvent le soir ?*

Écoutez et observez ces verbes :

partir	finir	lire	perdre	mettre
je pars	je finis	je lis	je perds	je mets
tu pars	tu finis	tu lis	tu perds	tu mets
il / elle / on part	il / elle / on finit	il / elle / on lit	il / elle / on perd	il / elle / on met
nous partons	nous finissons	nous lisons	nous perdons	nous mettons
vous partez	vous finissez	vous lisez	vous perdez	vous mettez
ils / elles partent	ils / elles finissent	ils / elles lisent	ils / elles perdent	ils / elles mettent

Combien de formes différentes y a-t-il à l'oral ? Et à l'écrit ? Et combien de bases ?

- **Verbes en *-ir***
  - Sur le modèle de *partir* : *dormir, sortir...* Exceptions : *venir, tenir* et leurs composés.
  - Sur le modèle de *finir* : *choisir, réussir, grandir...*
- **Verbes en *-ire***
  - Sur le modèle de *lire* : *introduire, conduire...* Exception : *dire* (*vous dites*).
- **Verbes en *-dre***
  - Sur le modèle de *perdre* : *répondre, attendre...* Exceptions : *prendre* et ses composés. Un cas particulier : *vivre*.
- **Verbes en *-tre***
  - Sur le modèle de *mettre* : *admettre, promettre...*
  - *Connaître, paraître, naître...*

faire (irrégulier)

faire
je fais
tu fais
il / elle / on fait
nous faisons
vous faites
ils / elles font

3 Écoutez. Les verbes sont au singulier ou au pluriel ?

4 Conjuguez au présent.

1. Tu … (dormir) avec la fenêtre ouverte ?
2. Ils … (perdre) leur temps au lieu d'étudier.
3. Il … (conduire) lentement.
4. Qu'est-ce que vous … (faire) dans la vie ?
5. Elle … (attendre) l'autobus depuis un quart d'heure.

Les pronoms personnels toniques

Observez ces phrases :

*Je pars de chez **moi** à 7 heures.*
***Moi**, je me couche tard.*

	singulier	pluriel
1re personne	moi	nous
2e personne	toi	vous
3e personne	lui / elle	eux / elles

À quoi ça sert ?
Les pronoms toniques servent…
- à **renforcer un autre pronom** : *Toi, tu joues très bien au foot ! Nous, on préfère jouer au rugby.*
- à **interroger et à répondre** :
  – Je suis très fatiguée, et toi ?
  – Moi aussi !

- **On peut les trouver avant…**
  - les pronoms personnels sujets : ***Lui**, c'est mon copain, il habite à côté. **Nous**, on est toujours d'accord.*
- **Ils sont obligatoires après…**
  - le présentatif *c'est* : *C'est **toi** sur la photo ?*
  - une préposition : *Comment ils rentrent chez **eux** ?*
  - la conjonction *et* : *Cédric et **moi**, on se dispute tout le temps !*

5 Complétez à l'aide d'un pronom tonique.

1. Je connais bien Elsa et Marielle, je travaille avec … .
2. Si tu vas au supermarché, je vais avec … .
3. Je suis fatigué, je rentre chez … .
4. C'est l'anniversaire de Ludovic et de Victor : j'ai un cadeau pour … .
5. Et …, vous sortez souvent le soir ?

LEXIQUE

Activités et rythme de vie

1 Associez les photos à quelques-uns des verbes suivants.

se coucher • se réveiller • s'habiller • se lever • s'endormir • se déshabiller • faire sa toilette • prendre une douche • prendre un bain • se brosser les dents • se laver les mains

1
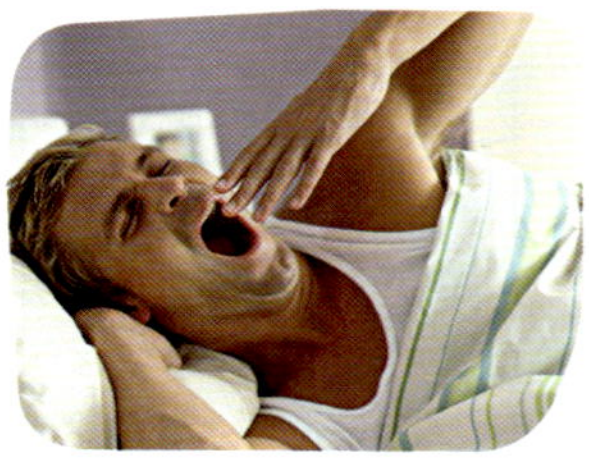
2

3

4

2 Quel est le contraire des verbes suivants ?

1. se réveiller
2. se lever
3. se déshabiller

Préférez-vous prendre une douche ou un bain ?
Vous vous lavez toujours le matin ? Ou le soir ?

Les moments de la journée

Le matin : de 1 heure à midi.
Le midi : de midi à 14 heures.
L'après-midi : de 13 heures à 18 / 19 heures.
Le soir : de 18 / 19 heures à l'heure du coucher.

La fréquence

toujours
habituellement, d'habitude, normalement
souvent
parfois, quelquefois
rarement
jamais

Rythmes alimentaires

3 Associez les repas aux différents moments de la journée.

le dîner • le petit déjeuner • le goûter • le déjeuner

Prenez-vous toujours votre petit déjeuner chez vous ?
Prenez-vous du thé, du café ou du lait ?
À midi, où déjeunez-vous habituellement ?
Goûtez-vous parfois ? Mangez-vous un peu de pain, des biscuits ou un sandwich ?

Les heures

Il est 1 heure (du matin) / 13 heures (1 heure de l'après-midi).
Il est 7 heures (du matin) / 19 heures (7 heures du soir).
Il est 10 heures (du matin) / 22 heures (10 heures du soir).
Il est 10 heures et quart.
Il est 10 heures et demie.
Il est 11 heures moins le quart.
Ils déjeunent à midi et demi (12 h 30).
Ils se couchent à minuit (00 h).

*À quelle heure mange-t-on en France ? Pour le savoir, reportez-vous à notre **dossier « Société »**, p. 65.*

Journée de travail

4 Complétez le texte ci-dessous en vous aidant des éléments suivants.

partir (de chez soi) • rentrer (en métro, en bus…) • finir (à 17 heures, 18 heures…) • travailler (dans un bureau, une entreprise, une usine…) • mettre (une heure, deux heures…) • s'arrêter

Ils ___ de chez eux tous les matins à 7 heures et demie et ils ___ trois quarts d'heure pour arriver à leur bureau. Ils ___ dans une usine de voitures : ils s'occupent du secrétariat et de la comptabilité. Ils ___ à 6 heures de l'après-midi et ils ___ au supermarché avant de ___ en bus à la maison.

À quelle heure peut-on faire ses courses en France ?
*Reportez-vous à notre **dossier « Société »**, p. 65.*

Et vous, à quelle heure partez-vous de chez vous ? À quelle heure commencez-vous à travailler ? À quelle heure finissez-vous votre travail ? À quelle heure rentrez-vous chez vous ? Comment vous déplacez-vous ? Combien de temps dure le trajet ?

Tâches ménagères et loisirs

faire les courses

faire le ménage

faire la cuisine

sortir

5 Quelle(s) tâche(s) ménagère(s) préférez-vous ? Laquelle / Lesquelles détestez-vous ? Pourquoi ? Si vous ne les faites pas, qui les fait ?

laver le linge • repasser • faire la cuisine • nettoyer la salle de bains • passer l'aspirateur • faire les courses • faire son lit • mettre / débarrasser la table • faire la vaisselle

6 Le temps des loisirs. Le soir, que faites-vous souvent, quelquefois, rarement ou jamais ?

aller au cinéma, au théâtre • regarder la télévision • écouter de la musique • surfer sur Internet • faire du sport • téléphoner à des amis • lire un livre, un journal

Intonation : affirmation / interrogation

1 Écoutez les phrases et dites s'il s'agit d'une question ou d'une affirmation.

2 Écoutez, répétez et dites si la voix monte ou descend à la fin de chaque question.

COMPÉTENCES
PARLER

1 **Par petits groupes, posez-vous des questions sur votre emploi du temps pendant la semaine. Et le week-end, qu'est-ce qui change ?**

Exprimer le temps (l'heure, le moment de la journée, la fréquence) : Le matin, je me lève à 6 heures et quart. – Le soir, je rentre toujours à 19 heures. – Le dimanche, je vais souvent à la plage. – Le samedi, je vais quelquefois au cinéma. – Normalement, je prends le métro. – D'habitude, je me couche tard.

2 **La fête d'anniversaire. Préparez un dialogue à trois, à partir du scénario suivant.**

1. Audrey téléphone à David pour l'inviter à sa fête d'anniversaire. C'est Karine, la sœur de David, qui répond au téléphone, puis elle passe le téléphone à David.
2. David prend la communication et parle avec Audrey.

Téléphoner, répondre au téléphone : Allô ! – Allô, c'est Arthur. – Allô bonjour ! – Je voudrais parler à M. Lihn, s'il vous plaît. – Attendez, je vous passe sa secrétaire. Ne quittez pas. – Est-ce que Claire est là ? – C'est de la part de qui ? – Merci beaucoup. – Vous voulez laisser un message ?

Décrire des activités quotidiennes : Je prends mon petit déjeuner à 7 h 30. – Je lis un livre le soir avant de me coucher. – Je goûte. – Il regarde la télé.

Demander des informations (interroger sur la profession, le lieu, le temps, les activités quotidiennes...) : Quelle heure est-il ? – Qu'est-ce que vous faites dans la vie ? – Où vas-tu ? – La réunion est à quelle heure ? – Quand est-ce que tu pars d'habitude ?

3 **À la radio. Vous allez interviewer une personne célèbre. Choisissez qui vous souhaitez interviewer, puis décidez qui joue quel rôle.**

1. L'animateur(trice) de radio présente son émission, décrit brièvement la personne qu'il / elle va interviewer, mais ne dit pas son nom.
2. Il / Elle lui pose des questions sur son âge, sa profession, son état civil, le lieu où elle habite et comment se déroule une de ses journées. La personne célèbre répond aux questions.
3. À la fin de l'interview, l'animateur(trice) invite les auditeur(trice)s à deviner le nom de la personne et à téléphoner à l'émission.
4. Les autres membres du groupe jouent le rôle des auditeur(trice)s qui téléphonent. Le jeu s'arrête quand quelqu'un devine le nom.

LIRE

4 **Lisez l'article ci-dessous. Quelles informations nous sont données sur chacun des personnages (ville ou région d'origine, état civil, profession, famille, passe-temps, croyances) ? Connaissez-vous des gens qui leur ressemblent ?**

Histoires de vocations

Ségolène Rivière, 55 ans

Ségolène Rivière est née à Banyuls, où elle possède des vignes qu'elle cultive de façon biologique. Elle est célibataire et a un fils. Ils travaillent tous les deux ensemble. Pendant les périodes de gros travail, elle se lève très tôt le matin et se couche tôt le soir. Quand elle a le temps, elle adore faire de la plongée. Elle voyage beaucoup pour vendre ses vins bio... Elle a le goût des traditions et elle a l'esprit de famille.

Amir Khalef, 18 ans

Amir Khalef est étudiant en chimie à Namur. Il est né près de Bruxelles et il habite dans la banlieue de Namur. Célibataire, il vit chez ses parents. Tous les samedis, il travaille comme animateur dans un centre de loisirs. Il anime un groupe du troisième âge : ils font des activités ludiques, artistiques ou manuelles. Il espère leur être utile. C'est très différent de la chimie, mais il aime énormément ce travail. Il adore aussi surfer sur Internet.

Valérie Leau, 36 ans

Valérie Leau, 36 ans, chômeuse depuis deux ans, est née dans les Vosges. Elle habite à Épinal avec son compagnon et sa fille de cinq ans. Elle fait une formation d'informatique et elle espère trouver un travail après. La technologie ne l'intéresse pas beaucoup, mais elle adore le théâtre. Elle répète des pièces avec une petite troupe. Parfois, elle joue dans les locaux de son comité de quartier. Elle n'est pas payée, mais elle s'amuse.

30 • STYLES DE VIE N° 16

ÉCRIRE

5 **Par petits groupes, rédigez le portrait d'un personnage (réel ou imaginaire) représentatif de la société de votre pays. Abordez les points traités dans l'article de la revue. (50 mots)**

Si vous le désirez, vous pouvez afficher vos textes. Vous aurez ainsi une galerie de portraits amusants, ironiques, réalistes ou imaginaires.

Stratégies

Comment mémoriser les mots nouveaux ?

Choisissez une ou plusieurs options de la liste suivante et comparez vos réponses avec celles de vos voisin(e)s.

Ensuite, choisissez dans l'article précédent dix mots nouveaux et essayez de les retenir. Appliquez vos stratégies !

- Je confectionne des listes de mots.
- Je classe les mots par catégories.
- Je compare avec ma langue maternelle.
- J'associe les mots à d'autres mots que je connais dans ma langue et dans d'autres.
- Je fais rimer ces mots avec d'autres que je connais.
- Je visualise les mots intérieurement.
- Je répète les mots à haute voix ou dans ma tête.
- J'associe les mots à des émotions, à des images ou à des gestes.
- Je traduis les mots.
- Je cherche des synonymes ou des contraires.
- Je fais des phrases avec ces mots.
- Je les réutilise le plus possible à l'oral et à l'écrit.

Improvisation théâtrale

1 Lisez et écoutez avec attention l'enregistrement du texte ci-dessous. Quelle(s) sensation(s) traduisent pour vous le ton et les inflexions de voix du comédien : de l'inquiétude, de la curiosité, de la tristesse ou bien d'autres sensations ?

« La première fois que je la vois dans le métro, elle toute blonde, je pense que c'est une touriste… Matinale… Sans doute du nord de l'Europe avec cette peau très blanche qui fait contraste avec nos couleurs de Méditerranéens. Mais non ! Presque tous les jours, on se retrouve dans le même wagon, à la même heure, uniquement le matin, jamais le soir. Elle monte deux stations après moi et je ne sais pas où elle va parce que je m'arrête avant elle. Elle a l'air d'être étrangère mais elle vit ici, c'est sûr ! Pourquoi ? Qu'est-ce qu'elle fait dans la vie ? Elle m'intrigue. Je me pose des questions. Elle aime sûrement la mode, elle est toujours habillée d'une façon différente, assez sobre, mais élégante, je trouve ! Elle porte un petit sac à dos beige… Et puis parfois, elle écoute de la musique, comme beaucoup de gens, et je ne sais pas pourquoi, mais de temps en temps, ça la fait sourire, un petit sourire qui n'est destiné à personne… » C.M.

2 Par petits groupes, préparez la lecture de ce texte en respectant au maximum les intonations du comédien, puis lisez-le à haute voix devant le groupe-classe.

3 Le narrateur rencontre enfin la jeune femme et il veut des réponses à ses questions. Par groupes de deux, choisissez six sujets qui piquent votre curiosité ou suscitent une émotion en vous (par exemple, l'âge ou la vie quotidienne de la jeune femme, sa présence dans le métro, son statut de touriste ou de migrante, etc.) pour ensuite jouer la scène. Mettez-vous d'accord sur le rôle que vous allez jouer : celui de la jeune femme ou du narrateur. Puis, imaginez les questions que le narrateur désire poser ou les réponses que la jeune femme souhaite apporter.

4 Jouez la scène devant le groupe-classe.

5 L'improvisation est terminée. Qu'en pensent les acteurs ? Et le public ?

Le public

Quel est le groupe qui…

- a le mieux respecté les consignes données pour la tâche ?
- a fait la meilleure représentation ? La plus surprenante ? La plus amusante ?
- a eu le meilleur accent, la meilleure prononciation ?
- a été le plus facile à comprendre ?

unité 4

Le temps de vivre

À la fin de l'unité 4, vous serez capable de...

- comprendre et participer à des conversations téléphoniques (vie quotidienne, loisirs).
- comprendre et participer à un jeu radiophonique (vie quotidienne, loisirs).
- faire un court exposé (profession, famille).
- comprendre et participer à des forums virtuels.

TÂCHE FINALE :
« Jeu télévisé »

Pour cela, vous apprendrez à...

- exprimer une intention.
- décrire des activités de loisir.
- demander et donner des informations sur une personne (famille, métier, habitudes).

Stratégies
Comment comprendre globalement un document oral assez long.
Comment perfectionner une intervention orale.

OUVERTURE 1
Devinettes

1

2
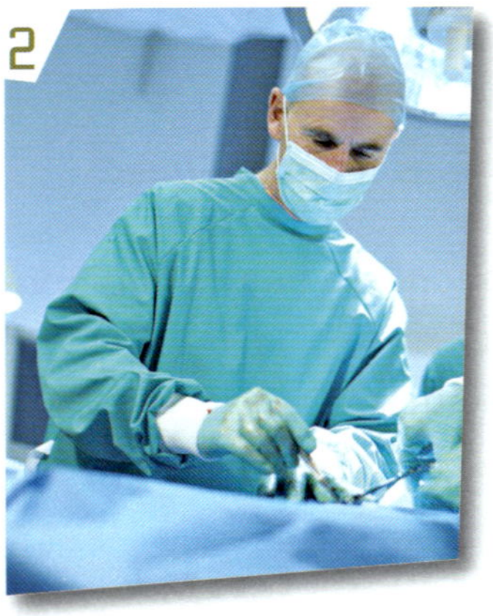
3

4

5

6

7

8

9

10

Voir la transcription, p. 193.

1 Écoutez ces personnes parler de leur profession.

2 Associez chaque enregistrement à une photo. Attention : il y a plus de photos que de professions décrites.

3 Comparez vos réponses avec celles de votre voisin(e).

4 Vérifiez vos réponses avec la transcription.

5 Quels mots vous ont permis de comprendre globalement les enregistrements ou de les interpréter ? Quelle est la particularité de ces mots ?

OUVERTURE 2

Au programme

1

2

3

4

5

6

1 Écoutez les sept mini-dialogues suivants.

2 Associez chaque enregistrement à une des photos ci-dessus. Attention : un enregistrement n'est pas illustré.

3 Comparez vos réponses avec celles de votre voisin(e).

4 Vérifiez vos réponses avec la transcription.

5 Quels sont les éléments qui vous ont permis de comprendre globalement les dialogues ?

Voir la transcription, p. 193.

Des jardins en ville

- **Les jardins familiaux ou partagés** sont des parcelles de terrain mises à disposition des habitants par la ville ou des associations.
- **En général, ils sont cultivés individuellement**, pour un usage privé, mais dans un lieu ouvert à tous.

SITUATION 1
À la montagne

1 Écoutez et choisissez l'option correcte.

1. Les deux personnes sont… **Qui ?**
- **a)** des amies.
- **b)** des collègues.
- **c)** des membres de la même famille.

2. Elles sont… **Où ?**
- **a)** dans la rue.
- **b)** chez elles.
- **c)** chacune dans un endroit différent.

3. C'est quelle saison ? **Quand ?**
- **a)** L'hiver.
- **b)** L'été.
- **c)** On ne sait pas.

4. Elles parlent… **Quand ?**
- **a)** le matin.
- **b)** l'après-midi.
- **c)** le soir.

5. Elles parlent… **Quoi ?**
- **a)** d'activités de vacances.
- **b)** de travail.
- **c)** d'une fête.

2 Réécoutez le dialogue et comparez vos réponses avec celles de votre voisin(e).

3 Lisez la transcription ci-dessous.

- Allô, maman ! Je t'appelle parce qu'on va retrouver nos copains, avec Pauline.
- Mais... et le marché ? Tu ne vas pas venir ?
- Ah non, s'il te plaît, je n'aime pas aller au marché. En plus, ils vont bientôt partir !
- Bon, c'est d'accord.
- Super ! Merci ! Qu'est-ce que vous allez faire, vous, après le marché ?
- Ton père va faire du vélo avec ton frère. Moi, je vais aller sur la place de la Paix : à 11 h 30, il y a une animation radio avec des jeux.

4 Repérez les expressions utilisées pour…

1. **exprimer une intention**.
2. **décrire des activités de loisir**.

5 Par groupes de deux, jouez la scène : Camille est chez elle et son père téléphone ; il est au stade avec son fils, ils ne vont pas rentrer déjeuner.

Aurillac

- **Aurillac se situe au pied des monts du Cantal, dans le Massif central.** C'est la capitale du parapluie !
- **Le Massif central** est la zone volcanique la plus vaste d'Europe.

SITUATION 2

Sur la place

4

1 **Observez l'illustration. La scène se passe à Aurillac. Martine, la mère de Camille, est la candidate du grand jeu de l'été. Observez-la attentivement et faites des suppositions.** Imaginez sa profession, sa personnalité, ses goûts, son mode de vie pendant les vacances et pendant l'année.

2 **Écoutez le dialogue et remettez les différentes parties dans l'ordre.**

a) Questions.
b) Présentation de la candidate.
c) Fin du jeu.
d) Présentation du jeu.

Pratique

On dit « **Bonjour** » :
a) seulement le matin.
b) du matin au soir, selon les régions.
c) seulement le matin et en début d'après-midi.

3 **Sélectionnez dans cette liste les thèmes abordés dans la situation.**

a) la famille
b) la description physique
c) les professions
d) les loisirs
e) les repas
f) le lieu d'origine
g) le lieu de vacances
h) l'école

4 **Ce résumé comporte quelques erreurs. Trouvez-les et corrigez-les.**

Martine est en vacances au bord de la mer avec son mari et son fils. Elle aime les jeux télévisés et c'est pour cela qu'elle participe à un jeu à la télévision. Son mari et son fils font du vélo. Le matin, la famille se promène dans le village.

5 **Repérez les expressions utilisées pour…**

1. **donner des informations sur sa famille, sa profession, ses habitudes.**
2. **décrire des activités de loisir.**
3. **féliciter quelqu'un.**

Stratégies

Comment comprendre globalement un dialogue assez long et complexe ?

Commentez rapidement avec les autres membres du groupe les procédés que vous utilisez.

– Je regarde le(s) dessin(s) qui illustre(nt) la situation avant d'écouter le dialogue.
– Je lis les questions de compréhension.
– J'écoute les bruits de fond pour deviner où se situe la scène.
– Je prête attention aux voix pour déterminer le nombre de personnages et leur sexe.
– J'écoute les voix pour deviner les caractéristiques physiques et psychologiques des personnages.
– Je me demande *qui*, *où*, *quand*, *quoi* et *pourquoi*.
– Je note les thèmes qui sont abordés.
– J'écris les mots clés que je comprends.
– Je fais des interprétations à partir des mots « transparents ».
– Je transpose mon expérience de situations similaires pour interpréter les informations qui me sont données.

Utilisez-vous d'autres procédés ? Lesquels ? Pourquoi ?

Voir la transcription, p. 193.

Les adjectifs possessifs

Observez cette phrase :
*On va avec Pauline retrouver **nos** copains.*

Avec quel mot s'accorde l'adjectif possessif ?

Maintenant, observez le tableau ci-contre.

Dans quel cas les adjectifs possessifs ont-ils des formes différentes au masculin et au féminin ? C'est pareil dans votre langue ?

Observez la forme de politesse :
*Monsieur ! **Vous** oubliez **votre** journal !*

Dans votre langue, y a-t-il une forme de politesse ?

Attention ! On utilise *mon*, *ton*, *son* quand le nom féminin singulier qui suit commence par une voyelle ou par un *h* muet : ***Ton** amie est sympa.*

		une chose possédée	plusieurs choses possédées
un possesseur	masculin	mon ton son	mes tes ses
	féminin	ma ta sa	
plusieurs possesseurs		notre votre leur	nos vos leurs

À quoi ça sert ?
Les adjectifs possessifs servent…
- à **exprimer la possession** : *Ton manteau est dans la voiture.*
- à **indiquer des habitudes** : *Salut ! Je file prendre mon bus.*

1 Complétez avec des adjectifs possessifs.
1. Martine passe ▒ vacances avec ▒ famille.
2. Ils adorent le tennis, c'est ▒ sport préféré.
3. N'oubliez pas ▒ passeports !
4. Sophie va loger chez ▒ cousin.
5. Nous venons avec ▒ chien, d'accord ?

Les verbes *venir*, *prendre*, *pouvoir* et les verbes en *-evoir*

Observez ces phrases :
*Je **viens** de Rennes.*
*Le petit, il ne **peut** pas rester en place.*
***Pouvez**-vous nous dire comment s'appellent les habitants de Madagascar ?*

Quel est l'infinitif des verbes signalés ?
Quelles terminaisons reconnaissez-vous ? Quelles sont les nouvelles formes à apprendre ?

venir	prendre	pouvoir	devoir
je **viens**	je prend**s**	je **peux**	je **dois**
tu **viens**	tu prend**s**	tu **peux**	tu **dois**
il / elle / on **vient**	il / elle / on prend**d**	il / elle / on **peut**	il / elle / on **doit**
nous ven**ons**	nous pren**ons**	nous pouv**ons**	nous dev**ons**
vous ven**ez**	vous pren**ez**	vous pouv**ez**	vous dev**ez**
ils / elles **viennent**	ils / elles **prennent**	ils / elles **peuvent**	ils / elles **doivent**

- Sur ce modèle : *tenir* et les composés de *venir* et *tenir* (*revenir, prévenir, obtenir…*).
- Sur ce modèle : les composés de *prendre* (*comprendre, surprendre, reprendre…*).
- Sur ce modèle : *vouloir*.
- Sur ce modèle : une dizaine de verbes en *-evoir* (*recevoir…*).

Écoutez l'enregistrement.

Combien de bases différentes identifiez-vous ?
Quelles personnes ont la même base que l'infinitif ?

2 Conjuguez au présent les verbes entre parenthèses.
1. Si elles ▒ (vouloir), elles ▒ (pouvoir) rentrer à minuit.
2. Nous ▒ (obtenir) de bons résultats.
3. Vous ▒ (recevoir) beaucoup de courrier ?
4. Vous ▒ (prendre) un café avec nous ?
5. S'il refuse, on ▒ (devoir) insister.
6. Il ▒ (venir) te voir en voiture.

Les articles contractés

Observez ces phrases :
*Martine, vous êtes **de la** région ?*
*Je n'aime pas aller **au** marché.*
*Il joue **au** ballon dans le jardin.*
*Ton père revient **du** stade.*

à + article défini	de + article défini
à + le = **au** à + la = **à la** à + l' = **à l'** à + les = **aux**	de + le = **du** de + la = **de la** de + l' = **de l'** de + les = **des**

3 Complétez les phrases suivantes.

1. La visite ▒ exposition commence à 14 h 30, rendez-vous à 14 h ▒ musée.
2. Tu penses déjà ▒ vacances ▒ été prochain ?
3. En février, nous allons ▒ sports d'hiver.
4. Nous allons ▒ hôpital dire bonjour ▒ voisine.
5. Voici Anaïs, la femme ▒ pharmacien.
6. Le frère ▒ voisin ▒ premier étage est prof.

Le futur proche

Observez ces phrases :
*En plus, **ils vont partir** bientôt.*
*Qu'est-ce que **vous allez faire**, vous, après le marché ?*

- **Formation :**
  verbe *aller* au présent + infinitif du verbe à conjuguer.

À quoi ça sert ?
Le futur proche sert…
- à **indiquer des événements imminents** : *Nous allons partir dans deux minutes.*
- à **parler du futur en général** : *Je vais prendre ma retraite dans quelques années.*

4 Conjuguez au futur proche les verbes entre parenthèses.

1. Dépêche-toi ! La poste ▒ (fermer).
2. J'ai mal à la tête, je ▒ (prendre) un médicament.
3. Fais attention ! Tu ▒ (tomber).
4. Silence ! Le film ▒ (commencer).
5. Allez les enfants ! On ▒ (faire) les devoirs.
6. Attention ! Nous ▒ (écouter) un dialogue.

Le pluriel des noms et des adjectifs

Observez les tableaux suivants.

noms	
singulier	**pluriel**
un enfant la plage	des enfant**s** les plage**s**
le jeu un bureau	les jeu**x** des bureau**x**
un journal le travail	des journ**aux** les trav**aux**
un pays	des pays

← cas général →

adjectifs	
singulier	**pluriel**
petit / petite tranquille	petit**s** / petite**s** tranquille**s**
beau / belle	beau**x** / belle**s**
normal / normale	norm**aux** / normale**s**
gros / grosse faux / fausse	gros / grosse**s** faux / fausse**s**

Attention !
À l'oral, c'est souvent l'article qui permet de faire la différence entre le singulier et le pluriel :
***Le** copain de Cédric.* / ***Les** copains de Cédric.*
***Une** journée de travail compliquée.* / ***Des** journées de travail compliquées.*

5 Mettez les phrases suivantes au pluriel.

1. Je ne connais pas le voisin.
2. La petite fille joue du piano.
3. L'école est grande.
4. Le bureau est clair.
5. Tu lis le journal du matin ?
6. C'est une personne intéressante.
7. Son enfant est heureux.
8. C'est une entreprise internationale.

LEXIQUE

Les professions

1 Chassez l'intrus.

1. commercial, cultivateur, vendeur, agent immobilier, chef de vente
2. avocate, dentiste, pharmacienne, médecin, vétérinaire
3. cuisinier, sommelier, serveur, directeur d'hôtel, biologiste
4. photographe, peintre, agent de police, écrivain, dessinateur, graphiste

2 Qui fait quoi ? Associez les professions aux définitions.

1. la dentiste	**a)** Elle prend des photos.
2. le professeur	**b)** Il / Elle soigne les malades.
3. la cultivatrice	**c)** Elle vend des médicaments.
4. l'avocat	**d)** Elle soigne les dents.
5. le vendeur	**e)** Il donne des cours.
6. la photographe	**f)** Il éteint les incendies.
7. le pompier	**g)** Il défend des gens devant un tribunal.
8. l'agent de police	**h)** Il vend des produits.
9. le médecin	**i)** Il / Elle est responsable de l'ordre public.
10. la pharmacienne	**j)** Elle cultive les champs.

3 Jeux par petits groupes.

1. Que faites-vous dans la vie ? Chacun(e) mime sa profession ou une autre de son choix. Le membre du groupe qui devine le plus de professions gagne.
2. Vous avez une minute pour dire, à tour de rôle, un nom de profession. Celui / Celle qui n'en trouve pas a un gage. Le groupe qui dit le plus de mots gagne.

La famille

4 Observez l'arbre généalogique ci-dessous, puis dites qui a prononcé les phrases suivantes.

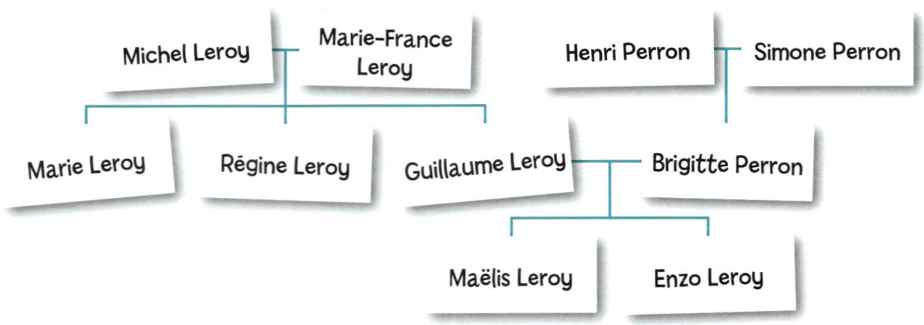

1. Nous avons trois enfants : deux filles et un garçon.
2. Je suis fille unique. Je suis mariée et j'ai deux enfants.
3. Mon père s'appelle Guillaume, j'ai un frère mais pas de sœurs.
4. Nous avons deux tantes mais nous n'avons pas d'oncles.
5. Je m'entends très bien avec mes deux belles-sœurs.
6. Mes beaux-parents s'appellent Henri et Simone. Ils sont adorables.
7. Ma mère me gronde souvent parce que je me dispute avec ma sœur.
8. J'habite avec ma femme et mes enfants, à la campagne.
9. Mes grands-parents n'ont qu'une petite-fille, c'est moi.
10. Nous n'avons pas de cousins, c'est dommage !

Les membres de la famille

le père, la mère, les parents
le fils, la fille, les enfants
le frère, la sœur
le grand-père, la grand-mère, les grands-parents
le petit-fils, la petite-fille, les petits-enfants
l'oncle, la tante
le neveu, la nièce
le cousin, la cousine
le beau-père, la belle-mère, les beaux-parents
le beau-frère, la belle-sœur

5 De combien de membres se compose la famille idéale, selon vous ? Lesquels ?

Le temps libre, les vacances

le printemps

l'été

l'automne

l'hiver

Les loisirs

faire de la planche à voile
faire de l'alpinisme, de l'escalade
faire du vélo, du bateau, du patin
faire des mots croisés, des sudokus

jouer à la pétanque, au ping-pong
jouer aux cartes, à des jeux en ligne
jouer de la guitare, du violon

se baigner, nager
lire un roman, un journal
regarder la télé, un film
aller à la pêche
visiter des musées
se reposer
écouter de la musique
surfer sur Internet

6 **Pour chacune des activités de la liste « Les loisirs », donnez au moins trois précisions en fonction des critères suivants.**

a) individuelle, collective
b) d'intérieur, d'extérieur
c) physique, intellectuelle, artistique

En quelle(s) saison(s) pouvez-vous pratiquer ces activités ?

7 **Dites quelles activités vous aimez, adorez ou détestez pratiquer pendant vos vacances ou vos loisirs. Avec qui pratiquez-vous ces activités ?**

faire du sport (basket, tennis, golf…) • faire une activité artistique (peinture, musique, chant, photo…) • sortir (aller danser, faire un bon repas, marcher, prendre un verre avec des amis…) • partir (à la montagne, au bord de la mer, à la campagne, dans une autre ville)

Prononciation : voyelles orales / voyelles nasales

Écoutez les phrases et indiquez si le dernier mot contient une voyelle orale ([a], [o], [ɛ]) ou une voyelle nasale ([ɑ̃] comme « champ », [ɔ̃] comme « bon » ou [ɛ̃] comme « fin »).

	1	…	5
[a]			
[ɑ̃]			

	6	…	10
[o]			
[ɔ̃]			

	11	…	15
[ɛ]			
[ɛ̃]			

COMPÉTENCES
PARLER

1 Exposé : décrivez votre profession avec ses avantages et ses inconvénients.

Donner des informations (profession) : Je m'occupe des enfants. – Je suis cultivateur. – Je suis responsable du département des ventes. – Je suis au chômage. – Je suis à la recherche d'un emploi. – Je travaille à domicile. – Je suis retraité(e). – Je suis homme / femme au foyer.

Conseils pour l'expression orale

- Respectez la structure proposée dans l'énoncé.
- Cherchez les mots ou expressions en rapport avec le sujet. Vous pouvez consulter un dictionnaire pour débutants.
- Répétez, seul(e) ou avec un(e) camarade, avant de parler devant le groupe.
- Tenez-vous droit(e) et parlez de manière naturelle pour que votre voix porte mieux.
- Faites attention à vos intonations et prononcez le plus correctement possible.

2 Vous participez à un échange linguistique. Vous recevez un correspondant étranger chez vous et lui présentez votre famille.

Donner des informations (famille) : J'ai deux grands-mères et un grand-père. – Je suis fils unique. – J'ai un frère et une sœur. – Voici mes parents. – Je te présente mon petit frère.

*La famille française, elle est comment ? Consultez notre **dossier « Société »**, p. 66.*

3 Conversation téléphonique. Vous allez organiser une fête surprise pour votre sœur. Vous téléphonez à votre cousin(e) pour lui proposer de participer à l'organisation de la fête familiale. Il / Elle vous pose des questions sur le programme prévu.

Exprimer une intention : Vous allez organiser la fête le midi ou le soir ? – Tout le monde va venir ? – On va faire la fête chez elle ou dans un restaurant ? – On va partir en week-end. – Nous allons prendre quelques jours de repos. – On va faire une randonnée. – Je vais faire de la planche à voile.

4 Vous allez partir en week-end. Par groupes de deux, racontez-vous vos projets.

LIRE

5 **Parcourez le document. Où peut-on trouver ce type de texte ? Justifiez votre réponse.**

FLORENT Le 12/6 à 18:33

Bonjour, moi c'est Florent. Je pars vivre au Canada cette année. Je suis très sportif. Vous pouvez me donner des idées ou me faire des suggestions pour mes loisirs ? Vous, qu'est-ce que vous faites ?

Réponses **Répondre**

RADU Le 12/6 à 19:01

Salut, je m'appelle Radu. Comme la plupart des Canadiens, j'adore le hockey sur glace et je regarde souvent les matchs dans des bars. Ce qui m'attire en particulier, c'est l'ambiance et le côté bon enfant. Mais je ne joue pas dans un club et quand la saison se termine, fin mai, je me mets au baseball. Alors là, c'est moi qui joue ! En amateur bien sûr, et parce qu'il fait beau à cette époque de l'année. Parfois, je joue au football canadien, qu'on appelle ici « soccer ». C'est grâce à mes enfants, qui ont commencé à jouer dans leur école.

MAALIK Le 13/6 à 10:16

Moi, c'est Maalik. Mon truc, c'est les sports de plein air. Il faut profiter du beau temps : la rando, le VTT, le canoë-kayak, le rafting. Avec mes copains, on fait également du ski, ou encore du surf sur les vagues du Pacifique à Tofino. Ça dépend de la saison. Voilà !

MADALEINE Le 13/6 à 13:47

Je m'appelle Madaleine. Si la nature t'intéresse, je te conseille les parcs nationaux. Ça permet d'être en contact avec la nature et de découvrir ses richesses. Je me fais parfois conseiller pour choisir mes promenades. Et alors je m'installe dans des campings avec des aires de pique-nique formidables.
En plus, c'est pas cher du tout ! Par contre, je ne fréquente pas les parcs récréatifs près des villes. Trop de familles, trop de saleté, pas très intéressant non plus.

DALANDA Le 15/6 à 15:55

Bonjour ! Si tu aimes marcher, je peux te donner une idée : faire la traversée des Rocheuses. Moi, je pars le mois prochain, je vais me lancer sur un parcours de plus de 400 km, sur une belle *highway* qui offre d'inoubliables panoramas, toujours variés ! Je vais y consacrer trois semaines pour profiter pleinement des possibilités de randonnées, d'observation de la vie animale, de raft et d'excursions touristiques. Au retour, si tu veux, je te raconte. Dalanda.

6 **Lisez le texte et dites si c'est vrai ou faux.**

1. Radu est un Canadien typique en matière de loisirs.
2. L'hiver, il adore jouer au baseball.
3. Il a commencé à jouer au football à l'âge de 7 ans.
4. Maalik préfère les sports à risque.
5. Ses activités sportives varient en fonction de la période de l'année.
6. Madaleine est passionnée par la nature.
7. Elle n'aime pas être guidée pour choisir les itinéraires de ses promenades.
8. Elle utilise les installations des parcs nationaux.
9. Elle va de temps en temps dans les parcs récréatifs.
10. Dalanda fait chaque année la traversée des Rocheuses.
11. Elle trouve que les paysages sont splendides.
12. Son voyage va durer une semaine.

*Après l'effort, le réconfort : lisons un bon livre au bord de l'eau… Pour plus d'informations sur les Français et la lecture, parcourez notre **dossier « Société »**, p. 66.*

ÉCRIRE

7 **Participez vous aussi à un forum et rédigez un post pour parler des activités de loisir à faire dans votre région. (60 mots environ)**

Jeu télévisé

1 **Sur le modèle de « Sur la place » (situation 2), et par groupes de quatre, trois candidat(e)s et un(e) animateur(trice), rédigez le script d'un jeu « télévisé » en respectant les deux parties suivantes :**

– la présentation des candidat(e)s ;

– les trois questions du concours.

Pour vous inspirer et trouver des questions variées, amusantes, originales…, consultez les différentes sections des unités déjà étudiées !

2 **Les candidat(e)s préparent les réponses aux trois questions. L'animateur(trice) imagine une autre question (question surprise) qu'il / elle ne communique pas aux candidat(e)s.**

3 **Réécoutez « Sur la place » et prêtez attention aux intonations des personnages pour bien les imiter. Ensuite, mémorisez et répétez.**

4 **Chaque groupe joue la scène devant le groupe-classe. À la fin de chaque représentation, l'animateur(trice) pose la quatrième question (la question surprise) aux candidat(e)s, qui doivent tenter d'y répondre.**

Évaluez votre représentation et celle des autres en fonction des critères ci-dessous.

La représentation en général

- Les questions ont-elles été variées, amusantes, originales ?
- Les acteurs ont-ils bien joué leur rôle ?

Les candidat(e)s

- Se sont-ils / elles présenté(e)s ?
- Ont-ils / elles vouvoyé l'animateur(trice) ?
- Ont-ils / elles su répondre à la question surprise ?

L'animateur(trice)

- A-t-il / elle salué le public et accueilli les candidat(e)s ?
- A-t-il / elle vouvoyé les candidat(e)s ?
- À la fin de la représentation, l'animateur(trice) a-t-il / elle félicité les participant(e)s ?

De l'histoire au petit déjeuner

Le pain des Français est lié à l'histoire de France. Pendant la Révolution, un décret de 1793 impose aux boulangers de faire le même pain pour tout le monde, pauvres ou riches. En 1856, la forme de ce pain devient réglementaire : 40 cm de long pour un poids de 300 g, c'est l'ancêtre de **la baguette**.

Le croissant, lui, vient d'Autriche : les boulangers de Vienne l'ont inventé pour rappeler une victoire des Autrichiens sur les Turcs. C'est une reine qui l'introduit à la cour des rois de France.
Le croissant se popularise au XIXe siècle sous Louis-Philippe. C'est maintenant un des plaisirs qu'on s'offre pour le petit déjeuner le week-end.

A Pouvez-vous deviner quel principe veut faire respecter le décret de 1793 ?

- La fraternité.
- L'égalité.

B Qui est cette reine ?

- Blanche de Castille.
- Marie-Antoinette.

Expression
« Avoir beaucoup de travail à faire », c'est :
a) « avoir du pain sur la planche ».
b) « rouler dans la farine ».

Jours ouvrables

Horaires d'ouverture

Ils varient en fonction du type de magasin :

- Les supermarchés et les centres commerciaux ouvrent de 10 h à 21 h sans interruption.
- Les autres magasins ouvrent en général de 9 h à midi et de 14 h à 19 h. Dans les grandes villes, ils restent souvent ouverts à midi et ferment vers 20 h.
- Le marché, c'est le matin seulement : de 7 h 30 / 8 h à 13 h 30. Les marchés du week-end sont aussi l'occasion de rencontrer les voisins, les amis.

Pouvez-vous en déduire l'heure habituelle du déjeuner ?

a) entre 12 h et 14 h.

b) à partir de 13 h 30.

Ces horaires sont-ils les mêmes que dans votre pays ?

La lecture

On peut le faire sur la plage, dans le métro ou dans son lit, quoi donc ? Lire !

Au quotidien, il est difficile de lire autant qu'on le souhaite. En vacances, on lit donc logiquement plus que durant le reste de l'année. Selon l'étude IFOP-FEEDBOOKS, réalisée en juin 2012, les Français lisent en moyenne trois livres pendant les vacances (11 au total sur l'année). Les jeunes de 18 à 24 ans, eux, lisent plus que leurs aînés.
On lit surtout des romans policiers, des thrillers ou des romans sentimentaux, mais également des BD. On les lit dans le jardin, au lit ou au bord de l'eau.
47 % des Français achètent désormais leurs livres sur Internet et 9 % achètent des livres numériques.

À votre avis un grand lecteur, c'est quelqu'un qui lit...

✓ 5 livres minimum par an.
✓ 20 livres ou plus par an.

Et vous, aimez-vous lire ?
À quel moment de la journée et où en général ?
Le livre numérique vous séduit-il ?

F comme « France », f comme « famille »

Au cours des dernières années, on a pu observer en France quelques changements par rapport à la cellule familiale traditionnelle :

- Mariages en baisse depuis plusieurs années.
- Augmentation des couples non mariés : en union libre ou « pacsés ».
- Ouverture du mariage aux couples du même sexe.

Qu'est-ce que le PACS ?

Le Pacte Civil de Solidarité existe depuis 1999, c'est un contrat entre deux personnes qui veulent vivre ensemble. En 2012, le nombre de personnes pacsées était de plus d'un million.

Pour la petite histoire, on doit à Napoléon le statut civil de la famille (1804).

Qui sont les nouvelles familles ?

- **Les familles recomposées** = un couple d'adultes mariés ou non + au moins un enfant né d'une union précédente. 10 % des enfants en France vivent dans des familles recomposées.
- **Les familles monoparentales** = un adulte (très souvent la mère) + un ou plusieurs enfants. Elles représentent actuellement 19 % de la population.
- **Les personnes vivant seules :** 14% de la population française ; leur nombre a beaucoup augmenté en 30 ans. Cette situation concerne davantage les femmes que les hommes.

Ces données vous surprennent-elles ?

Comment la famille a-t-elle évolué dans votre pays ?

unité 5

Vous êtes ici

À la fin de l'unité, vous serez capable de...

- comprendre et participer à une conversation (ville).
- comprendre une émission de radio (ville).
- comprendre un guide ou une brochure touristique.
- rédiger des cartes postales, des mails et des messages courts.

TÂCHE FINALE :
« En route pour une ville francophone ! »

Pour cela, vous apprendrez à...

- demander et indiquer un chemin.
- demander des informations sur un lieu.
- situer dans l'espace.
- décrire un lieu.
- donner des conseils.

Stratégies
Comment créer et représenter un dialogue.

SITUATION 1

Bon séjour !

1 Écoutez et dites si c'est vrai ou faux.

1. La scène se passe à l'office de tourisme d'Albi.
2. Les deux touristes viennent d'arriver dans la ville.
3. Ils vont rester longtemps à Albi.
4. Ils veulent faire des achats.
5. Il y a des magasins près de l'office de tourisme.
6. Ils veulent sortir le soir.
7. L'employée de l'office de tourisme leur donne des informations sur les bars et restaurants de la ville.
8. Ils demandent une liste des auberges de jeunesse.

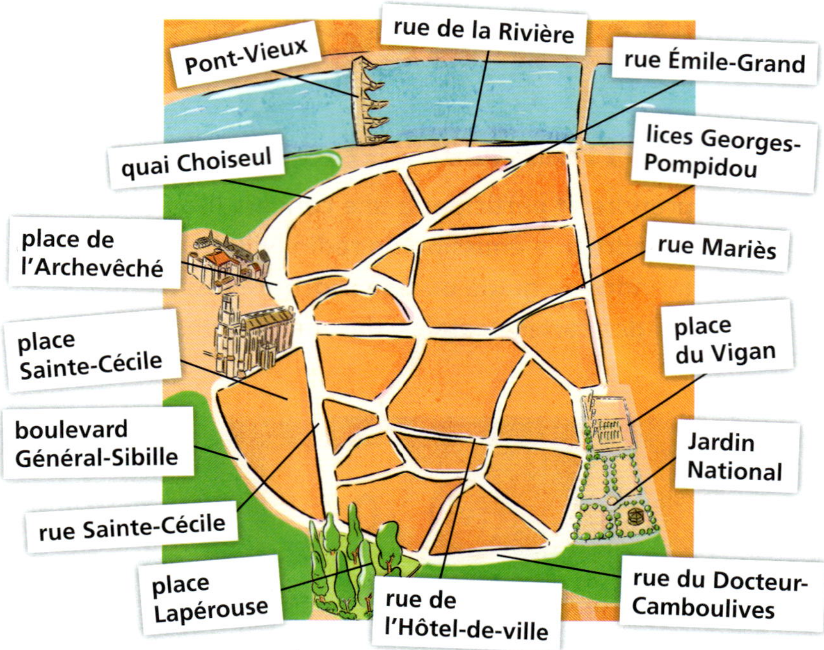

2 Écoutez à nouveau le dialogue, puis vérifiez vos réponses avec la transcription.

- Bonjour monsieur, bonjour madame ! Je peux vous aider ?
- Bonjour ! Nous voudrions un plan d'Albi et aussi des informations sur la ville, s'il vous plaît.
- Alors, voici le plan. Nous sommes place Sainte-Cécile, le centre historique est là, tout autour. Vous venez d'arriver ou vous connaissez un peu la ville ?
- Nous venons d'arriver, nous dormons ici cette nuit et nous partons demain. Qu'est-ce que vous nous conseillez de voir ?
- Eh bien... Vous avez la Cité épiscopale, avec la cathédrale Sainte-Cécile, juste en face. Derrière la cathédrale, vous pouvez visiter le palais de la Berbie, qui abrite le musée Toulouse-Lautrec. Descendez aussi vers les quais pour voir le Pont-Vieux…
- Parfait ! Je voudrais savoir aussi où sont les rues commerçantes.
- Ah oui, on veut acheter des souvenirs !
- Alors, c'est simple, c'est tout près d'ici : à la sortie de la cathédrale, allez à gauche, ensuite prenez la rue Sainte-Cécile à droite, au bout de la place. Les rues piétonnes et commerçantes se trouvent entre cette rue, la place Lapérouse et la place du Vigan.
- Et pour sortir ce soir ?
- Pas de problème ! Il y a un grand choix de bars, restaurants, cinémas... Tenez, voici un dépliant.
- Très bien, vous avez aussi une liste d'hôtels ?
- Non, désolée, je n'ai plus de brochures…
- Tant pis ! On va regarder sur Internet. Merci, au revoir !
- Bon séjour !

3 Retrouvez sur le plan du centre d'Albi les endroits cités dans le dialogue.

4 Résumez cette situation en cinq ou six phrases simples, à partir des réponses aux questions *qui ?*, *quoi ?*, *où ?* et *quand ?*.

5 Repérez les expressions qui sont utilisées dans le dialogue pour…

1. **demander des informations**.
2. **indiquer le chemin**.
3. **situer dans l'espace**.
4. **décrire un lieu**.

Pratique

« **Tant pis !** » exprime :
a) l'enthousiasme.
b) la résignation.

Albi

✚ **Albi est le chef-lieu du département du Tarn,** en région Midi-Pyrénées. C'est un des hauts lieux du catharisme (mouvement chrétien dissident) aux XIIe et XIIIe siècles.

✚ **Ses forteresses médiévales** sont construites en brique cuite. Ce matériau donne sa couleur rouge à la ville.

TUATION 2
oncours radio

Voir la transcription, p.194.

1 Écoutez et choisissez l'option correcte.

1. L'émission de radio est…
   a) réalisée en extérieur et en studio.
   b) entièrement réalisée en studio.
   c) entièrement réalisée en extérieur.
2. Cette émission est présentée par…
   a) un animateur, Pascal, qui se déplace dans différents endroits de la ville.
   b) un animateur et une animatrice qui se trouvent au même endroit.
   c) un animateur et une animatrice qui se trouvent dans deux endroits différents.
3. Les auditeurs…
   a) répondent aux questions des animateurs sur des endroits de leur ville.
   b) posent des questions aux animateurs sur des monuments de leur ville.
   c) doivent découvrir l'endroit où est Pascal.
4. L'endroit où se trouve Pascal est près…
   a) d'un magasin de prêt-à-porter et d'un supermarché.
   b) d'un musée.
   c) de la poste et d'un cinéma.
5. L'auditeur qui devine où est Pascal…
   a) gagne une invitation à déjeuner.
   b) va recevoir un cadeau chez lui.
   c) gagne un voyage pour deux personnes.

2 Résumez cette situation en cinq ou six phrases simples, à partir de vos réponses aux questions *qui ?*, *quoi ?*, *où ?* et *quand ?*. Consultez la transcription si nécessaire.

3 Par groupes de trois, mémorisez les répliques qui vous semblent utiles pour localiser Pascal.

La Libération

✚ On trouve des noms de rues, de places, d'avenues… qui évoquent **la Seconde Guerre mondiale** dans toutes les villes de France.

✚ **La Libération** a mis fin à l'occupation de la France par les troupes allemandes.

GRAMMAIRE

Le passé récent

Observez ces phrases :
Vous ***venez d'arriver*** *ou vous connaissez un peu la ville ?*
Nous ***venons de faire*** *un grand pas en avant.*

Les formes verbales signalées sont au passé récent.

- **Formation :**
  Verbe *venir* au présent + *de* + infinitif du verbe à conjuguer.

À quoi ça sert ?
Le passé récent sert à **indiquer la proximité dans le passé**.

1 Conjuguez les verbes au passé récent.

1. La médiathèque ? Vous … (passer) devant.
2. Un musée du chocolat … (ouvrir) à Strasbourg.
3. Zut ! Mon bus … (partir), je vais arriver en retard au cinéma.
4. Nous … (inscrire) notre fille à la crèche.
5. Les services municipaux … (déménager) en banlieue.
6. Je … (acheter) un appartement à Brest.

2 Associez les questions aux réponses.

1. Tu vas prendre le bus de 18 heures ?
2. Un petit café ?
3. Vous avez téléphoné au commissaire ?
4. On va en boîte de nuit ?
5. Tu sais que Mathieu a déménagé ?

a) Oui, sa mère vient de me l'annoncer.
b) Oui, nous venons de lui téléphoner.
c) Non, il vient de partir.
d) Non, je viens de me coucher.
e) Non, je viens d'aller à la cafétéria.

Les prépositions et les adverbes de lieu

Observez cette phrase :
À la sortie de la cathédrale, allez ***à gauche****,*
ensuite ***à droite au bout de*** *la place.*

À quoi ça sert ?
Les prépositions et les adverbes de lieu servent à **situer dans l'espace** et à **indiquer le chemin**.

devant la maison

derrière la maison

entre deux maisons

à côté de la maison

sur le pont

sous le pont

chez le garagiste

Attention !
chez + nom de personne / *à* + nom de lieu

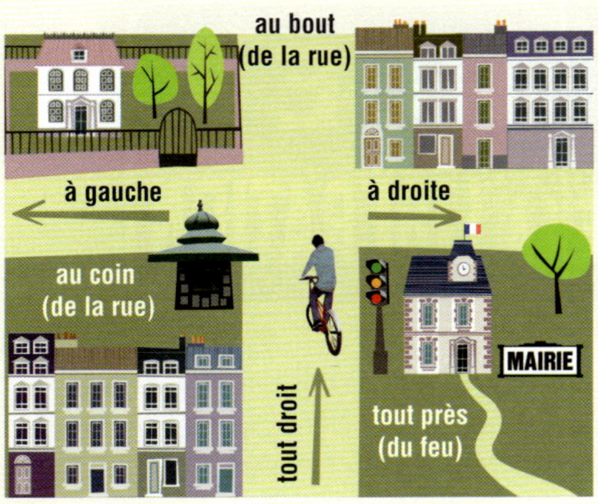

3 Choisissez la réponse correcte.

1. Le Centre Pompidou est situé … le quartier des Halles et le Marais. *(entre / à côté)*
2. Elle a rendez-vous … le coiffeur. *(chez / près)*
3. Le bus s'arrête … de la place et du boulevard. *(derrière / au coin)*
4. Il y a beaucoup d'animation dans le quartier … de la gare. *(autour / devant)*
5. Vous passez … de la boulangerie. *(à côté / derrière)*

L'impératif

Observez ces phrases et ces encadrés :
Descendez *vers les quais.*
Tenez*, voilà un dépliant.*
Venez *immédiatement !*

présent	impératif affirmatif	impératif négatif
Tu **prends**… Nous **tournons**… Vous **marchez**…	**Prends** la première à droite ! **Tournons** tout de suite à gauche ! **Marchez** vite !	**Ne prends pas** cette rue ! **Ne tournons pas** tout de suite ! **Ne marchez pas** trop vite !

Quelle différence remarquez-vous entre le présent de l'indicatif et l'impératif ?

- **Les verbes en *-er*** perdent le *-s* à la 2e personne du singulier :
  Tu ***écoutes*** *le dialogue.* → ***Écoute*** *le dialogue !*
  Tu ***vas*** *au musée d'histoire.* → ***Va*** *au musée d'histoire !*

- **Les impératifs irréguliers**
  Être : *Rendez-vous à 18 h,* ***sois*** *à l'heure, s'il te plaît !*
  Avoir : ***Ayez*** *confiance en lui, c'est un excellent avocat.*
  Savoir : ***Sachez*** *que vous pouvez compter sur moi.*
  Vouloir : ***Veuillez*** *vous approcher, madame !*

À quoi ça sert ?
L'impératif sert…
- à **donner des conseils** : *Prends le métro, c'est plus rapide.*
- à **donner des ordres, des consignes** : *Parlez plus fort. Écoutez et répétez.*
- à **interdire** : *Ne prenez pas de photos.*

- **Les verbes pronominaux :** à l'impératif affirmatif, le pronom réfléchi de la 1re personne du singulier change de forme :
  Tu ***te*** *dépêches ?* → ***Dépêche-toi*** *! /* ***Ne te dépêche pas*** *trop !*

4 **Quelle est la valeur des verbes à l'impératif dans les phrases suivantes (conseil, ordre, consigne, interdiction) ?**

1. Attachez vos ceintures, l'avion va décoller.
2. Ne marchez pas sur la pelouse !
3. Écoute cet album, il est super !
4. Lisez ce texte et répondez aux questions.
5. Ne restez pas ici, circulez, circulez !
6. Ouvrez la fenêtre, s'il vous plaît.
7. Ne parlez pas au conducteur.
8. Dépêche-toi si tu ne veux pas arriver en retard !

Le pronom *on* impersonnel

Observez cette phrase :
On *nous envoie déjà beaucoup de messages.*

Que désigne *on* ? Une personne connue ?

Attention ! Ne confondez pas le pronom *on* impersonnel et le pronom *on* = *nous* :
On *veut acheter des souvenirs.*
= ***Nous*** *voulons acheter des souvenirs.*

À quoi ça sert ?
Le pronom *on* sert à **désigner des personnes dont l'identité n'est pas connue ou pas précisée.**

5 **Reformulez les phrases suivantes à l'aide du pronom *on*.**

1. En général, les gens sont plus heureux en vacances.
2. Dans certains petits villages, les gens croient encore aux contes et aux légendes.
3. Les gens vivent bien dans ce quartier, il y a un grand parc et beaucoup de commerces.
4. Dans notre société, tout le monde admire les stars du cinéma et de la musique.
5. Les gens ne font pas confiance aux hommes politiques, surtout en période de crise.

LEXIQUE

Organisation et espaces

1 Quartier résidentiel ou centre-ville ?

1. Relevez dans les textes ci-dessous le vocabulaire qui permet de décrire une ville.

« Découvrez cette adorable ville de province aux quartiers résidentiels toujours fleuris et aux banlieues modernes pleines de jardins publics et de parcs ! Visitez son centre-ville, animé à toute heure du jour et de la nuit ! Promenez-vous sur ses larges avenues remplies de restaurants et cédez au plaisir de vous asseoir à une de ses terrasses ! »

« La ville ancienne a pour centre le carrefour Saint-Jean d'où partent les quatre principales rues piétonnières, ainsi que d'étroites ruelles aux immeubles bien typiques. Elle contraste avec le quartier administratif bâti entre deux larges boulevards. »

2. Certains mots des témoignages suivants ont été effacés. Complétez avec des mots relevés dans les textes précédents.

« Moi, ce que j'aime, c'est les villes vertes, pleines de (1) et de (2) ! »

« Eh bien moi, je veux habiter dans un (3) tranquille, assez près du centre, avec des (4) plantées d'arbres et des (5) pas très hauts. »

« Moi, c'est clair, je ne veux pas habiter en (6) comme beaucoup de mes amis qui passent un temps fou dans le métro. Je veux pouvoir aller à pied à mon bureau ! »

« Moi, quand je fais du tourisme, je choisis toujours des villes anciennes avec des (7) étroites et pittoresques ! »

3. Quels adjectifs sont utilisés dans ces deux textes pour caractériser une ville ? En connaissez-vous d'autres ?

Une ville, c'est quoi pour vous ?

Services et commerces

2 Répondez aux questions à l'aide des mots ci-dessous. Ensuite, inventez des questions pour les noms qui n'ont pas été utilisés.

le commissariat de police • l'école • la gare • l'hôpital • l'hôtel de ville / la mairie • le lycée • la médiathèque • la poste • l'université

1. Où allez-vous pour faire renouveler votre passeport ?
2. Où allez-vous pour porter plainte ?
3. Où allez-vous pour retrouver un ami étudiant ?
4. Où allez-vous pour envoyer un paquet ?
5. Où allez-vous pour demander des informations administratives ?
6. Où allez-vous pour vous préparer au baccalauréat ?

3 Dans quels magasins pouvez-vous acheter des produits alimentaires ?

la boucherie • la boulangerie • le bureau de tabac • la crémerie • l'épicerie • le magasin de vêtements • le magasin de chaussures • le magasin de fruits et légumes • la pharmacie • le supermarché

Quels magasins trouve-t-on près de chez vous ?

Loisirs

4 Que fait-on dans ces endroits ?

1. le restaurant ; le self-service
2. le café ; la cafétéria ; la brasserie
3. la boîte de nuit (la discothèque)
4. le cinéma ; le théâtre
5. la salle de concert ; l'opéra
6. la patinoire ; la piscine ; le bowling
7. le parc zoologique ; l'aquarium
8. le musée ; la galerie d'art

Lesquels de ces endroits fréquentez-vous le plus souvent ?

Moyens de transport et circulation

5 Écoutez et lisez ces opinions de citadins mécontents, puis répondez aux questions.

« Se déplacer à pied dans cette ville ? C'est très, très désagréable ! Il y a une circulation folle ! Il y a des voitures, des motos et des camions partout, même sur les trottoirs ! »

« Ce que je pense de la circulation ? Une horreur ! Mais oui, une véritable horreur ! On ne sait même pas où traverser : il n'y a presque pas de passages pour piétons ni de feux aux carrefours ! »

« Je me demande quand ils vont prévoir de nouvelles lignes de métro. Pour le moment, il n'y a presque pas de stations, même dans le centre ! »

« Moi, ce que je voudrais ? Voyons !... Eh bien… D'abord, des trams électriques avec des arrêts fréquents pour remplacer les autobus et aussi… des voies cyclables ! »

1. Quels sont les moyens de transport mentionnés ? Dans quel ordre le sont-ils ?
2. Quels sont les problèmes détectés ?
3. Quelles sont les revendications formulées ?

Que pensez-vous de la circulation dans votre ville ?
Quels sont les moyens de transport que vous utilisez le plus ?

Prononciation : [i]-[y]-[u]

1 Écoutez et dites quelle phrase est prononcée : a) ou b). Vous entendez [i] comme « ville », [y] comme « rue » ou [u] comme « tour » ?

1. **a)** Il est sûr. **b)** Il est sourd.
2. **a)** Prenez cette roue. **b)** Prenez cette rue.
3. **a)** Il dit tout. **b)** Il dit « tu ».
4. **a)** C'est un lit. **b)** C'est un loup.
5. **a)** Tu vas bien ? **b)** Tout va bien ?
6. **a)** Ma rue est belle. **b)** Marie est belle.

2 Réécoutez ces phrases et classez les mots selon que vous entendez les sons [i], [y] ou [u]. Ensuite, entraînez-vous à les prononcer. Quelles graphies correspondent à chacun de ces sons ?

3 Écoutez et dites combien de fois vous entendez le son [y] dans chaque phrase.

COMPÉTENCES
PARLER

1 Votre quartier : lieux utiles. Un(e) ami(e) va s'installer chez vous pendant votre absence. Il / Elle vous demande où sont les endroits les plus utiles du quartier (l'arrêt de bus, le métro, le supermarché, la boulangerie, la station de métro...). Vous lui indiquez ces endroits.

Demander le chemin : Le supermarché, c'est par ici ? – Excusez-moi, on cherche la gare. – Pour aller à la mairie, s'il vous plaît ? – Je voudrais aller à la piscine. – La poste, c'est loin d'ici ?

Indiquer le chemin : Allez / Continuez tout droit. – Prenez à droite. – Traversez le boulevard. – C'est sur votre droite / au bout de la rue.

2 Par groupes de trois, jouez la situation. Vous travaillez à l'office de tourisme de votre ville et vous conseillez un de ces groupes de touristes.

1. Un couple de professeurs d'une quarantaine d'années, amateurs d'art moderne, qui adorent la musique classique. Ils disposent de deux jours.
2. Un couple avec deux enfants de dix et douze ans qui passe une journée dans votre ville.
3. Deux étudiants qui vont passer quelques heures dans votre ville.

Donner des conseils : Vous pouvez prendre le bus touristique. – Je vous conseille de réserver. – Visitez ce musée. – Évitez cette rue.

Demander et donner des informations : On peut faire une balade sur le fleuve ? – Et pour dîner ? – Êtes-vous intéressés par les expositions ? – Le musée d'art moderne est ici. – Le métro ferme à 1 h.

Demander poliment : Nous voudrions... – Je voudrais savoir... – J'aimerais avoir... – Est-ce possible de... ?

3 Présentez votre quartier au reste de la classe.

1. Indiquez son nom et décrivez-le.
2. Donnez-en les avantages et les inconvénients.
3. Y a-t-il dans la classe des habitants du même quartier ? Si oui, font-ils la même description que vous et sont-ils d'accord sur ses avantages et ses inconvénients ?

Décrire une ville ou un quartier : C'est un quartier résidentiel. – Il y a un parc. – On trouve des commerces.

4 Par groupes de quatre : une personne fait deviner aux trois autres un endroit de la ville.

Stratégies

Depuis l'unité 1, vous avez beaucoup travaillé la production de dialogues. Comment procédez-vous ?

Par petits groupes, commentez rapidement les stratégies suivantes et retenez les propositions que vous utilisez. Commentez vos réponses avec le groupe-classe.

- J'invente le dialogue dans ma langue maternelle et je le traduis après en français.
- Je prépare le dialogue à partir de ce que je sais déjà.
- Je consulte le Livre et le Cahier pour sélectionner tout le matériel à utiliser.
- Je lis attentivement les consignes.
- Je pense à mon personnage et je tente de lui donner un âge, un caractère...
- Je prépare le dialogue par écrit et ensuite, je le lis.
- Je prépare le dialogue par écrit, je l'apprends et ensuite, je le joue.
- Nous nous corrigeons mutuellement à l'intérieur du groupe avant de jouer une scène.
- Pour la correction, je pense aux critères d'évaluation déjà vus.
- Je consulte un dictionnaire.
- Je fais attention à la prononciation, aux intonations et aux gestes.

LIRE

5 Lisez le texte ci-dessous, puis répondez aux questions.

ESCAPADES.COM

Europe › Suisse › Genève

192 385
5 km
Rue du Mont-Blanc 18,
CH - 1211 Genève 1
+41 (0)22 909 70 00

À ne pas manquer :
Le lac Léman et le Jet d'eau.
Les parcs et résidences de la rive droite.
Les parcs et quais de la rive gauche.
Le Jardin anglais et l'Horloge fleurie.
L'île Rousseau.
Le monument Brunswick.
Les bains des Pâquis.

Avec ses 22 organisations internationales et plus de 250 organisations non gouvernementales (ONG), Genève est, avec New York, l'un des deux centres de coopération internationale les plus importants au monde. Sa langue officielle est le français.

La **Vieille-Ville** préserve l'architecture typique d'une ville européenne du XVIIIe siècle et constitue l'un des pôles d'attraction de la ville, avec la **cathédrale Saint-Pierre**. Mais le symbole de Genève par excellence reste le **Jet d'eau** (140 mètres), situé au bout de la jetée des Eaux-Vives.

Au bord du lac, entre le pont du Mont-Blanc et le quai Gustave-Ador, on trouve le **Jardin anglais** où l'on peut admirer l'**Horloge fleurie**, un chef-d'œuvre technique et esthétique, et le symbole de l'industrie horlogère genevoise. On peut aussi admirer le **Monument national**, qui commémore le rattachement de Genève à Helvetia, la Suisse, le 12 septembre 1814.

Dans le **parc des Bastions**, contre les anciennes murailles de la ville, le **Mur des Réformateurs** présente les quatre grandes figures de la Réforme : Guillaume Farel, Jean Calvin, Théodore de Bèze et John Knox.

Dans le parc de l'Ariana, se trouve le **Palais des Nations**, le siège européen des Nations Unies.

L'**Espace Jean-Jacques Rousseau** met en scène la vie de cet écrivain et philosophe des Lumières.

L'**Institut et Musée Voltaire**, dans la demeure occupée par Voltaire entre 1755 et 1760 (les Délices), abrite un important centre de documentation et de recherche sur le XVIIIe siècle, ainsi qu'un musée.

Tous les jeudis de 8 h à 18 h 45 sur la place de la Fusterie, s'installe le **marché des artisans**, remplacé le mardi et le samedi par les **bouquinistes**.

Les **bains des Pâquis** offrent de mi-avril à mi-septembre une plage surveillée, un hammam, des massages et un restaurant.

De mi-avril à mi-octobre :
Empruntez gratuitement des vélos durant quatre heures auprès de l'association « Genève Roule ».

Quelques événements :
- Salon international de la haute horlogerie (janvier).
- Salon international de l'automobile (mars).
- Salon international des inventions (avril).
- Fête de la Musique (juin).
- Foire de Genève (novembre).

10:23AM

1. Ce texte est tiré d'…
   - **a)** une brochure d'agence de voyages.
   - **b)** un guide touristique en ligne.
   - **c)** une encyclopédie.
2. On lit ce texte pour…
   - **a)** savoir comment arriver à Genève.
   - **b)** connaître l'histoire de la ville.
   - **c)** sélectionner les endroits à visiter.
3. Les textes sur fond de couleur insistent sur…
   - **a)** les origines de Genève.
   - **b)** les endroits à visiter.
   - **c)** les traditions genevoises.
4. Les mots en caractère gras correspondent…
   - **a)** à tous les monuments.
   - **b)** aux monuments ou lieux importants.
   - **c)** aux noms des quartiers de la ville.
5. Le texte est organisé selon…
   - **a)** les périodes historiques de la ville.
   - **b)** les quartiers de la ville.
   - **c)** les informations touristiques à donner.
6. Le texte…
   - **a)** propose des itinéraires à suivre.
   - **b)** donne des informations variées.
   - **c)** donne des informations biographiques.

Quels souvenirs pouvez-vous rapporter de Suisse ou d'autres pays francophones ?
*Pour le savoir, lisez notre **dossier « Société »**, p. 91.*

COMPÉTENCES
ÉCRIRE

6 **Lisez et observez. De quels types de textes s'agit-il ?**

De : Julien Rigodon
À : papamaman
Objet : Genève
geneve.jpg

Salut papa, maman,

Je viens d'arriver à Genève. Je travaille beaucoup, je n'ai pas le temps de faire du tourisme. La ville est très calme et il fait froid ici.

Et vous, comment ça va ?

Grosses bises,

Julien

12:37

le 21 août

EB 52

Chère Agnès,

Je suis tes conseils, tu vois.
Je suis à Lyon. La ville est superbe : les « traboules » sont très curieuses.
Il y a beaucoup de touristes.

On mange bien ici, tu as raison.
Ce soir, je vais dans un « bouchon » ; je vais goûter d'autres plats typiques !
Et toi ? J'espère que tu n'as pas trop chaud.

Amicalement,
Delphine

Mlle Planchet
29 rue de Naples
06000 Nice

COLLECTIONNEZ LES CARTES POSTALES !

7 **Quelles différences observez-vous entre ces textes ? Utilise-t-on les mêmes formules au début et à la fin ?**

8 **Réécrivez ces SMS sous forme de cartes postales.**

C bo ici. Il fé cho. Fo vnir.
G 1 kdo pr toi. Biz

Voyage ok, hôtel super,
froid. Je T'M. 🙂

9 **À vous maintenant… Écrivez une carte postale à un membre de votre famille, à des amis ou à un(e) collègue de travail pour parler de vos vacances à Genève. (40-50 mots)**

En route pour une ville francophone

1 Définissez votre profil de touriste urbain(e) et formez des groupes pour partir ensemble.

1. Répondez individuellement à ce petit questionnaire (« oui », « non » ou « ça dépend »), puis présentez vos réponses au reste de la classe. Êtes-vous d'accord avec les résultats ?

1 Je choisis de préférence une ville au bord de la mer.
2 J'aime me promener au hasard dans une ville et prendre mon temps.
3 Je visite en priorité les monuments et les musées.
4 Je privilégie une ville qui propose des animations festives.
5 J'aime goûter les spécialités locales.
6 J'aime découvrir les restaurants et bars à la mode.
7 J'aime découvrir des endroits peu connus des touristes.
8 J'aime les manifestations culturelles en tout genre.
9 J'aime bien prendre les bus touristiques.
10 Je choisis de préférence une ville riche en monuments.

Profil A. Vous avez répondu majoritairement « oui » aux questions 3, 5, 7, 8 et 10 : les voyages sont pour vous un moyen supplémentaire et privilégié de parfaire votre culture et vos connaissances.
Profil B. Vous avez répondu majoritairement « oui » aux questions 1, 2, 4, 6, 9 : vous voyagez pour vous distraire et vous détendre.

2. Formez des groupes en fonction de vos réponses. Vous allez maintenant organiser un voyage sur un long week-end (deux-trois jours) dans une ville francophone.

2 Votre destination.

1. En fonction du profil de votre groupe, choisissez une ville francophone.
2. Une fois d'accord sur votre destination, décidez des dates du voyage, du moyen de transport et du type d'hébergement.

3 Cherchez des renseignements sur la ville choisie, puis faites la liste des choses à voir et à faire. Ensuite, programmez les activités pour chaque jour.

4 Maintenant, préparez-vous pour présenter votre voyage aux autres groupes.
Pour cela, lisez les critères d'évaluation qui sont en bas de page. Attention, vous devez tous participer !

5 À vous ! Présentez votre voyage. Les autres groupes évaluent votre présentation en fonction des critères ci-dessous.

- Tous les membres du groupe ont-ils participé à la présentation ?
- La présentation a-t-elle abordé les points suivants ?
  – Raisons du choix effectué.
  – Informations sur les modalités du voyage (dates, moyens de transport, type d'hébergement).
  – Programmation des activités.
- Le vocabulaire utilisé est-il approprié ?
- La présentation a-t-elle été fluide ? Il n'y a pas eu de pauses excessives ?
- Qualifiez la présentation : originale, intéressante, bien menée ?

unité 6

À louer

À la fin de l'unité 6, vous serez capable de :

- comprendre et participer à des conversations téléphoniques (réservation d'hôtel, recherche d'appartement).
- comprendre des petites annonces et des règlements.
- comprendre et répondre à une lettre (demande de renseignements).

TÂCHE FINALE :
« Les bases d'une colocation réussie »

Pour cela, vous apprendrez à...

- demander des informations sur un logement.
- décrire un logement.
- situer un lieu géographiquement.
- exprimer une obligation, donner un conseil.
- exprimer votre accord.

Stratégies
Comment comprendre un mot nouveau.

SITUATION 1
Week-end au vert

1 Écoutez le dialogue et choisissez l'option correcte.

1. La dame téléphone…
   a) à une agence immobilière.
   b) au propriétaire d'un gîte rural.
   c) à l'office de tourisme de Saint-Jean-du-Gard.
2. Le gîte est…
   a) très loin du village.
   b) dans le village.
   c) près du village.
3. Les deux chambres sont…
   a) au rez-de-chaussée.
   b) au premier étage.
   c) à deux étages différents.
4. Pour le 25 septembre…
   a) le gîte est disponible.
   b) le gîte n'est pas disponible.
   c) la dame doit attendre pour avoir une réponse définitive.
5. Le tarif pour ce week-end est…
   a) le même qu'en été.
   b) inférieur au tarif estival.
   c) supérieur au tarif estival.
6. Pour réserver le gîte, la dame…
   a) peut confirmer par téléphone et doit envoyer un chèque.
   b) doit confirmer par écrit et payer une partie du prix total.
   c) doit confirmer par écrit et payer la totalité du prix du séjour.
7. La famille…
   a) va venir de Montpellier.
   b) va venir de Nîmes.
   c) ne sait pas encore d'où elle va venir.
8. Le gîte est indiqué…
   a) depuis Montpellier.
   b) depuis la route qui va à Saint-Jean-du-Gard.
   c) depuis Ganges.

2 Repérez les expressions qui sont utilisées dans le dialogue pour…

1. **situer un lieu.**
2. **décrire un logement.**
3. **faire une réservation par téléphone.**
4. **exprimer l'obligation.**
5. **montrer qu'on est d'accord.**

Gîtes de France

- **Le label Gîtes de France** est le premier réseau d'hébergement chez l'habitant en Europe.
- Il met en valeur l'**authenticité**, la **convivialité**, la **nature**, le **calme** et la **découverte**.

- Allô, bonjour !
- Bonjour ! Je suis bien au gîte rural de la Source ?
- Oui, c'est bien ça madame. C'est pour une réservation ?
- Oui, mais avant j'ai quelques questions. Ce gîte est à Saint-Jean-du-Gard même ou à proximité ?
- Il n'est pas dans le centre, il est à 1,5 km du village.
- Bon, ça, ça va. Bien, maintenant : l'annonce sur Internet indique qu'il y a deux chambres, mais est-ce que ces chambres sont au même étage ? Nous venons avec des enfants.
- Oui, elles sont au premier, avec vue sur le jardin et sur un très beau paysage. Au rez-de-chaussée, vous avez la cuisine, le séjour et des toilettes.
- Très bien. Alors, est-ce que le gîte est libre pour le week-end du 25 septembre ?
- Un instant s'il vous plaît, je dois consulter les réservations… Alors, le 25 septembre ? Oui, pour cette date, ça marche. Et cette année, nous faisons une réduction de 5 % à partir de la mi-septembre. Il faut payer la taxe de séjour, vous le savez ?
- Oui, oui, je sais. Bon, le 25 donc, c'est O.K.
- Je vais prendre votre nom, mais vous devez confirmer la réservation par écrit et payer d'avance 10 % du total.
- Entendu, je fais le virement demain. Ah ! une dernière chose : c'est compliqué d'arriver au gîte ?
- Vous allez venir de Montpellier ou de Nîmes ?
- De Montpellier.
- À Montpellier, il faut prendre la route de Ganges et 2 km après Ganges, sur la droite, vous avez la route qui va à Saint-Jean. Après, notre gîte est indiqué.

SITUATION 2

Troisième sans ascenseur

6

Voir la transcription, p.194.

1 Écoutez le dialogue et dites si c'est vrai ou faux.

1. Pauline appelle Alix à son travail.
2. Alix a tout son temps pour parler avec Pauline.
3. Arthur et la sœur de Pauline cherchent un appartement parce qu'ils viennent de rentrer de Belgique.
4. Ils reviennent d'un très court voyage.
5. Ils veulent louer un appartement à Lyon.
6. L'appartement de Thomas va être libre parce qu'il part à Rennes.
7. L'appartement de Thomas est en plein centre de Paris.
8. Pauline a l'air intéressée par l'appartement que lui décrit son amie.

2 Pauline, justement, va dîner avec sa sœur et Arthur. Pour bien se rappeler les informations que son amie vient de lui donner, elle décide de les noter. Que va-t-elle noter à propos…

1. de l'emplacement de l'appartement ?
2. des moyens de transport jusqu'à Paris ?
3. des caractéristiques de l'appartement ?
4. de l'étage ?
5. des conditions économiques ?
6. du téléphone de contact ?

L'Île-de-France

+ **C'est en Île-de-France qu'on déménage le plus en France :** les Parisiens partent vers la banlieue.

+ **Les avantages :** des parcs et des jardins, des logements spacieux et moins chers, de la tranquillité.

+ **Un inconvénient :** le temps de transport.

Pratique

Voici deux manières de faire patienter quelqu'un au téléphone :
a) **« Un instant, s'il vous plaît. »**
b) **« Attends une seconde ! »**
Quelle est la différence entre les deux ?

3 Vérifiez vos réponses avec la transcription.

4 Repérez les expressions qui sont utilisées dans le dialogue pour…

1. **décrire un logement.**
2. **demander des informations sur un lieu.**
3. **exprimer l'obligation.**

GRAMMAIRE

Les adjectifs démonstratifs

Observez ces phrases :
***Cette** année, nous faisons une réduction de 5 %.*
***Ce** gîte est à Saint-Jean-du-Gard même ?*
*Est-ce que **ces** chambres sont au même étage ?*

- Comme tous les déterminants, **les adjectifs démonstratifs s'accordent en genre et en nombre** avec les noms qu'ils précèdent.

	masculin	féminin
singulier	ce salon cet* étage	cette cuisine
pluriel	ces appartements	ces pièces

*Quand le nom masculin qui suit commence par une voyelle ou par un *h* muet, on utilise *cet*.

Attention à la prononciation !
– Distinguez bien ***ce*** [sə] et ***ces*** [se].
– Prononcez de la même façon ***cet*** [sɛt] et ***cette*** [sɛt].

À quoi ça sert ?
Les adjectifs démonstratifs servent…
- à **désigner des personnes ou des objets présents dans la situation** : *Prends cette chaise, je m'assois sur le tabouret.*
- à **faire référence à des personnes ou à des objets déjà mentionnés** : *Le 25 septembre ? Oui, pour cette date ça marche.*

1 Complétez les phrases suivantes à l'aide d'un adjectif démonstratif.
1. J'aime beaucoup ... immeubles anciens.
2. Pour louer un appartement, téléphonez à ... agence, ils sont très compétents.
3. ... concierge est très gentil.
4. Il faut changer ... aspirateur, il est en panne.
5. ... cuisine est très bien équipée.

Les pronoms compléments d'objet directs (COD)

Observez ces phrases :
*L'appartement de Thomas ? Je ne **le** connais pas.*
*Je vais voir avec Thomas. Je vais **l'**appeler tout de suite.*

Quels noms les pronoms signalés remplacent-ils ?

Maintenant, observez ces phrases à l'impératif :
*Regarde les annonces → Regarde-**les**. → Ne **les** regarde pas.*
*Appelons l'agence. → Appelons-**la**. → Ne **l'**appelons pas.*
*Achetez ce studio. → Achetez-**le**. → Ne **l'**achetez pas.*

Où se place le pronom à l'impératif affirmatif ?
Et à l'impératif négatif ?

	singulier	pluriel
1re personne	me / m'*	nous
2e personne	te / t'*	vous
3e personne	le (m.) / la (f.) l' (m. ou f.)*	les

*Devant une voyelle ou un *h* muet.

Attention ! Avec des verbes à l'impératif affirmatif, on emploie *moi* et *toi* à la place de *me / m'* et *te / t'* :
*Rappelle-**moi** plus tard. Regarde-**toi** !*

À quoi ça sert ?
Les pronoms COD servent à **remplacer un nom COD** (animé ou inanimé).

2 Remplacez les mots soulignés par le pronom qui convient, puis mettez les phrases à la forme négative.
1. Le propriétaire consulte <u>la page Réservation</u>.
2. Je vous paie <u>la caution</u> par chèque.
3. Thomas laisse <u>son deux-pièces.</u>
4. Elle range <u>ses affaires</u> dans le placard.
5. Tu aides <u>ton petit frère</u>.
6. Tu aimes bien <u>ce canapé</u> ?
7. Tu fais <u>la vaisselle</u> ?
8. On appelle <u>nos cousins</u> ?
9. Il installe <u>les étagères</u> dans la chambre.
10. Vous vendez <u>les chaises du salon</u> ?

3 Mettez les verbes soulignés à l'impératif.
1. Cet hôtel a l'air bien, nous le <u>contactons</u>.
2. La réservation, nous la <u>confirmons</u> par courrier.
3. L'appartement, vous le <u>cherchez</u> en banlieue.
4. Il y a un ascenseur, tu le <u>prends</u> pour monter les courses.
5. Il est bien ce studio, tu le <u>loues</u> à un bon prix.

Prépositions + noms de pays, de villes et de régions

Observez ces phrases :
Vous allez venir ***de*** *Montpellier ou* ***de*** *Nîmes ?*
Ils viennent de rentrer ***de*** *Belgique.*
L'appartement est ***à*** *Palaiseau.*

À quoi ça sert ?
- À **dire où on est, où on va** : *Il habite en France, à Paris.*
- À **dire d'où on vient** : *Il revient de Montréal.*

être, habiter, travailler, aller, partir...	*arriver, (re)venir, être...*
noms de pays et de continents **en** France (**la** France) **en** Afrique (**l'**Afrique) **au** Portugal (**le** Portugal) **aux** Pays-Bas (**les** Pays-Bas)	**noms de pays et de continents** **de** Suisse (**la** Suisse) **d'**Asie (**l'**Asie) **du** Mali (**le** Mali) **des** États-Unis (**les** États-Unis)
noms de villes **à** Dijon **à** La Baule (**La** Baule) **au** Mans (**Le** Mans) **aux** Sables d'Olonne (**Les** Sables d'Olonne)	**noms de villes** **de** Marseille **d'**Albi **du** Havre (**Le** Havre) **des** Sables d'Olonne (**Les** Sables d'Olonne)
régions et provinces **en** Savoie (**la** Savoie) **en** Alsace (**l'**Alsace) **dans** le Limousin (**le** Limousin) **dans** les Landes (**les** Landes)	**régions et provinces** **de** Lorraine (**la** Lorraine) **d'**Aquitaine (**l'**Aquitaine) **du** Périgord (**le** Périgord) **des** Vosges (**les** Vosges)

4 Dans quelle ville et quel pays pouvez-vous visiter ces monuments ?

1. l'Atomium
2. la tour Eiffel
3. l'Acropole
4. Big Ben
5. la Basilique Saint-Pierre
6. l'Alhambra

Pensez à un monument que vous connaissez et posez la même question à vos camarades.

5 Par équipes, dites dans quelle région se trouvent ces villes. Aidez-vous d'une carte. L'équipe la plus rapide gagne !

1. Ajaccio
2. Bordeaux
3. Dijon
4. Lille
5. Marseille
6. Rennes
7. Strasbourg
8. Paris

La forme impersonnelle *il faut*

Observez ces phrases :
Il faut *aussi payer la taxe de séjour.*
Vous devez *confirmer la réservation.*

Quelle est la différence entre les deux constructions signalées ?

À quoi ça sert ?
La forme impersonnelle *il faut* + infinitif sert à **exprimer l'obligation.**

6 Qu'est-ce qu'il faut faire dans les situations suivantes ? Utilisez *il faut* + infinitif.

1. Si on veut vendre son appartement.
2. Si on veut réserver un gîte pour les vacances.
3. Si on veut louer un appartement.
4. Si on veut louer à l'année une maison avec un grand jardin.

7 Transformez les phrases suivantes en utilisant la forme impersonnelle.

1. Les enfants, vous devez ranger !
2. Vite ! Nous devons partir.
3. Je dois faire le ménage avant l'arrivée des locataires.
4. On doit libérer la chambre avant midi.
5. Pour réussir à cet examen, tu dois étudier.

LEXIQUE

Chercher un logement

1 **Voici la page web d'une agence immobilière qui propose des locations de vacances et des locations à l'année. Répondez aux questions individuellement, puis comparez vos réponses par petits groupes.** Y a-t-il beaucoup de différences parmi vous ?

Locations pour tous les goûts

À LA MONTAGNE | AU BORD DE LA MER | EN VILLE | À LA CAMPAGNE

Locations de vacances

- Vous aimez la plage, les bateaux et les sports nautiques ?
- Vous aimez la neige, l'air pur, escalader des pics, skier, vous promener en forêt ?
- Vous aimez les champs de céréales, les prés bien verts et les petits villages ?
- Vous aimez l'animation des rues, les sorties et les distractions ?

Région
Séjour ● à la semaine
● par nuitée
Arrivée le JJ/MM/AAAA
Départ le JJ/MM/AAAA
Lancer la recherche

Locations à l'année

- Vous aimez les jardins ? Votre indépendance ? Vous avez une grande famille ?
- Vous préférez vivre en collectivité ? En hauteur ?
- Vous préférez un logement facile à entretenir ? Vous vivez seul(e) ? Vous voyagez beaucoup ?

Pour affiner votre recherche

- Vous préférez un logement accueillant ? Fonctionnel ?
- Quelle orientation préférez-vous ? Plein sud ?
- Vous recherchez un appartement avec terrasse ou balcon ? Avec une belle vue ?
- Vous préférez un quartier calme ? En plein centre ?

Région
Ville
● Studio
● Appartement
● Maison
Lancer la recherche

Nos coups de cœur

Lyon
À louer, appartement lumineux au 3e étage, ascenseur, 100 m², entrée, grand séjour, cuisine américaine, 3 chambres, bureau, terrasse. Loyer : 1 100 euros.
Réf : F-205

Drôme
À vendre, situation exceptionnelle, **maison en pierre**, 1 étage, salon avec cheminée, salle à manger, 4 chambres, 2 salles de bains, jardin et garage.
Réf : P-105T

Nancy
À louer, studio au rez-de-chaussée, entrée, pièce principale avec cuisine américaine équipée et aménagée, SDB avec W.-C. Loyer : 380 €.
Réf: B-02VZ

2 **Complétez à l'aide des annonces ci-dessus.**

À louer, en banlieue, très bel … au 5e … d'un immeuble moderne. 100 m², 2 grandes …, grand … avec cheminée, … équipée. … orientée au sud.

Les adjectifs ordinaux

premier(ière), deuxième / second(e), troisième, quatrième … vingtième, vingt et unième, vingt-deuxième…

J'habite au deuxième étage.

3 **Décrivez le logement de vos rêves. Aidez-vous des mots suivants.**

l'entrée • le salon • le séjour • la chambre • le bureau • la cuisine • la salle de bains • la salle d'eau • les W.-C., les toilettes • le couloir • la terrasse • le jardin

4 **Vous êtes décidé(e) à trouver ce logement. Rédigez la petite annonce que vous allez publier.**

Meubler et équiper son logement

5 **Voici quelques meubles : dans quelles pièces les mettez-vous ?**

un lit

des étagères

une table

une armoire

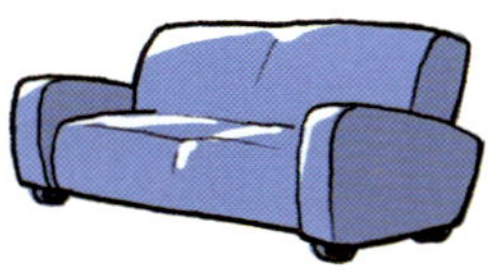
un canapé

un fauteuil

une chaise

un bureau

6 **À quoi servent ces appareils électroménagers ?**

1. une machine à laver / un lave-linge
2. un lave-vaisselle
3. un sèche-linge
4. un réfrigérateur / un frigidaire / un frigo (fam.)
5. une cuisinière (le four, les plaques)

a) sécher les vêtements
b) garder les aliments au frais
c) laver le linge sale
d) faire cuire, réchauffer les aliments
e) faire la vaisselle

7 **Faites le plan de votre cuisine et décrivez son équipement. Quel appareil électroménager vous semble le plus important dans une cuisine ?**

Prononciation : [ɛ]-[e]-[ø]

1 **Écoutez les différences : [ɛ] comme « elle », [e] comme « équipée », [ø] comme « deux ».**

2 **Écoutez et dites si les deux mots prononcés sont identiques ou différents.**

1. [e] / [ɛ] **2.** [e] / [ø]

3 **Écoutez et répétez.**

COMPÉTENCES

PARLER

1 Organisation des vacances : vous allez partir en vacances avec un(e) ami(e). Vous cherchez une destination et un logement. Chacun(e) a sélectionné une annonce et un cadre bien différents. Vous vous téléphonez.

Décrire un logement : Il y a… – avec vue sur… – Il est en banlieue. – C'est un T4. – Il a trois chambres. – La cuisine est bien équipée. – C'est au deuxième étage. – Il est ensoleillé. – Il n'est pas cher. – Il est à 30 km de la ville.

Demander des informations sur un logement : Est-ce que les chambres sont au même étage ? – Il est à… même ou à proximité ? – Il est cher ? – Il y a combien de lits ? – Il y a Internet ?

a

Gîte rural à Saint-Brieux

Ajouter aux favoris — Envoyer à un ami

Ancien bâtiment de ferme rénové avec entrée indépendante de l'habitation du propriétaire. 2 ch. (1 lit 2 pers., 1 lit 1 pers.), S. d'eau et W.-C. privés pour chacune. Petit déjeuner servi sous la véranda. Poneys sur place, balades accompagnées. Tarifs spéciaux pour les séjours de plus de quatre nuitées.

Tarif par nuit

1 Pers.	2 Pers.	3 Pers.
50 €	70 €	80 €

Henri LAMOUR
Le Chat
Saint-Brieuc
Côtes d'Armor
Tél. : 02 96 74 10 09
Fax : 02 96 74 10 08

Contacter le propriétaire

b

Duplex à Dinan

Duplex, 2 chambres. À 250 mètres de la rue du Petit-Fort.

Cuisine équipée, micro-ondes. 1 salle de bains. Balcon. 2 lits doubles, 1 lit d'appoint.

Télévision, Wi-fi. Draps et linge.

Logement non-fumeur.

Boris Roué
30 rue du Petit-Fort
22 000 Dinan

500€ / semaine
250€ / week-end

Dates du séjour
Réserver par e-mail :
borisroue@gmail.com

Voir les photos — Localisation — Commentaires

2 **Pour vos vacances d'été, vous hésitez entre deux campings. Vous téléphonez à un(e) ami(e) adepte du camping, vous lui décrivez votre sélection et il / elle vous donne des conseils pour mieux choisir.**

Donner des conseils : Évite… – Pensez à demander… – N'attends pas… ! – Mettez-vous d'accord sur…

CAMPING LES VOLCANS, Massif du Sancy
Des vacances en pleine nature…

- 62 emplacements semi-ombragés.
- 5 chalets tout confort.
- 9 mini-chalets (sans sanitaires).
- 1 mobile home.
- Sanitaires adaptés pour les handicapés.
- Activités à proximité : natation dans le lac, planche à voile, pêche, randonnées, équitation, VTT, parapente, etc.

Ajouter à ma sélection | Nos prix par dates

Camping Merlin

À 700 m de la plage !

- 350 emplacements séparés par des arbustes, 80 mobile homes.
- Piscine extérieure chauffée, 3 toboggans aquatiques.
- Snack-bar midi et soir, 7 jours / 7.
- 2 aires de jeux, 1 terrain de sport, 2 terrains de pétanque.
- Ateliers pour les 5 / 12 ans, tournois sportifs pour les plus de 12 ans.
- Animations nocturnes : concerts.

3 **À la recherche d'un logement. Vous allez emménager à Lille et vous avez retenu les petites annonces suivantes. Vous téléphonez pour vous renseigner plus précisément sur chaque logement et pour prendre rendez-vous afin de les visiter.**

Lille

Loue studio rue Nationale. 4e étage, salle de bains, chauff. indépendant, charges : 150 € / trim.

Prix : 450 € / mois

LOUONS CHAMBRE

rue Lamartine, avec grande armoire et balcon. 3 chambres, séjour, cuisine equipée, salle de bains, W.-C.

Charges : 50 € / mois.
Prix : 300 € / mois.

Exprimer l'obligation : Il est obligatoire de… – Il faut payer une caution. – Vous devez confirmer…

Exprimer son accord : Entendu. – Je suis d'accord. – C'est vrai que… – Je suis de votre avis. – Moi aussi, je pense que… – C'est vrai, ça. – Mais oui. – Je pense comme vous. – C'est possible.

COMPÉTENCES

LIRE

Les secrets d'une bonne colocation

Pour vivre en harmonie avec ses colocataires, que faire ?
Nous vous proposons en vrac quelques pistes pour simplifier votre quotidien et transformer votre colocation en une expérience inoubliable !

1 Pour partir sur de bonnes bases avec les autres, faites ensemble une liste de droits et de devoirs que vous trouvez essentiels.

2 Mettez-vous d'accord sur des règles de vie commune.

3 Instaurez un roulement pour le ménage : vous devez maintenir l'appartement propre.

4 Délimitez les parties communes et les parties privatives de l'appartement.

5 Si vous voulez inviter quelqu'un, pensez à prévenir les autres et à leur demander si ça ne les dérange pas.

6 Respectez le rythme de sommeil des autres. Bien sûr, ils doivent également respecter le vôtre.

7 Tenez à jour les comptes pour bien partager les frais et payer le loyer à temps.

8 Évitez le tapage nocturne et en cas de fête, pensez à baisser la musique à partir de 22 heures.

9 Quand un problème surgit, n'attendez pas trop pour en parler avec vos colocataires.

10 Prévoyez une bourse commune pour les produits d'entretien (la lessive, le papier toilette, etc.) et définissez son fonctionnement : qui s'en charge, quand mettre de l'argent et combien.

11 Veillez à laisser la salle de bains et la cuisine propres après chaque utilisation.

12 Respectez l'intimité de vos colocataires.

13 Distribuez l'espace dont chacun dispose dans le réfrigérateur ou dans les armoires : il faut être équitable !

14 Entretenez la communication, même quand vous n'avez pas le temps ! Rien de mieux qu'une ardoise ou un tableau pour laisser un petit mot gentil à ses colocs !

15 Prévoyez des activités en commun (sorties, dîners, soirées) : il faut maintenir une bonne ambiance.

16 Pour pouvoir commencer la journée sereinement, mettez-vous d'accord sur l'occupation de la salle de bains le matin, au lieu de vous énerver devant la porte parce que vous êtes pressé(e)s.

4 Dans quelle catégorie rangez-vous chacune des règles ci-dessus ?

a) vie pratique
b) relations entre colocataires
c) gestion des dépenses
d) distribution de l'espace

5 Quelles règles vous semblent les plus utiles pour une colocation réussie ?

6 Lesquelles vous semblent les plus difficiles à respecter ?

Stratégies

Comment faites-vous pour comprendre un mot nouveau ?

- Je tiens compte du contexte, du type de document que je lis.
- Je lis la phrase en entier.
- Je retrouve la nature et la fonction grammaticales du mot dans la phrase.
- J'essaie de voir si je reconnais une partie de ce mot (la racine, le préfixe, la terminaison...).
- Je fais des hypothèses sur son sens.
- Je regarde dans un dictionnaire monolingue / bilingue.

7 **Lisez l'annonce d'échange de maisons et la lettre reçue par la propriétaire.**

MAISONS-ÉCHANGES

Notre appartement, Saint-Jacques-de-Compostelle

Nombre de couchages max. : 4
Surface : 100 m²
Disponibilité : juillet-août

Internet : ✓
Échange de voitures : ✗
Fumeur : ✗
Animaux acceptés : ✗

Appartement ensoleillé et confortable près du centre-ville. Situé dans un quartier calme, sûr et commerçant (boulangerie, supermarché, pharmacie, poste…) à côté de la gare routière.
La ville de Saint-Jacques-de-Compostelle est très connue pour sa cathédrale et le pélerinage qui porte son nom, son université, sa gastronomie…

Nous

Nombre de voyageurs : 4
Destinations préférées : villes côtières, sud-est de la France
Période : juillet / août

Je suis professeure à l'Université de Saint-Jacques-de-Compostelle. Je suis une personne sérieuse et responsable.
Je souhaite partir avec trois personnes : un collègue, sa sœur et un ami.

M. Renaud
14, rue des Giroflées
83400 Hyères
alainrenaud@gmail.com

Hyères, le 15 mai

Chère Madame,

Nous sommes intéressés par votre annonce parue sur le site « Maisons-échanges » pour un échange de maisons entre le 15 juillet et le 15 août.
Nous habitons à Hyères, dans une maison proche du centre-ville et de la mer (10 minutes en voiture). La surface est de 150 m². Il y a un grand salon-salle à manger et une grande cuisine au rez-de-chaussée ; quatre chambres (un lit double dans notre chambre, un lit simple et un lit d'appoint dans les chambres des enfants, et un canapé-lit dans la dernière chambre) et une salle de bains à l'étage. Nous avons un grand jardin.
Ma femme est cadre dans une entreprise d'import-export et je suis botaniste. Nous avons deux enfants : Emmanuel, 9 ans, et Claire, 7 ans. Nous souhaitons découvrir la Galice et, bien sûr, Saint-Jacques-de-Compostelle.
Pouvez-vous m'expliquer comment est l'appartement ? Dans quel quartier de la ville se trouve-t-il ?
Je joins à cette lettre un plan de Hyères et une brochure touristique.
Dans l'attente de votre réponse par lettre ou par mail, nous vous prions de recevoir nos sincères salutations.

Alain Renaud

8 **Identifiez dans la lettre les éléments suivants : nom et adresse de l'expéditeur(trice), lieu et date, formule d'appel, formule finale.**

9 **Classez les formules d'appel et les formules finales suivantes selon que le / la destinataire est un(e) ami(e), un membre de la famille ou une personne qu'on ne connaît pas.**

- Cher Benoît,
- Ma chère Claude,
- Cordialement
- Recevez l'expression de mes sentiments les meilleurs.
- Cordiales salutations.
- Cher monsieur,
- Monsieur, Madame,
- Je t'embrasse.
- Bien à vous.
- Amitiés
- Amicalement
- Grosses bises
- Recevez mes sincères salutations.

Pour en savoir plus sur le logement en France, consultez notre ***dossier « Société »****, page 92.*

ÉCRIRE

10 **Répondez à la lettre de M. Renaud.**

Les bases d'une colocation réussie

Comme vous devez réaliser, pendant quelques mois, un stage de formation dans une ville de France, vous décidez de faire une expérience de colocation.

1 **Choisissez vos colocataires : formez des groupes de trois ou de quatre.**

2 **Quelle chance ! Vous avez trouvé le logement idéal. Consultez le plan de l'appartement ci-dessus : étudiez les espaces et décidez ceux qui seront communs et ceux qui seront privatifs.**

3 **Définissez ensemble comment vous allez vous installer, puis partagez les chambres.**

4 **Dites quels meubles le propriétaire met à votre disposition et dans quelle pièce vous allez les installer. Dites quels objets chacun(e) apporte à la communauté et décidez comment vous allez vous organiser pour les appareils électroménagers (emplacement, jour d'utilisation, etc.).**

5 **Votre installation est pratiquement finie. Rédigez la liste des dix règles qui vous semblent essentielles pour réussir votre cohabitation.**

6 **Maintenant, préparez-vous à expliquer votre projet aux autres groupes. Tous / Toutes les colocataires doivent intervenir !**

7 **À vous ! Expliquez votre projet. Les autres groupes évaluent votre présentation en fonction des critères ci-dessous.**

- La présentation a été fluide, originale, intéressante ?
- Tous les membres du groupe ont participé à la présentation ?
- La présentation a-t-elle abordé les points importants ?
  – Répartition des espaces.
  – Aménagement et installation des espaces communs et privatifs.
  – Établissement des règles pour une cohabitation réussie.
- Le vocabulaire de la leçon a-t-il été réutilisé ?
- L'impératif a-t-il été utilisé ?

En pays francophone

Souvenirs de voyage

des fleurs de tiaré et de l'huile de monoï pour le bronzage, des paréos multicolores

des chocolats (des « pralines »)

un plat à tagine

de l'emmental

du sirop d'érable

un CD de musique cajun

une boule à neige avec la tour Eiffel

Chers lecteurs, chères lectrices,

Claire, notre blogueuse préférée, vient de terminer son tour du monde francophone et a épinglé sur Internet quelques souvenirs de voyage… Qu'a-t-elle rapporté de Bruxelles ? De Papeete ? De Montréal ? De Paris ? De Genève ? De Casablanca ? Et de la Nouvelle-Orléans ?

Et vous, quelle escapade francophone nous conseillez-vous ? Partagez les photos de vos souvenirs de voyage préférés sur notre forum !

Expressions

Que veulent dire ces expressions ?

1. « Il n'y a pas le feu au lac. » (en Suisse et en France)
2. « Faire caïman. » (en Côte d'Ivoire, à Abidjan)
3. « Avoir une brique dans le ventre. » (en Belgique)
4. « Chauffer dans le noir. » (au Québec)

a) Travailler beaucoup.

b) Conduire la nuit.

c) Il n'y a pas besoin de se presser.

d) Vouloir être propriétaire.

Curiosités immobilières

Un pavillon est une maison particulière plus ou moins modeste, avec un petit jardin, et qui se situe en banlieue. D'après les sociologues, les pavillons de banlieue répondent aux mythes de la vie campagnarde, de l'air pur, du plaisir de jardiner et de la liberté de la vie privée. De nombreux Français aspirent à vivre dans une maison individuelle.

Les appartements (et aussi les maisons) sont très souvent appelés T2, T3, T4 en fonction du nombre de pièces, hors cuisine, salle de bains et W.-C. T signifie « Type ».

Un studio se compose d'une pièce de vie (séjour, chambre et cuisine) et d'une salle de bains avec W.-C.

Vrai ou faux ?

- On trouve des pavillons dans le centre-ville.
- Un studio comprend une cuisine indépendante.
- Un T3 est un appartement avec un salon, une chambre et une cuisine.

Et dans votre pays, c'est comment ?

Quelques informations utiles si vous désirez séjourner en France

Pour les étudiants

Pour trouver un logement, adressez-vous au CROUS (Centre régional des œuvres universitaires et scolaires) de l'académie où vous pensez faire des études. Cet organisme gère en effet un certain nombre de services dont le logement universitaire (cités U, résidences) et l'accueil des étudiants étrangers.
Vous trouverez sur Internet des informations très utiles à ce sujet.

Pour les vacanciers

Si vous voulez faire un séjour en France, vous disposez, en plus des hôtels, d'un très important réseau de campings, villages de vacances, gîtes ruraux et chambres d'hôtes sur tout le territoire. Il est très facile d'obtenir des informations en surfant sur Internet ou en vous adressant à l'office de tourisme de la région que vous voulez visiter.

Pour louer un appartement

Votre salaire doit être équivalent à trois fois le montant du loyer et vous devez payer une caution d'à peu près trois mois de loyer. Si vous ne disposez pas de tant d'argent, quelqu'un doit se porter garant pour vous.

Avez-vous eu l'occasion de vous loger en France pour les vacances, vos études ou le travail ?

Existe-t-il les mêmes possibilités dans votre pays ?

unité **7**

C'est la vie !

À la fin de l'unité 7, vous serez capable de...

- **comprendre et participer à une conversation amicale (parcours de vie).**
- **comprendre des émissions de radio (témoignages, goûts musicaux).**
- **comprendre et produire un monologue (parcours de vie, activités et loisirs).**
- **passer un entretien d'embauche.**
- **comprendre et écrire de courtes biographies.**

TÂCHE FINALE :
« À vos plumes ! »

Pour cela, vous apprendrez à...

- situer dans le temps.
- demander et donner des informations sur le passé.
- faire et accepter une invitation.
- présenter des excuses.
- exprimer des sentiments.

Stratégies
Comment présenter par écrit un personnage de fiction.

SITUATION 1

Une rencontre inattendue

Voir la transcription, p.195.

1 Écoutez le dialogue, puis répondez aux questions suivantes. Justifiez vos réponses.

1. Est-ce que Franck et Guillaume se connaissent depuis longtemps ?
2. Se voient-ils souvent ?
3. Que décident-ils avant de se séparer ?
4. Se séparent-ils précipitamment ?

2 Réécoutez le dialogue et répondez si c'est Franck ou si c'est Guillaume.

1. Qui habite à Cahors ?
2. Qui habite près d'Auxerre ?
3. Qui a fait des études universitaires ?
4. Qui est professeur de mathématiques ?
5. Qui a fait un stage d'informatique ?
6. Qui est commerçant ?
7. Qui est marié ?
8. Qui a des enfants ?

3 Quels sont les points communs et les différences entre les deux hommes ?

4 Repérez les expressions qui sont utilisées dans le dialogue pour…

1. **exprimer la surprise**.
2. **demander et donner des informations (sur le passé)**.
3. **faire et accepter une invitation**.
4. **présenter des excuses**.

La mobilité en France

La mobilité géographique des Français au long de leur vie est plutôt faible.

En général, les Français sont réticents à quitter leur ville natale mais **certains se décident**, en particulier **pour « émigrer »** du nord ou du centre **vers le littoral ou la région Rhône-Alpes**.

SITUATION 2

Quel choc !

1 **Écoutez ce témoignage diffusé lors d'une émission de radio.**

2 **Faites la fiche d'Antoine : notez son âge, son état civil et sa situation familiale.**

3 **Remettez dans l'ordre les différentes étapes de sa vie.**

a) se marier
b) grandir
c) travailler
d) retrouver son enfant
e) étudier
f) déménager
g) naître

4 **Dites si c'est vrai ou faux.**

1. Antoine est un homme marié de 52 ans.
2. Il n'a pas eu d'enfants avec sa femme.
3. Il vient de découvrir qu'il a une fille.
4. Il n'a pas élevé sa fille.
5. Il n'a pas de petits-enfants.
6. Il a rencontré sa fille et la famille de sa fille cette année.
7. Il n'a pas envie de connaître sa fille.

5 **Repérez les expressions qui sont utilisées dans le dialogue pour…**

1. **donner des informations (sur le passé)**.
2. **situer dans le temps**.
3. **exprimer des sentiments**.
4. **indiquer le mode d'accomplissement d'une action**.

6 **Par petits groupes, préparez la lecture de ce témoignage à voix haute.**

1. Essayez de reproduire le plus exactement possible le rythme, les intonations et la prononciation des personnes qui parlent.
2. Ensuite, lisez ce texte à voix haute devant la classe et comparez votre lecture à celle des autres groupes.

- Bonjour chers auditeurs et auditrices ! Aujourd'hui, nous allons écouter le témoignage d'Antoine, de Clermont-Ferrand. Bonjour Antoine ! Racontez-nous votre histoire !
- Bonjour ! Je m'appelle Antoine, j'ai 52 ans. Ma vie a été plutôt banale pendant 51 ans. Je suis né à Clermont-Ferrand, j'ai grandi dans une famille d'ouvriers. Mes parents ont travaillé toute leur vie chez Michelin. Moi, je suis parti à Paris pour faire des études, ensuite je suis revenu à Clermont-Ferrand et j'ai travaillé comme ingénieur… chez Michelin ! Je me suis marié, assez tard pour l'époque, à 33 ans. Nous n'avons pas eu d'enfants, mais ma femme a quatre frères et sœurs qui nous ont toujours bien entourés.
  Puis un jour, il y a un an, j'ai reçu un mail d'une jeune femme de 30 ans : « Tu es mon père ! » Quel choc, quelle surprise ! Et pourtant c'est vrai, je suis son père. Mais, c'est une trop longue histoire à raconter ici. J'ai envie de rattraper le temps perdu. Maintenant, je ne veux rien ignorer de ma fille ! Elle est mariée et elle a trois enfants de 1, 3 et 6 ans. Nous sommes sur le point d'aller leur rendre visite, je suis très ému… Ma femme a bien accepté la situation et elle est même en train de tricoter des gants pour les petits ! Ils habitent à la montagne, en Suisse. Alors, souhaitez-moi bonne chance pour cette rencontre, parce que dans le fond, j'ai un peu peur !
- Merci Antoine, un témoignage émouvant, n'est-ce pas ? On vous souhaite d'heureuses retrouvailles !

Clermont-Ferrand

✚ **Clermont-Ferrand,** en Auvergne, a été l'une des plus grandes villes de la Gaule centrale.

✚ **Vercingétorix,** héros de la guerre des Gaules contre César puis mythe national, est né en Auvergne.

Pratique

« N'est-ce pas ? » veut dire…
a) « Je ne suis pas sûr(e) ».
b) « Je demande confirmation ».

GRAMMAIRE

Le passé composé

Observez ces phrases :
*Je **suis arrivé** ce matin, je **suis venu** voir mes parents. J'**ai préféré** la vie active et, quand mon père **a eu** 60 ans, alors j'**ai repris** son commerce.*

- Le passé composé se forme avec un **auxiliaire au présent** et le **participe passé** du verbe conjugué.

Dans les phrases précédentes, utilise-t-on toujours le même auxiliaire ?

À quoi ça sert ?
Le passé composé sert à **parler de faits, d'événements ou d'actions qui ont eu lieu dans le passé** (proche ou non).

Quel est l'équivalent dans votre langue ?

- **Quel auxiliaire choisir ?**

avoir	être	
Avec la majorité des verbes : *J'**ai repris** le bureau de tabac.* *J'**ai eu** deux enfants.*	**Avec tous les verbes pronominaux :** *Je **me suis marié** très jeune.* *Nous **nous sommes embrassés**.*	**Avec les 14 verbes suivants :** *naître / mourir, venir / aller, entrer / sortir, arriver / partir, monter / descendre, rester / passer, tomber, retourner*

Attention à la prononciation !
Distinguez : ***je** grandis* / ***j'ai** grandi.*

Attention ! Certains des verbes conjugués avec *être* se conjuguent avec *avoir* quand ils ont un COD : *sortir, monter, descendre, passer, entrer, retourner.*
*Je **suis descendu** à toute vitesse. / J'**ai descendu** les escaliers.*
*Ce matin, Philippe **est passé** nous voir. / En juin, Julie **a passé** son bac.*

- **Classement selon la prononciation du participe passé :**

participe passé en [e]	participe passé en [y]	participe passé en [i]	autres cas
*être → ét**é*** *arriver → arriv**é*** *+ changer, travailler, décider, trouver…*	*avoir → **eu*** *(de)venir → (de)ven**u*** *vouloir → voul**u*** *savoir → **su***	*partir → part**i*** *grandir → grand**i*** *dire → d**it*** *écrire → écr**it*** *mettre → m**is*** *apprendre → appr**is***	*faire → **fait*** *mourir → **mort*** *ouvrir → **ouvert*** *offrir → **offert***

Attention à l'accord avec *être* !
*Jean-Paul Sartre est **né** à Paris, en 1905.*
*Coco Chanel est **née** en 1883 à Saumur.*
*Les frères Lumière sont **nés** à Besançon.*
*Les sœurs Brontë sont **nées** à Thornton.*

1 Écoutez et dites si le verbe est au présent ou au passé composé.

2 Retrouvez l'infinitif des verbes au passé composé, puis classez les participes passés selon leur terminaison orale.

1. J'ai connu mon mari à Dijon.
2. Elle a reçu le Prix du Jury.
3. J'ai mis mon manteau d'hiver.
4. Ils ont dit la vérité.
5. Vous avez fini votre travail ?
6. Elle est sortie à 15 h.
7. On a frappé et on a ouvert la porte.
8. Nous avons vu un film à la télé.
9. Ils ont beaucoup souffert.
10. Elles ont pu réparer la voiture.

3 Mettez les verbes entre parenthèses au passé composé.

1. Tu … (recevoir) un coup de fil d'Emma ?
2. Marlène … (partir) à Londres.
3. Ce matin, ma fille et moi nous … (se promener) longtemps.
4. Ils … (être) malades toute la semaine.
5. Antoine … (se reposer) avant de partir.
6. Il … (oublier) de faire les courses, mais il … (descendre) acheter le pain.
7. Nous … (offrir) un cadeau à Laurent.
8. Hier, Laëtitia … (partir) de la maison à 8 h 15 et elle … (arriver) à l'hôpital à 8 h 45.

4 **Complétez la biographie de Louis Pasteur, scientifique français, au passé composé.**

Il … (naître) le 27 décembre 1822 à Dole. À l'âge de 17 ans, il … (partir) pour Besançon où il … (faire) ses études secondaires. En 1845, il … (obtenir) sa licence de sciences et … (commencer) à faire de la recherche. En 1849, il … (se marier) avec Marie Laurent. Toute sa vie, il … (recevoir) de nombreux prix et … (publier) les résultats de ses recherches. Il … (découvrir) le vaccin contre la rage. Il … (mourir) en 1895, à Villeneuve-l'Étang.

La négation

Observez ces phrases :

*Je **ne** vais **pas** rester longtemps.*
*Je **n'**ai **personne** dans ma vie.*
*Je **ne** veux **rien** ignorer de ma fille.*
*Je **ne** fais **plus** beaucoup de sport.*
*On **ne** sait **jamais** !*

Rappelez-vous :

- La négation comporte deux éléments en français.
- Le premier élément est ***ne***. Le deuxième varie en fonction de l'élément sur lequel porte la négation :
  - ***personne*** (quelqu'un / une personne) :
    J'ai vu mes amis. → *Je **n'**ai vu **personne**.*
  - ***rien*** (une chose) :
    Il m'a offert un collier. → *Il **ne** m'a **rien** offert.*
  - ***plus***, ***jamais***… (une référence temporelle) :
    Il vient nous voir régulièrement. → *Il **ne** vient **plus** nous voir.*
    Elle change d'avis tout le temps. → *Elle **ne** change **jamais** d'avis.*

5 **Mettez les éléments dans le bon ordre.**

1. cinéma. / va / elle / jamais / ne / au
2. rencontrer / il / veut / personne. / ne
3. pas / avion ? / vous / les / avez / billets / d' / n'
4. travaille / dans / cette / il / ne / plus / entreprise.
5. pendant / je / rien / les / ne / fais / vacances.
6. connaissons / nous / ne / personne.

Être sur le point de… / Être en train de…

Observez ces phrases :

*Nous **sommes sur le point d'**aller leur rendre visite.*
*Elle **est en train de** tricoter des gants.*

Avec quel mode verbal se construisent *être sur le point de* et *être en train de* ?

À quoi ça sert ?
La périphrase *être sur le point de* sert à **indiquer un futur immédiat**.
La périphrase *être en train de* sert à **exprimer une action en cours**.

Attention !

- Pour exprimer une action en cours, on utilise très souvent le présent de l'indicatif (au lieu d'*être en train de*).

  Il faut distinguer :
  *Je **travaille** dans une entreprise japonaise.*
  → généralité
  *Taisez-vous, je **travaille** / je **suis en train de travailler** !*
  → action en cours

Dans votre langue, est-ce la même chose ?

6 **Transformez les phrases suivantes avec *être sur le point de* ou *être en train de*.**

1. Je pars dans cinq minutes.
2. Elle va arriver d'un instant à l'autre.
3. Éteins la télé, tu ne vois pas que je travaille ?
4. Mamie est dans le jardin, elle arrose les plantes.
5. Le bébé fait sa sieste, ne faites pas de bruit.
6. Il va être grand-père aujourd'hui.
7. Ne partez pas encore, il ne va pas tarder.
8. Tu fais un gâteau ? Chouette !
9. Je raccroche, mon avion décolle dans cinq minutes.
10. Elle prépare ses valises pour les vacances.

LEXIQUE

Les âges de la vie

1 Quel est votre itinéraire de vie idéal ? Pour le tracer, sélectionnez des verbes dans la liste suivante et utilisez-les dans l'ordre que vous désirez. Commentez vos choix avec vos voisin(e)s.

vieillir • tomber amoureux(euse) • naître • se marier / se mettre en couple • vivre avec • mourir • élever les enfants • s'installer • grandir • faire des études • avoir des enfants • divorcer • se séparer • déménager • travailler

Avez-vous tous tracé les mêmes itinéraires ? Quels sont les points communs ? Et les différences ?

2 Mettez en relation les deux colonnes ci-dessous.

1. s'installer	**a)** la vieillesse
2. grandir	**b)** le mariage
3. se marier	**c)** l'installation
4. naître	**d)** la naissance
5. vieillir	**e)** le divorce
6. divorcer	**f)** l'enfance, la jeunesse
7. mourir	**g)** la mort
8. vivre	**h)** la séparation
9. se séparer	**i)** la vie

Quels sont, selon vous, les moments les plus heureux de la vie ? Les plus faciles ? Les plus difficiles ? Pourquoi ?

3 À quels événements de la vie correspondent les faire-part et cartes suivants ?

Sa famille et ses amis
ont la douleur d'annoncer le décès de
Jean-Marie Le Falchier
survenu le 18 mars à l'âge de 79 ans.
Les obsèques auront lieu le mardi 25 mars
à l'église de Mérignac (33).

4 Associez les illustrations aux expressions suivantes.

a) Bon anniversaire !
b) Mes sincères condoléances.
c) Vive les mariés !
d) Félicitations !
e) Bonne année, bonne santé !
f) Joyeux Noël !

1

2

3

4

5

6

Les études

5 Jeanne nous dit… Relevez dans le texte ci-dessous les termes qui se réfèrent aux études.

« J'ai été une élève modèle. Je n'ai aucun mérite : j'aime étudier ! Je révise toujours mes leçons et je prépare mes examens à l'avance. Je suis toujours les cours avec attention. Je n'ai jamais été recalée à un examen et j'ai eu le bac avec mention « Très Bien ».

Maintenant, je vais m'inscrire à la faculté de droit et les études universitaires, ça me fait un peu peur, c'est difficile. J'espère finir mon master sans redoubler. Je crois que c'est après que les problèmes commenceront, quand je chercherai mon premier emploi ! ».

6 Maintenant, c'est Ludovic qui parle. Et Ludovic est, contrairement à Jeanne, un très mauvais élève. Que dit-il quelques mois avant le bac ? Transformez le texte précédent et finissez son histoire comme vous voulez.

Et vous, avez-vous été bon(ne), mauvais(e) élève ?
Aimez-vous étudier et suivre des cours ?

La vie professionnelle

7 Écoutez et lisez le témoignage de cet homme. Dites…

1. quelles ont été, jusqu'à maintenant, les grandes étapes de son parcours professionnel.
2. quels ont été les moments les plus difficiles.
3. quel est son projet immédiat.

« Voilà mon parcours professionnel, il ressemble à beaucoup d'autres : d'abord, j'ai fait un stage dans une entreprise de produits chimiques, au département commercial… Ça a duré un an, je n'ai reçu aucun salaire mais bon ! La formation a été intéressante. Après, le stage s'est terminé et je suis resté six mois avant de trouver un emploi. J'ai passé des dizaines d'entretiens, rien ! Là, ça a été très dur. J'ai quand même fini par trouver une place dans une boîte de produits pharmaceutiques ; j'y suis resté quatre ans et puis, j'ai été licencié. Maintenant, je suis au chômage depuis un an, mais je pense que tout est sur le point de changer. Enfin ! Je viens d'obtenir une subvention pour monter une petite entreprise… C'est toute une aventure mais j'ai confiance en moi et je veux croire en l'avenir. »

8 Décrivez ce parcours professionnel. Utilisez les connecteurs ci-contre.

- De février 2004 à août 2004 : assistant relations internationales, Chambre de commerce de Bordeaux, stage.
- D'octobre 2004 à février 2006 : assistant commerce international, PME Pélican, CDD.
- De mai 2006 à septembre 2012 : assistant marketing, office de tourisme de Sarlat, CDI.

La chronologie

d'abord
ensuite
puis, après
finalement, enfin

Prononciation : [ɛ]-[œ]-[ɔ]

1 Écoutez les différences : [ɛ] comme « faire », [œ] comme « sœur », [ɔ] comme « encore ».

2 Écoutez et dites si les deux mots prononcés sont identiques ou différents.

a)

	1	…	8
=			
≠			

b)

	1	…	8
=			
≠			

COMPÉTENCES

PARLER

1 Quel week-end ! Vous racontez à votre voisin(e) le week-end que vous venez de passer. Vous êtes très enthousiaste. Vous parlez de vos activités et loisirs. Situez les moments et les endroits, et parlez des gens que vous avez vus.

Demander des informations sur des actions passées : Ça s'est bien passé ? – Ça t'a plu ? – Qu'est-ce que vous avez fait ? – Il a fait beau ? – Tu as pu visiter la ville ?

Donner des informations sur des actions passées : Je suis allé(e) à la plage. – Nous avons fait du sport. – J'ai visité la région. – Nous avons dîné au restaurant. – J'ai rendu visite à mon oncle.

2 Entretien d'embauche. Vous avez répondu à une offre d'emploi et envoyé votre CV. Vous avez rendez-vous pour un entretien. Le / La recruteur(euse) vous pose des questions sur votre curriculum.

Demander des informations sur les études et le parcours professionnel : Parlez-moi de vous... – Pourquoi avez-vous choisi cette formation ? – Pouvez-vous me parler de votre expérience professionnelle ? – Que faites-vous pendant vos loisirs ? Quelles sont vos passions ? – Aimez-vous le travail en équipe ?

Donner des informations sur les études et le parcours professionnel : J'ai fait des études de droit. – J'ai repris mon travail de cuisinier. – J'ai fait un stage dans une entreprise pharmaceutique. – J'ai terminé mes études à l'étranger. – J'ai passé un concours en 2008.

CV Formation
Expérience professionnelle
Projets
Informatique
Langues
Centres d'intérêt
Loisirs
Compétences spécifiques
Conférences Séminaires
Références

3 **À l'aéroport. Vous allez chercher un(e) ami(e) qui rentre de voyage (affaires, vacances…). Vous arrivez en retard, il / elle vous attend.**

– Vous vous excusez et justifiez votre retard.
– Vous lui demandez des détails sur son voyage.
– Vous lui demandez ce qu'il / elle a fait.
– Il / Elle vous pose les mêmes questions.

S'excuser : Désolé, il y avait un embouteillage. – Excuse-moi, j'avais une réunion très importante.

4 **Vous rencontrez un(e) ami(e) que vous n'avez pas vu(e) depuis longtemps. Demandez-lui ce qu'il / elle a fait depuis que vous ne l'avez pas vu(e), racontez-lui à votre tour ce que vous avez fait, puis invitez cet(te) ami(e) chez vous.**

Exprimer un sentiment : Oh ! Quel plaisir de te voir ! – Quelle surprise ! – Je ne regrette rien du passé. – Nous sommes très heureux. – Quel beau souvenir !

Situer dans le temps : Je repars lundi prochain. – Il y a 20 ans environ. – Maintenant, je suis fleuriste. – Un jour, il y a quatre ans, j'ai revu cette personne.

Inviter / Accepter une invitation : Viens à la maison, je veux te présenter Julien. – On prend un café ? – Avec plaisir. – D'accord. – Bien sûr.

COMPÉTENCES

ÉCOUTER

5 Chanson française ! Écoutez le dialogue et dites si c'est vrai ou faux.

1. Julien est animateur d'une émission musicale à la radio.
2. La participation des trois auditeurs se fait par téléphone, en direct.
3. Carole a découvert la chanson de Jacques Brel à la radio.
4. Carole vit une histoire d'amour qui passe par des moments difficiles.
5. David cite « L'hymne à l'amour », mais ce n'est pas la chanson qui illustre sa situation amoureuse.
6. David n'est plus avec sa femme.
7. Mathieu apprécie autant la musique que les paroles de « Divine idylle ».
8. La femme de Mathieu va pouvoir entendre la chanson que son mari lui dédie.

6 Retrouvez dans la deuxième colonne l'interprète de chaque chanson.

1. « Les vieux amants »	**a)** Cali
2. « L'hymne à l'amour »	**b)** Vanessa Paradis
3. « Divine idylle »	**c)** Jacques Brel
4. « J'ai besoin d'amour »	**d)** Édith Piaf

LIRE

7 Devinettes. Lisez les présentations des personnages suivants et repérez les indices. De qui s'agit-il ?

Il est béarnais d'origine et ses amis et compagnons de luttes sont trois Gascons. Leur célèbre devise est « Un pour tous, tous pour un ». Ils se battent contre les hommes du cardinal de Richelieu pour protéger l'honneur de la reine Anne d'Autriche (qui a une liaison avec le duc de Buckingham).
Son instrument de travail est son épée et son habileté, son courage, son honnêteté et sa loyauté font de lui un héros.
Ce personnage s'inspire du capitaine Charles de Batz-Castelmore qui a réellement existé. Alexandre Dumas a fait de lui le héros d'un de ses romans.

7

Je suis une jeune journaliste parisienne intrépide et je raconte mes aventures dans des romans-feuilletons. J'ai affronté des momies de toute sorte en Égypte, ainsi qu'un bébé de ptérodactyle mystérieusement né sur une étagère du Jardin des Plantes.
Je suis assez féminine et j'ai des chapeaux originaux, certaines personnes les trouvent ridicules, mais moi, je les adore ! Et j'ai une faiblesse : la peur du dentiste !
J'ai été créée en 1976 par le célèbre dessinateur Tardi, qui écrit toutes mes aventures. Dans mes premiers albums, je vous ai peut-être fait peur mais petit à petit j'ai gagné en humour.

Je suis né en 85 avant J.-C., je suis un célèbre livreur de menhirs gaulois. Je suis un peu enveloppé, pas gros !
Petit, je suis tombé dans une marmite de potion magique et j'ai gardé ses effets à vie.
J'aime beaucoup chasser les sangliers et les Romains avec mon petit chien et j'adore les festins interminables. Je suis très romantique et sensible. Ah, et je suis célibataire !

Lisez aussi les biographies de personnes réelles de notre ***dossier « Société »**, p. 117.*

8 Pour chaque personnage, répondez aux questions suivantes.

1. Quelle est sa région ou ville d'origine ?
2. Quelle est sa profession ?
3. Quelles sont ses caractéristiques physiques et psychologiques ? Quels sont ses goûts ?

9 Ces personnages ont un point commun : ce sont des personnages de fiction. Qui les a créés ?

ÉCRIRE

10 Rédigez la présentation d'un personnage de fiction sans dire son nom (90-100 mots). Passez ensuite votre fiche à vos camarades pour qu'ils devinent de qui il s'agit.

Stratégies

Comment avez-vous procédé pour rédiger ce texte ?

- Je me suis inspiré(e) d'un modèle.
- J'ai écrit mon texte avec les idées qui me venaient au fur et à mesure.
- J'ai fait un plan et j'ai organisé mon texte avant de l'écrire.
- J'ai rédigé mentalement mon texte en langue maternelle, puis je l'ai traduit.
- J'ai essayé de construire des phrases en français avec les moyens linguistiques de mon niveau.
- J'ai cherché d'autres constructions possibles quand je n'ai pas su finir une phrase.
- J'ai essayé de varier les mots et les expressions.
- J'ai essayé d'utiliser les mots et les expressions appris dans la leçon.

Commentez ces manières de procéder. Quelles sont les plus efficaces pour rédiger, en général ? Quelles sont celles à éviter ?

À vos plumes !

Vous allez rédiger le récit « autobiographique » d'une personne à partir de sa photo.

1 **Par groupes de trois, observez les photos ci-dessus et choisissez celle qui vous intéresse, interpelle ou plaît le plus !**

2 **Imaginez la personnalité de cette personne et inventez-lui une vie originale et riche en événements ! Pour cela, élaborez sa fiche de manière détaillée, à partir de ces rubriques :**
- son nom, son prénom, son âge, sa situation familiale et professionnelle.
- ses lieux de naissance et de résidence.
- deux caractéristiques physiques et psychologiques importantes.
- ses passions et loisirs.
- quelque chose qu'il / elle déteste.
- trois périodes différentes de sa vie, avec un événement particulièrement marquant pour chacune.

3 **Maintenant, rédigez collectivement le récit de sa vie, à la première personne, en 90 mots environ : il / elle doit se présenter, raconter son itinéraire de vie et dire quelle est sa situation actuelle.** Vous pouvez vous inspirer de la situation « Quel choc ! », p. 95.

4 **Votre texte est rédigé ? Choisissez le membre du groupe qui va le lire devant les autres et aidez-le à préparer sa lecture.** Il doit soigner sa diction et incarner le personnage.

5 **À vous ! L'un(e) d'entre vous lit le texte de votre groupe. Les autres groupes évaluent votre production en fonction des critères ci-dessous.** Il peut être amusant de comparer les récits faits à partir des mêmes photos !

- Le nombre de mots est adéquat.
- Le texte est bien organisé.
- Des connecteurs de temps structurent le récit.
- Le passé composé est utilisé pour raconter des faits passés.

unité

8

Au fil des saisons

À la fin de l'unité 8, vous serez capable de...

- comprendre et participer à une discussion (mode).
- participer à une conversation téléphonique (projets de week-end).
- comprendre et écrire un mail (personnel).
- comprendre un article de journal (éditorial).
- comprendre et écrire un bulletin météorologique.

TÂCHE FINALE :

« Costumier pour un jour »

Pour cela, vous apprendrez à...

- demander et donner des informations sur le passé.
- décrire le temps qu'il fait.
- décrire physiquement des personnes.
- demander et donner des opinions.
- manifester votre accord ou votre désaccord.

Stratégies

Comment intervenir de manière efficace dans une discussion ou un débat.

SITUATION 1
Pour ou contre ?

Voir la transcription, p. 196.

1 Écoutez et répondez aux questions.

1. Qui participe à la table ronde ?
   - **a)** Un animateur et quatre participants.
   - **b)** Deux animateurs et trois participants.
   - **c)** Un animateur et trois participants.
2. Quel est le sujet abordé ?
   - **a)** Les jeunes et la mode.
   - **b)** Les jeunes et les marques.
   - **c)** Les jeunes et le sport.
3. Ces personnes parlent pour…
   - **a)** échanger des informations.
   - **b)** débattre.
   - **c)** parler de leurs sentiments.
4. Dans quel ordre entend-on parler Clément, Cynthia, Manou et Bruno ?
5. Combien d'entre eux sont pour les marques ? Combien sont contre ?

Les maisons de quartier

- Les maisons de quartier sont **des centres de loisirs, de rencontres et d'échanges.**
- **Leur public :** les enfants, les adolescents et les adultes.
- **Elles proposent :** des cours, des espaces pour les familles, des spectacles, des fêtes de quartier…

2 Retrouvez qui utilise les arguments suivants. Classez-les selon qu'ils sont pour ou contre les marques.

- **a)** C'est très cher.
- **b)** C'est synonyme de bonne qualité.
- **c)** Ça nous donne un style, de la classe.
- **d)** On veut avoir la liberté de choisir.
- **e)** Ça inspire le respect.
- **f)** On ne veut pas être comme tout le monde.
- **g)** On aime être bien habillé(e)s.
- **h)** Tous les vêtements peuvent durer longtemps.
- **i)** Ça n'empêche pas l'exploitation des personnes qui les fabriquent.
- **j)** C'est important d'avoir de bonnes chaussures.

3 Repérez les verbes ou expressions qui sont utilisés dans le débat pour…

1. **introduire des opinions**.
2. **réfuter celles des autres**.

4 Vous-même, si on vous pose la question, que répondez-vous ?

Pratique

Comment faire pour interrompre quelqu'un ?
On peut dire :
– « **Attendez, je voudrais intervenir…** »
– « **Pardon, s'il vous plaît, je voudrais dire…** »

SITUATION 2

Nouvelles de York

De mumuriel@gmail.com

A pauletviviane@orange.fr

Objet : Nouvelles de York

Chers papi et mamie,

Je n'ai pas pu vous écrire hier, je n'ai pas eu le temps, mais je suis bien arrivée, papa vous a prévenus, non ? Le voyage a été assez long. M. et Mme Courtright, Nick et Julie (ma famille d'accueil) m'ont très bien reçue : ils sont venus me chercher à la gare et ils m'ont invitée à dîner dans un petit restaurant typique (j'ai goûté les spécialités de la région).

Je ne suis pas la seule étudiante dans la maison, il y a une jeune Allemande qui s'appelle Sandra. Elle vient de Münster, sa ville aussi est jumelée avec York. Elle est arrivée la semaine dernière mais elle n'a pas encore commencé les cours. Comme elle ne parle pas un mot de français, on a bavardé tout le temps en anglais. Elle parle vraiment bien. Je lui ai demandé de me corriger si je fais des fautes, comme ça je vais faire beaucoup de progrès !

Elle loue un vélo pour ses déplacements. Pour elle, c'est plus pratique que le bus car la ville est assez petite. Elle a eu l'air très étonnée quand je lui ai avoué que je n'ai jamais appris à faire du vélo 🙂.

Ce matin, quand on s'est levées, on a vu un grand soleil par la fenêtre alors on a décidé d'aller faire un tour : vers midi il a commencé à pleuvoir, mais juste un peu heureusement, je n'ai pas eu besoin de sortir mon parapluie. L'après-midi, il a fait un peu froid et j'ai dû mettre mon pull. Le temps est très variable ici, il faut toujours prendre un imperméable.

Bon, je dois vous laisser, il est 18 h, les Courtright nous ont appelées pour dîner. Incroyable ! C'est vraiment tôt mais, comme je n'ai pas beaucoup mangé depuis ce matin, j'ai une faim de loup.

Écrivez-moi vite. J'attends de vos nouvelles, Dijon va me manquer !

Je vous embrasse très fort.

Muriel

1 Observez le mail et répondez aux questions.

1. Qui est l'expéditeur(trice) ?
2. Qui est / sont le(s) destinataire(s) ?
3. Lisez le champ « objet ». Quel est l'objectif de ce message ?
   - **a)** S'informer sur une ville.
   - **b)** S'intéresser aux destinataires.
   - **c)** Dire comment on va.

2 Après lecture de ce mail…

1. Que savez-vous de Muriel ?
2. Quelles sont ses premières impressions sur sa famille d'accueil ? Sur le temps ? Sur les horaires ?
3. Qu'apprend-on sur la ville de York ?
4. La famille Courtright accueille-t-elle seulement Muriel ?

3 Combien de thèmes sont abordés dans ce mail ? Énumérez-les.

4 Repérez les expressions qui sont utilisées dans le mail pour…

1. **décrire le temps qu'il fait.**
2. **donner des informations sur le passé.**

Le jumelage en Europe

✚ Deux villes déclarées jumelles ou « jumelées » sont des villes de **deux pays différents** entre lesquelles il y a des relations particulières : des contacts fréquents, des échanges culturels…

✚ À l'origine de cette pratique, le désir du Conseil des communes et régions d'Europe **après la Seconde Guerre mondiale** de favoriser un climat de compréhension et de coopération entre les peuples.

GRAMMAIRE

Le passé composé (forme négative)

Observez ces phrases :
Je n'ai pas pu *vous écrire hier, je n'ai pas eu le temps.*
Je n'ai jamais appris *à faire du vélo.*

Où place-t-on les deux termes de la négation avec des verbes au passé composé ?

1 Mettez les phrases suivantes à la forme négative.

1. Nous sommes arrivées en avance.
2. Tu as terminé tes devoirs ?
3. Il a changé de portable.
4. Nous sommes allés faire les courses.
5. Tu as écouté son dernier album ?
6. Vous êtes parties à 20 h.
7. Elle a reconnu son ancienne institutrice.
8. Je me suis toujours perdue dans cette ville.
9. J'ai connu ma grand-mère.
10. On est rentrées tard.
11. Vous avez regardé les réponses.
12. Ils se sont promenés sous la pluie.

L'accord du participe passé avec *avoir*

Rappelez-vous les règles (*être* ≠ *avoir*) :

passé composé avec *être*	passé composé avec *avoir*
Elle est arrivée *la semaine dernière.* ***M. et Mme Courtright sont venus*** *me chercher.*	(Moi, Muriel) ***Je*** *n'****ai*** *jamais* ***appris*** *à faire du vélo.* (Sandra et moi) ***On a bavardé*** *tout le temps en anglais.*
Le participe passé s'accorde avec le sujet	Le participe passé ne s'accorde pas avec le sujet.

Maintenant, observez ces phrases (*avoir*) :
Papa ***vous a prévenus****, non ?*
Les Courtright ***nous ont appelées*** *pour le dîner.*

Que remplacent *vous* et *nous* ?
Le participe passé s'accorde-t-il ?
Avec quoi ?

- Avec l'auxiliaire *avoir*, le participe passé s'accorde avec le complément d'objet direct, quand il est placé avant le verbe.
- Les COD placés devant le verbe sont souvent des pronoms :
  *J'****ai goûté les spécialités de la région****.*
  → *Je* ***les ai goûtées****.*

Attention à la prononciation !
Souvent, l'accord du participe passé ne s'entend pas : à l'oral, *arrivé(s) = arrivée(s)* ; *fini(s) = finie(s)*.

Dans quel(s) cas est-ce qu'il se fait entendre ?
Comment se prononce le féminin de *appris, écrit, ouvert*… ?

2 Écoutez les phrases suivantes et dites à quoi les pronoms compléments correspondent.

1. les cartes / le mail / la lettre
2. les recettes / le cadeau / les livres
3. la gomme / le stylo / le taille-crayon
4. le studio / la pièce / les chambres
5. la pièce / les romans / le poème
6. le discours / les devoirs / la tarte
7. le thé / la tisane / le café
8. les mails / le roman policier / le message

3 Complétez les terminaisons si nécessaire.

1. Les nouvelles ne sont pas bonnes, tu les as entendu___ ?
2. J'ai prêté___ un CD à Ludo il y a deux mois et il ne me l'a pas encore rendu___.
3. Cette fille, tu l'as regardé___ bizarrement, qu'est-ce qui se passe ?
4. Cette pièce de théâtre, il l'a écrit___ l'année dernière et elle a gagné___ un prix important.
5. L'exposition de Botero ? Bien sûr, nous l'avons vu___ la semaine dernière.
6. Il a perdu___ ses clés de voiture, mais il les a retrouvé___ quelques jours plus tard.
7. Je te présente Lucca et Alessandro, je les ai connu___ à Rimini.
8. Il m'a offert___ des roses, je suis ravie !
9. Allô, c'est Alice, tu m'as appelé___ ?
10. Elle a dû___ se dépêcher.

8

Les pronoms compléments d'objet indirects (COI)

les COD	les COI
Rappelez-vous ! *Julie et Nick invitent* ***Muriel*** *au restaurant.* → *Ils* ***l'****invitent au restaurant.* *Ils appellent* ***Muriel et Sandra*** *pour le dîner.* → *Ils* ***les*** *appellent.* Pas de préposition devant les noms COD.	**Observez ces phrases :** *Elle coupe la parole* ***à Manou****.* → *Elle* ***lui*** *coupe la parole.* *Je réponds* ***à Clément et à Manou****.* → *Bruno, je* ***leur*** *réponds d'abord.* Quel mot précède les noms COI ?

- **Les formes**

Observez le tableau et comparez les COD et les COI :

	pronoms COD		pronoms COI	
	singulier	**pluriel**	**singulier**	**pluriel**
1re personne	me / m'	nous	**me / m'**	**nous**
2e personne	te / t'	vous	**te / t'**	**vous**
3e personne	le / la / l'	les	**lui**	**leur**

Quelles sont les formes communes ?

Attention !

Avec les verbes à l'impératif affirmatif : *me* → ***moi****, te* → ***toi****.*

*Écrivez-****moi*** *vite.* (Mais : *Ne* ***m'****écrivez pas avant la semaine prochaine.*)

- **La place dans la phrase**

Observez ces phrases :

Mes copains ***me manquent****, je* ***leur écris*** *tous les jours !*
Sandra parle vraiment bien, je ***lui ai demandé*** *de me corriger.*
Écrivez-moi *vite !*

Quelle est la place des pronoms COI avec des verbes au présent ? Au passé composé ? Et à l'impératif affirmatif ?

4 Dites à qui les pronoms compléments se réfèrent.

1. Demande-*lui* quels vêtements il recommande.
   → Émeline et Nelly / Yoann / moi
2. Elle *leur* a envoyé un message : il va pleuvoir.
   → Magali et Sophie / Gabriel / Magali et moi
3. Elle *t'*a offert quoi pour Noël ?
   → Estelle / toi / Franck

5 Remplacez les compléments d'objet indirects en italique par les pronoms qui conviennent.

1. Soyez sages et obéissez *à mamie*.
2. Cette fille ne ressemble pas *à sa mère*.
3. Je souhaite un joyeux anniversaire *à mes amis*.
4. Propose un dîner en amoureux *à Muriel* !
5. Le garçon a promis *à ses parents* de très bonnes notes.

6 Complétez les phrases suivantes avec *leur* ou *leurs*. Dites s'il s'agit d'un pronom COI ou d'un adjectif possessif (singulier ou pluriel).

1. Les enfants rangent ... jouets dans le coffre.
2. J'ai rencontré mes voisins et je ... ai dit bonjour.
3. Les étudiants passent ... examens en juin.
4. Si tu vois les filles, demande-... d'acheter une baguette.
5. Ils se marient ? Je ... souhaite beaucoup de bonheur !

7 Remplacez les compléments en italique par un pronom COD ou COI. Accordez le participe passé quand c'est nécessaire.

1. Il a téléphoné *à ses amis* pour les inviter.
2. J'ai oublié *mon sac-à-dos* dans le jardin.
3. Elle a pris *ces photos* l'été dernier.
4. Oscar a dit un mensonge *à ses voisins*.

LEXIQUE

Le climat

1 Lisez les textes suivants et associez-les aux saisons.

a) Il fait chaud, au moins 28 degrés, le soleil brille, le ciel est bleu et il n'y a pas un seul nuage.
b) Il pleut, de gros nuages gris couvrent le ciel ; il y a du vent et les feuilles tombent. Il fait frais : 10 degrés, ce matin.
c) Il neige : cette nuit il a fait très froid, alors toutes les rues sont gelées et le brouillard est dense. Le thermomètre marque moins 2 degrés.
d) La nuit a été fraîche mais la journée est douce. Il pleut légèrement mais le soleil est tout près. Les feuilles commencent à pousser.

Quel temps fait-il chez vous en ce moment ? Décrivez le temps d'aujourd'hui et dites la température qu'il fait. En hiver, quel temps fait-il dans votre région ? Et en été ?

2 Complétez les phrases avec les éléments suivants.

faire chaud • avoir chaud • la chaleur • faire froid • avoir froid • le froid • faire frais • la fraîcheur

1. En été, je déteste les jours de grosse ___ : je n'aime pas ___. Chez moi, il ne ___ pas très ___.
2. Je préfère le printemps et l'automne car il ___ et j'aime la sensation de ___.
3. Et j'adore l'hiver quand il ___ très ___. Moi, je n'___ jamais ___ parce que je m'habille très chaudement. De toute façon, j'adore ___ et la neige !

Et vous ? Supportez-vous mieux la chaleur ou le froid ? Quelle est votre saison préférée ? Pourquoi ?

Les vêtements

3 Décrivez les vêtements que portent les personnes ci-dessous.

veste, manteau, imperméable • tailleur, costume • pull, chemise, tee-shirt • pantalon, robe, jupe, jean, short • collants, chaussettes • bottes, chaussures, baskets, sandales • chapeau, bonnet, foulard, écharpe, cravate • ceinture, gants • uni, imprimé • à pois, à rayures, à fleurs • en soie, en laine, en coton, en lin, en cuir, en laine, en fourrure

4 **Faites un compliment à quelqu'un de la classe : vous aimez particulièrement sa tenue. Utilisez l'une des expressions suivantes.**

Elle te va bien, cette robe / couleur… ! • Il est beau, ce pull ! • J'aime bien ta cravate / chemise…

5 **Comment vous habillez-vous pour partir en randonnée ? Pour aller travailler ? Et pour sortir le soir avec des amis ?**

Quel style préférez-vous ? Habillé ? Sport ? Décontracté ? Pourquoi ?
Quelle personnalité est numéro 1 de l'élégance dans votre pays ? Pourquoi ?

6 **Jeu de la valise. Un(e) joueur(euse) commence et dit : « Je pars en voyage et je mets dans ma valise un parapluie en plastique ». Son / Sa voisin(e) enchaîne et dit : « Je pars en voyage et je mets dans ma valise un parapluie en plastique et… (un autre objet ou vêtement d'une autre matière) », puis le / la suivant(e) continue, sans oublier de répéter tout ce qui a été dit avant. Le / La premier(ère) qui se trompe a perdu !**

Le corps humain

7 **Observez l'illustration ci-contre et complétez les phrases suivantes.**

1. Mon fils a de longues …, alors il a de bons résultats en athlétisme.
2. Une manche trois quarts, c'est une manche qui couvre le ….
3. Les ceintures me vont bien car j'ai la … fine, une vraie … de guêpe !
4. J'ai la gorge fragile, je mets toujours une écharpe autour du ….
5. Ces chaussures me font mal car elles sont étroites et j'ai les … très larges.
6. Elle a une … opulente qu'elle essaie toujours de dissimuler.
7. Ton pantalon est trop court, on voit tes … !

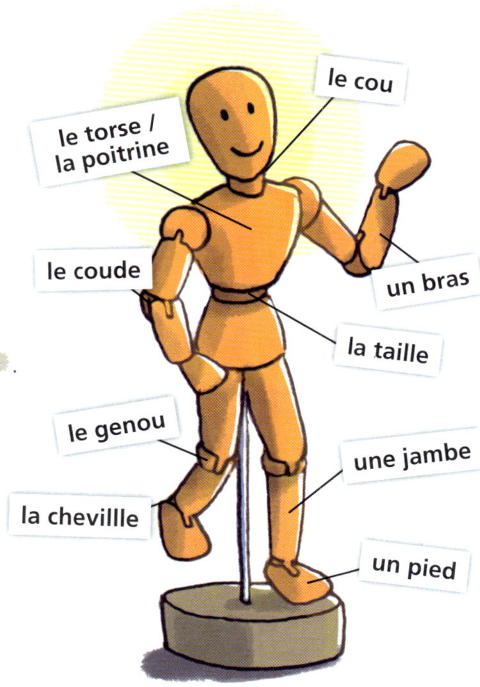

8 **Jeu des portraits. Faites deviner le nom d'un(e) acteur(trice) en décrivant, de façon détaillée, son physique et sa manière de s'habiller.**

Prononciation : [p]-[b]-[f]-[v]

1 **Écoutez et dites si les deux mots prononcés sont identiques ou différents.**

a) [b] ou [v]

	1.	…	6.
=			
≠			

b) [b] ou [p]

	1.	…	6.
=			
≠			

c) [v] ou [f]

	1.	…	6.
=			
≠			

2 **Écoutez et répétez.**

COMPÉTENCES
ÉCOUTER

1 Bulletins météorologiques. Écoutez ces bulletins météo, puis associez-les aux cartes suivantes. À quelles saisons correspondent ces trois bulletins ?

Carte n°1

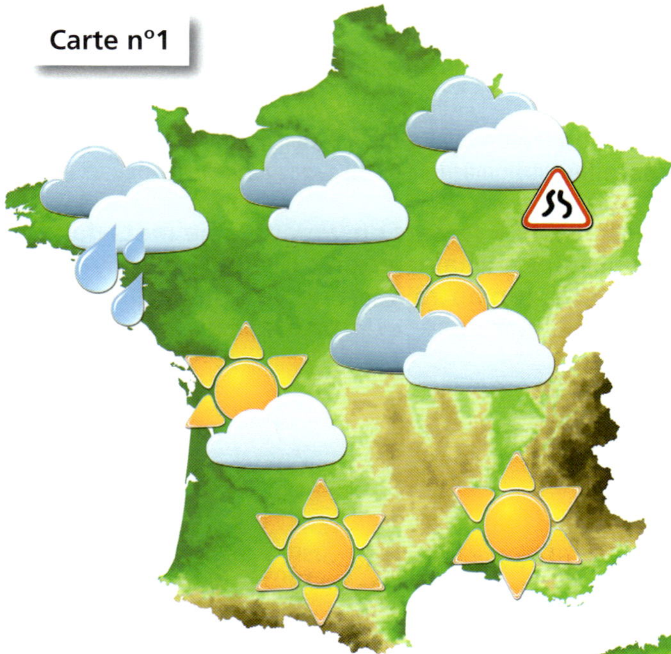

Carte n°3

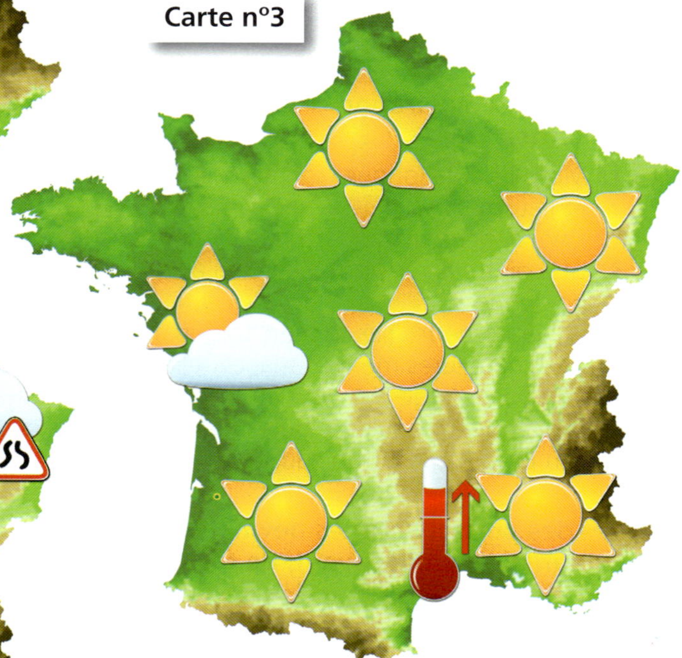

Carte n°2

*Pour en savoir plus sur la météo, lisez notre **dossier « Société »**, p. 118.*

2 Débat : pour ou contre la pause en cours de français ? Écoutez, puis répondez aux questions.

1. Quels sont les arguments donnés pour la pause ? Et contre la pause ?
2. Est-ce que tout le monde a un avis bien déterminé ?
3. Que vont-ils décider ?
4. Quelles expressions servent à manifester son accord ? Son désaccord ? Et le doute ?

PARLER

3 Votre avis sur la météo : tenez-vous compte des prévisions météo ? Régulièrement ? Souvent ? Rarement ? Jamais ?

4 Conversation téléphonique : vous êtes invité(e) à passer le week-end à la montagne chez un(e) ami(e). Vous lui téléphonez pour savoir le temps qu'il fait cette semaine et quelles sont les prévisions pour ce week-end. Il / Elle vous répond. Vous lui expliquez quels vêtements vous pensez prendre. Il / Elle vous donne son opinion.

Parler du temps qu'il fait :
Il fait beau. – Il fait chaud. – Il va pleuvoir. – Les températures montent. – Il y a des nuages. – Il y a du brouillard. – Il fait moins 2. – Il va faire 18 degrés.

5 Dans un magasin. Un(e) ami(e) est invité(e) à un mariage au mois de novembre. Il / Elle essaie un vêtement et vous demande votre avis. Vous lui donnez votre opinion : vous n'êtes pas convaincu(e). Il / Elle vous explique son choix mais hésite encore. Vous l'aidez à se décider.

Donner une appréciation positive :
Il te va bien, ce pull. – J'aime bien ta veste. – J'adore ce jean. – Il est beau, ce bracelet ! – C'est une très bonne idée.

Demander et donner une opinion :
Tu n'es pas d'accord ? – Qu'est-ce que tu en penses ? – Quel est ton avis ? – Je trouve que… – Je crois que… – Je pense que…

COMPÉTENCES

6 **Chacun son style. Expliquez comment vous vous habillez, quel est votre style habituel et comment vous l'adaptez en fonction des saisons ou des endroits où vous allez.**

7 **Discussion : vous allez organiser une discussion par groupes de quatre sur l'un des thèmes proposés ci-dessous.**

1. Que pensez-vous des programmes internationaux pour étudier dans un autre pays ?
2. Quand on est jeune et qu'on a peu d'argent, quelle est la meilleure solution : vivre chez ses parents ou vivre en colocation ?

Manifester son accord ou son désaccord :
Moi, c'est le contraire. – C'est vrai, ça. – Il a raison. – C'est discutable. – J'ai mes doutes… – Vous exagérez... – Vous avez tort. – Tu te trompes. – Moi, je suis pour… – Moi, je suis contre…

Stratégies

Comment vous préparez-vous à intervenir dans une discussion ?

– Je ne me prépare pas : je me lance directement dans la conversation en prenant ou en demandant la parole.
– Je cherche les expressions qui servent à montrer mon accord ou mon désaccord.
– Je cherche des idées pour défendre mon point de vue.
– Je cherche le lexique qui correspond au thème de la discussion.
– Je cherche les expressions qui servent à introduire mes opinions.
– Je cherche les expressions pour interrompre quelqu'un et prendre la parole.

Commentez avec votre voisin(e) les résultats de votre réflexion, puis faites-le avec le groupe-classe.

LIRE

8 **Lisez l'édito ci-contre, puis dites si ces affirmations sont vraies ou fausses selon Virginie Robin. Justifiez avec une phrase du texte.**

1. Les médias ne montrent pas les mannequins tels qu'ils sont.
2. Les vêtements que les créateurs proposent ne peuvent pas être portés par tous les mannequins.
3. Les tailles utilisées par les mannequins ne correspondent pas aux tailles officielles.
4. On choisit des mannequins maigres parce que cela correspond aux tailles que les gens utilisent le plus souvent.
5. Les femmes se rendent compte que ces images ne sont pas réelles.
6. Les adolescentes ne veulent pas s'identifier aux mannequins.
7. Certains magazines commencent à critiquer les choix des grands couturiers.
8. Dans certains pays, on essaie de privilégier les mannequins très maigres.

Édito

Les défilés de mode, les publicités et les magazines féminins nous montrent des images de femmes au corps « parfait ». Mais ces images sont le résultat d'un « trucage » et d'un paradoxe. En effet, la plupart du temps, les top-modèles sont très maigres et les photos sont retouchées par les professionnels de l'image, c'est-à-dire que leurs corps sont « grossis » afin de donner l'illusion d'une silhouette de rêve…

Les grands couturiers assurent que les femmes maigres mettent mieux en valeur leurs créations et que leurs mannequins font du 36. En réalité, les prototypes qu'ils fournissent aux agences de mannequins sont destinés à des corps peu formés. Qui peut mesurer 1,80 mètre et entrer dans une taille 36 ? Comme le rythme des défilés s'est accentué, les agences n'ont plus le temps d'adapter les prototypes à leurs mannequins, alors elles privilégient des jeunes femmes très maigres ou des adolescentes.

Les femmes comme vous et moi, qui ont des mensurations bien plus variées et généralement plus généreuses que les mannequins, sont de plus en plus conscientes que ces photos ne reflètent pas la réalité mais les désirs du monde de la mode. Cependant, les adolescentes ont plus de difficulté à prendre leurs distances et considèrent ces images comme des modèles à suivre.

Face aux critiques croissantes, des magazines comme *Vogue* ont promis, depuis peu de temps, de ne plus diffuser d'images de mannequins trop maigres ou de moins de 16 ans et de ne plus retoucher les photos. Ils réclament aussi aux couturiers des créations adaptées aux tailles réelles. Enfin, des pays comme l'Espagne et l'Italie interdisent maintenant que défilent des top-modèles qui ont un indice de masse corporelle (IMC) trop bas.

Si le rôle de la haute couture est de nous faire rêver, il ne faut pas oublier que les jeunes filles qui incarnent ce rêve sont bien réelles, et que leur métier est loin d'être un conte de fées…

Virginie Robin

La haute couture française c'est, entre autres, Coco Chanel. Lisez notre ***dossier « Société »****, p. 118.*

ÉCRIRE

9 **Rédigez par petits groupes le bulletin météo qui correspond à l'automne dans votre région.**

10 **Deux semaines après son premier mail, Muriel (p. 107) écrit de nouveau à ses grands-parents. Rédigez son mail (100 mots) sans oublier de…**

- **faire référence à une lettre qu'elle a reçue quelques jours avant ;**
- **donner des détails sur les cours qu'elle suit, ses copains de classe et ses relations avec Sandra ;**
- **parler du temps qu'il fait ;**
- **demander des nouvelles de toute la famille.**

Costumier(ère) pour un jour

Vous faites un stage dans une maison de production audiovisuelle. Vous devez habiller, de la tête aux pieds, un personnage de film.

1 Par petits groupes, choisissez votre personnage parmi les possibilités suivantes.

a) Un cow-boy d'âge moyen qui travaille dans les montagnes Rocheuses.
b) Une jeune fille rebelle qui vit dans une métropole de la fin du XXIe siècle.
c) Une bourgeoise de 30 ans dans un film historique du XIXe siècle.
d) Un espion de la première moitié du XXe siècle.

2 Élaborez votre projet. Vous devrez, en deux minutes…

1. décrire minutieusement la tenue et l'apparence de votre personnage.
2. justifier vos choix (vêtements, formes, matières…) en fonction du physique du personnage, de sa profession, de son statut social, de l'époque, de la saison…
3. mettre en valeur les éléments du costume qui vous semblent particulièrement réussis.

3 Préparez la présentation orale de votre projet. Attention, chaque membre du groupe devra intervenir ! Vous aurez le droit de consulter vos notes.

4 Vous êtes prêt(e)s ? Présentez votre projet au jury constitué par le reste du groupe-classe.

5 Le jury se consulte et pose trois questions aux membres du groupe. Ils répondent.

6 Les présentations sont finies : votez pour le meilleur projet ! Utilisez les critères ci-dessous.

- Le texte est organisé.
- Le modèle est décrit avec précision.
- Les éléments-clés du costume ont été présentés.
- L'exposé est original, intéressant et bien mené. Les points forts sont mis en valeur.
- La présentation a été fluide et il n'y a pas eu de pauses excessives.
- Les membres du groupe ont su répondre aux questions du jury.

7·8

Quelques événements importants de la vie à travers le monde francophone

LA NAISSANCE

Dans de nombreux pays africains et en Haïti, la coutume est d'enterrer le cordon ombilical du nouveau-né sous l'arbre le plus proche, afin de créer un lien entre lui et la terre. En Polynésie, à Tahiti, c'est le placenta qui est enterré sous un arbre fruitier.

LE PASSAGE DE L'ENFANCE À L'ÂGE ADULTE

En Côte d'Ivoire, chez les Sénoufos, les garçons suivent une initiation de 7 à 28 ans. Les cérémonies ont lieu dans un bois sacré à l'extérieur de chaque village. Il abrite les masques et les sculptures utilisés lors des rites d'initiation.

LE DÉMÉNAGEMENT

Savez-vous qu'au Québec, le 1er juillet, c'est la Journée nationale du déménagement ? Chaque année, ce jour-là, entre 200 000 et 250 000 ménages québécois changent de domicile.

LES ENTERREMENTS

Les enterrements sont particuliers en Louisiane ! D'abord, on joue une musique triste, proche du spiritual pour accompagner le cercueil. Ensuite, les musiciens se lancent dans un jazz très rythmé, gai, et on danse pour rendre hommage au mort et fêter l'élévation de son âme.

BIOGRAPHIE

Léopold Sédar **Senghor**

- Il est né au Sénégal en 1906.
- Il a fait ses études à la Sorbonne.
- Il a écrit son premier recueil de poèmes en captivité, pendant la Seconde Guerre mondiale.
- Avec Aimé Césaire et d'autres écrivains noirs, il a revendiqué sa « négritude ».
- Il a lutté pour l'indépendance du Sénégal.
- Il a été le premier président de la République du Sénégal.
- Il a été élu à l'Académie Française en 1983.
- C'est un des pères fondateurs de la Francophonie.
- Il est mort à l'âge de 95 ans, près de Paris.

Comment fêtez-vous dans votre pays ou dans votre famille les grands moments de la vie ? Y a-t-il des traditions, des rites établis ? Avez-vous déjà assisté à des mariages ou autres cérémonies dans d'autres pays ? Est-ce très différent ?

Dans l'air du temps

En 1854, pendant la guerre de Crimée contre la Russie, la France perd une bonne partie de ses navires sur la mer Noire à cause d'un ouragan. L'astronome Urbain Le Verrier voit la nécessité de créer un service météorologique pour prévoir le temps des jours à venir et, surtout, prévenir les marins de l'arrivée des tempêtes. Il propose à Napoléon III de mettre en place des stations météo.
En 1857, il en existe déjà une dizaine, elles sont toutes reliées à l'Observatoire de Paris. C'est le début de la météorologie moderne.

Consultez-vous souvent la météo ? Pour quelles raisons ?

Savez-vous quel organisme s'occupe des bulletins météorologiques dans votre pays ?

Les Parisiennes ont été interdites de pantalon jusqu'à récemment !

En 1799, une curieuse ordonnance concernant « le travestissement des femmes » établit que « toute femme désirant s'habiller en homme doit se présenter à la préfecture de police pour en obtenir l'autorisation ».
Dès 1886, des femmes militent pour la « liberté de costume » mais la loi reste inchangée. En 1892, la loi est légèrement modifiée : les femmes qui pratiquent l'équitation ou le cyclisme sont autorisées à porter un pantalon. Vers 1915, Coco Chanel défie la loi et introduit le pantalon dans ses collections pour femmes.
Depuis 1980, les élues de l'Assemblée nationale et du Sénat ont le droit de siéger en pantalon et, finalement, la loi est abrogée le 31 janvier 2013.

Que pensez-vous de cette loi ?

unité 9

À table !

À la fin de l'unité 9, vous serez capable de...

- **comprendre et participer à une conversation (au marché, au restaurant et au supermarché).**
- **produire un monologue (votre rapport à la cuisine).**
- **comprendre des recettes de cuisine.**
- **rédiger un texte court pour une revue.**

TÂCHE FINALE :
« Cuisinons gourmand ! »

Pour cela, vous apprendrez à...

- demander et donner des informations, faire des commentaires sur un plat ou des aliments.
- parler de vos goûts culinaires.
- commander au restaurant.
- demander le prix, l'addition.
- demander et dire le moyen de paiement.

Stratégies
Un dictionnaire monolingue, pour quoi faire ?

SITUATION 1
Au marché

1 Écoutez le dialogue et expliquez la situation : qui fait quoi, où et quand ?

2 Réécoutez puis répondez aux questions.

1. Chez quel(le) commerçant(e) va d'abord M. Langlois ?
2. Qu'est-ce qu'il achète ?
3. Que propose la vendeuse ?
4. Et que fait M. Langlois ?
5. Il paie combien ?
6. Est-ce que M. Langlois va tout seul chez le fromager ?
7. Qu'achète le couple et à quel prix ?
8. Que trouvent M. et Mme Langlois chez le troisième commerçant ?
9. Que vont-ils faire après le marché ?
10. Vont-ils acheter autre chose ?

3 Jouez la scène.

Du producteur au consommateur

✚ **Les marchés** sont l'occasion pour les petits producteurs locaux de vendre leurs produits sans intermédiaires.

✚ **Le producteur** fixe le prix de ses produits. **Sa clientèle** privilégie la fraîcheur et la qualité, ainsi que la relation de confiance.

✚ Les marchés sont **très populaires en été** et l'ambiance est souvent très conviviale.

- Bonjour M. Langlois, vous êtes bien matinal aujourd'hui ! Qu'est-ce que je vous mets ?
- Bonjour ! Un kilo d'aubergines, s'il vous plaît, un kilo de haricots verts et une belle salade.
- Et avec ça ?
- Oh, ils sont beaux, vos abricots !
- Tenez, goûtez-en un.
- Mmm, ils sont sucrés, je vais en prendre un kilo.
- Tiens, voilà votre femme ! Bonjour Mme Langlois.
- Bonjour ! Tu as pris un melon, chéri ?
- Pas encore. Choisissez-moi un melon mûr, pour manger aujourd'hui, s'il vous plaît. Et ce sera tout.
- D'accord, alors ça fait 12,20 euros.
- On va passer chez le fromager, j'ai besoin d'œufs.

(Chez le fromager.)

- Il est à combien votre camembert fermier ?
- À 2,60 euros, il est extra.
- Alors, un camembert et une douzaine d'œufs.
- Voilà, 6,80 euros !

(Sur la place…)

- Dis, regarde ce tire-bouchon, il a l'air solide.
- Eh bien, prends-le. Oh, une poêle à crêpes ! Juste comme je veux. Bon, on paie et ça y est, non ?
- Je prends du pain, et après, on va prendre un café !

Pratique

« Ça y est » signifie...
a) « C'est terminé. »
b) « Ils ont de tout. »

SITUATION 2

Au bœuf à la mode

9

Voir la transcription, p.197.

1 Quand vous allez au restaurant, dans quel ordre réalisez-vous les actions suivantes ? Écoutez le dialogue : l'ordre est-il le même ?

a) Demander l'addition.
b) Entrer et saluer.
c) Choisir les plats et passer la commande.
d) Payer l'addition.
e) Demander des précisions sur un plat.
f) S'installer à une table.

2 Réécoutez puis répondez aux questions.

1. Pourquoi le père choisit-il ce restaurant ?
2. Où s'installent-ils ?
3. Vont-ils manger à la carte ?
4. Quel est le plat du jour ?
5. Que prennent-ils comme plats ? Et comme boissons ?
6. Que pensent le père et le fils des plats qu'ils ont choisis ?
7. Quel dessert le serveur leur recommande-t-il ?
8. Acceptent-ils la suggestion du serveur ?
9. Que veut savoir le serveur au moment de l'addition ?
10. Que répond le père ?

La bavette

+ La bavette est, avec l'entrecôte, **un des plats les plus typiques** dans les restaurants et les brasseries.

+ **La cuisson :** bleue (presque crue), saignante (peu cuite), à point ou bien cuite.

3 Retrouvez les questions du serveur correspondant à ces réponses. Ensuite, dites dans quelle intention le serveur les a posées.

1. « On va prendre deux menus du jour. »
2. « Une bavette à point, s'il vous plaît. »
3. « Une carafe d'eau et un verre de vin. »
4. « Oui, merci. C'était vraiment délicieux ! »

Le serveur a posé ces questions pour…

a) connaître l'avis des clients.
b) s'informer sur le choix des clients.
c) demander confirmation.

4 Repérez les expressions qui sont utilisées dans le dialogue pour…

1. **demander des informations sur un plat.**
2. **donner des informations sur un plat.**
3. **commander.**
4. **faire des commentaires sur un plat.**

5 Jouez la scène.

GRAMMAIRE

L'expression de la quantité

Observez ces phrases et repérez les mots qui servent à exprimer des quantités :
Un kilo d'aubergines, un kilo de haricots verts et une belle laitue.
Alors, un camembert et une douzaine d'œufs.
Il n'y a pas assez de frites à mon goût.
Je prends du pain.

Quels mots indiquent une quantité précise dans ces phrases ?
Quels mots indiquent une quantité imprécise ?

quantités précises		**quantités imprécises**	
noms qui sont des « unités de mesure »	**article indéfini / numéral + nom comptable**	**article partitif + nom non comptable**	**adverbes de quantité**
un morceau de lard **un paquet de** chips **un kilo d'**aubergines **une tasse de** café **un litre de** lait **une bouteille de** vin	**un** camembert **une** pizza **trois** yaourts	**du** fromage **de la** moutarde **de l'**huile **des** oranges **des** haricots verts	**(un) peu de / d'** **beaucoup de / d'** **assez de / d'** **trop de / d'** **moins de / d'** **plus de / d'**
Négation → pas de / d'…, jamais de / d'…			

Comment exprimez-vous la quantité imprécise dans votre langue ? Le déterminant est-il obligatoire comme en français ?

1 Complétez avec un article défini, un article indéfini ou un article partitif.

1. Au supermarché, j'ai pris ___ boîte de thon, ___ salade et ___ carottes.
2. – Tu veux ___ bière ? – Ah non ! Je déteste ___ bière. Je vais prendre ___ diabolo-grenadine.
3. Va acheter ___ pain et ___ pâté pour ___ pique-nique de demain.
4. Je descends acheter ___ œufs. J'en prends ___ demi-douzaine ?
5. Au restaurant, les enfants prennent toujours ___ steak haché avec ___ frites et ils boivent ___ coca.
6. Je voudrais ___ fromage : ___ morceau de cantal et ___ camembert.
7. Nous mangeons souvent ___ fruits, c'est bon pour la santé.
8. Je mets ___ huile ou ___ beurre dans la poêle ?
9. Je vais prendre ___ thé, avec ___ lait et ___ sucre.
10. Moi, ___ verre de jus d'orange et ___ biscottes avec ___ beurre.

2 Complétez avec un adverbe de quantité.

1. Une étude conseille de manger ___ poisson d'eau douce pour éviter tout risque pour la santé.
2. Cette soupe est immangeable ! Tu as mis ___ ail ! Ajoute ___ eau.
3. Vous prenez ___ vin ? C'est un excellent bordeaux qui a reçu ___ médailles.
4. Le nutritionniste m'a dit que je ne mange pas ___ légumes et que je mange ___ viande.
5. Depuis qu'elle est enceinte, elle ne fait pas ___ sport, le médecin lui a dit de rester tranquille.
6. Les gens qui boivent ___ café ont souvent des problèmes pour s'endormir.
7. Bois ___ eau et ___ soda, c'est meilleur pour la santé !
8. Donne-moi ___ fromage, un tout petit morceau !

3 Choisissez *assez (de)* ou *trop (de)* pour compléter ces phrases.

1. Il y a ___ pain pour le dîner, n'en achète pas !
2. Ce plat n'est pas bon. Tu as mis ___ sel !
3. Je n'ai plus faim, j'ai mangé ___ gâteau.
4. C'est fort, tu as mis ___ épices.
5. Ne prends pas de lait à l'épicerie, il y en a ___.
6. J'ai mal à la tête, j'ai bu ___ vin.
7. Tu as ___ sucre, ou tu en veux encore ?
8. Je n'ai pas ___ mangé, j'ai faim…

Le pronom *en*

Observez ces phrases :

– *Oh, ils sont beaux, vos abricots !*
– *Tenez, goûtez-**en** un.*

– *Il a l'air bien, ce resto !*
– *Oui, Gérard m'**en** a beaucoup parlé.*

Que remplace le pronom *en* dans ces phrases ?

- **Le pronom *en* peut être utilisé seul :**
  – *Il y a du pain pour le déjeuner ? – Oui, il y **en** a.*
- **Le pronom *en* peut être accompagné d'une expression de quantité :**
  – *Tu as combien de cousins ? – J'**en** ai **neuf**.*
  – *Il y a une pharmacie dans le quartier ? – Oui, il y **en** a **une** au coin de la rue.*
  – *Vous buvez beaucoup d'eau ? – Oui, j'**en** bois **deux litres** par jour.*

À quoi ça sert ?
Le pronom *en* sert à **remplacer**…
- **un mot ou un groupe de mots qui expriment une quantité.**
- **le complément d'un verbe qui se construit avec *de*.**

Maintenant, observez ces phrases :
*J'adore le pain. J'**en** mange tous les jours.*
*Il reste du gâteau, prends-**en** un peu plus.*
*Encore du poulet ! J'**en** ai mangé hier !*

Quelle est la place du pronom *en* quand le verbe est au présent ? À l'impératif ? Au passé composé ?

Attention à l'orthographe et à la prononciation des verbes en *-er* à l'impératif avec le pronom *en* !
*Cette tarte est délicieuse, manges-**en** un peu !*

4 Répondez aux questions suivantes en utilisant le pronom *en*.

1. Vous prenez du café au petit déjeuner ?
2. Vous mangez souvent du chocolat ?
3. Tu peux t'occuper du repas de dimanche ?
4. Les Italiens mangent beaucoup de pâtes ?
5. Les Français mangent souvent du fromage ?
6. Tu reprends des frites ?
7. Vous parlez de vos recettes sur Internet ?
8. Vous prenez parfois des vitamines ?
9. Tu te souviens de la recette ?
10. Il a cassé combien d'assiettes ?
11. Tu veux de la moutarde ?
12. Tu bois de l'eau gazeuse ?

Les adverbes en *-ment*

Observez ces phrases :
*Elle est **rarement** libre.*
*Je vous la recommande **vivement**.*

À quoi ça sert ?
Les adverbes en *-ment* sont des adverbes de manière. **Ils précisent le sens d'un verbe et répondent à la question « Comment ? »**

- **La plupart** des adverbes en *-ment* se forment à partir de l'adjectif au féminin :
  *lent → lent**e** → lente**ment***
  *frais → fraî**che** → fraîche**ment***
  *rapide → rapide → rapide**ment***
- **Si l'adjectif se termine par *-i* ou *-u*,** on forme l'adverbe à partir de l'adjectif au masculin :
  *vrai → vrai**ment***
  *absolu → absolu**ment***
- **Les adjectifs terminés en *-ent* / *-ant*** donnent un adverbe en *-emment* / *-amment* :
  *violent → viol**emment*** [amɑ̃].
  *élégant → élég**amment*** [amɑ̃].

5 Formez les adverbes qui correspondent aux adjectifs suivants. Ensuite, utilisez ces adverbes dans des phrases.

1. résolu
2. heureux
3. facile
4. doux
5. patient
6. lent
7. parfait
8. gai
9. sûr
10. complet

LEXIQUE
À manger...

1 Indiquez le fruit ou le légume qui se cache derrière chaque définition. Ensuite, inventez des définitions de vos fruits et légumes préférés et faites-les deviner au groupe-classe.

1. C'est un fruit rouge, qui n'a pas de noyau et qui est délicieux ; on peut le savourer avec de la crème chantilly.
   → le melon • la fraise • la cerise
2. C'est un légume vert et allongé. Il contient beaucoup d'eau et on le mange l'été, cru, en salade.
   → le concombre • les lentilles • la pomme de terre
3. Elle est arrondie ou ovale, noire ou verte. On la prend à l'apéritif ou dans les salades et les pizzas. Son huile est délicieuse.
   → l'aubergine • l'olive • la carotte
4. Elle est orange, toute ronde, et il y en a tout l'hiver. Elle contient beaucoup de vitamines.
   → la pomme • la banane • l'orange
5. Elle est ronde et très rouge quand elle est bien mûre. On la mange cuite ou crue et souvent en sauce.
   → la courgette • la tomate • l'oignon

Mangez-vous beaucoup de légumes verts, beaucoup de fruits ?
Par plaisir ou par obligation ? Et des légumes secs, en mangez-vous ?

2 Classez les aliments suivants en trois catégories et trouvez un titre pour chacune.

le thon • la sardine • le porc • l'agneau • le saucisson • le jambon • le saumon • le poulet • la dorade • le pâté • le merlu • le bœuf • la sole • la saucisse • le canard • le veau

Mangez-vous un plat particulier selon le jour de la semaine ? Pourquoi ?
En quoi consiste, selon vous, une alimentation équilibrée ?
Est-il facile de manger équilibré quand on travaille ?

3 Jeu : « En 30 secondes, combien de noms d'aliments qui commencent par un P pouvez-vous citer ? ». Une personne répond ; ensuite, elle choisit une lettre et interroge quelqu'un d'autre, et ainsi de suite. Celui / Celle qui trouve le plus grand nombre de mots dans le temps donné gagne !

4 Comment sont vendus ces aliments ?

en paquets • en bouteilles • en tablettes • en boîtes • en briques

1. l'huile
2. la farine
3. le chocolat
4. le camembert
5. les sardines à l'huile
6. le lait
7. le riz
8. le cidre
9. le gruyère

Qu'est-ce qui ne manque jamais dans les placards de votre cuisine ? Et dans votre frigidaire ?
Êtes-vous d'accord avec cette affirmation : « Il n'y a pas de bon repas sans fromage ! » ?

5 Parlez de vos goûts.

1. Comment préférez-vous manger les aliments ci-dessous : frits, bouillis, rôtis, grillés ou en sauce ?

le lapin • les sardines • les pommes de terre • les saucisses • les crustacés • les aubergines

2. Préférez-vous les plats plutôt fades ou relevés ? Épicés, salés ou poivrés ?
3. Comment préférez-vous manger les œufs ? Frits, au plat, à la coque, durs ou en omelette ?

et à boire !

6 Dans quel récipient buvez-vous les boissons ci-dessous ? Dans un bol, un verre, une coupe ou une tasse ? Vous les préférez glacées, froides, tièdes, chaudes ou brûlantes ?

le thé • le café • le lait • le vin • la bière • le champagne • le jus de fruits • l'eau (plate, gazeuse) • le soda • la tisane • le chocolat

Quelle boisson ne pourriez-vous pas boire chaude ? Tiède ? Froide ?

7 Un dernier jeu : « Ma grand-mère est allée au marché... ». Un(e) joueur(se) commence et dit : « Ma grand-mère est allée au marché et elle a acheté un kilo de raisin ». Son / Sa voisin(e) répète la liste et la complète, et ainsi de suite. Précisez les quantités. Le / La premier(ère) qui se trompe a perdu !

Prononciation : [ʃ]-[ʒ]

1 Écoutez et dites si les deux mots prononcés sont identiques ou différents dans chacune des phrases.

	1.	...	8.
=			
≠			

2 Écoutez les mots suivants et indiquez si le son prononcé est [ʃ] comme « chocolat », ou [ʒ] comme « manger ».

	1.	...	8.
[ʃ]			
[ʒ]			

3 Écoutez et répétez.

COMPÉTENCES

ÉCOUTER

1 Écoutez le dialogue et dites si c'est vrai ou faux.

1. Quand elles se connectent à la page web du supermarché, les deux personnes savent quoi acheter.
2. Romain fait la liste des courses tout seul.
3. Il achète de la viande mais pas de légumes.
4. Il achète des ingrédients pour faire une salade composée.
5. La mère a l'habitude de faire les courses sur ce site Internet.
6. Elle veut se faire livrer les courses le matin.

2 Réécoutez le dialogue et faites la liste des achats de Romain.

PARLER

3 Au marché. Jouez la scène suivante avec votre voisin(e) : vous allez acheter les produits de la liste ci-dessous et trois autres de votre choix. L'un(e) de vous joue le rôle du / de la marchand(e), l'autre celui du / de la client(e).

Laitue
Tomates
Oignons
Pêches
Pommes
Poires
Oranges

Faire des commentaires sur des aliments : Ils sont beaux, vos abricots ! – Il est extra. – Il a l'air bon ! – Ce n'est pas très cher. – Elle est en promotion.

Demander des informations : Ils sont mûrs, vos abricots ? – Elle est fraîche, la dorade ? – C'est fait maison ?

Demander à un(e) client(e) ce qu'il / elle veut : Vous désirez ? – Et avec ça ? – Qu'est-ce que je vous mets ? – Vous avez choisi ? – Vous en voulez combien ? – Qu'est-ce que je vous sers ? – Ce sera tout ?

Demander le prix : C'est combien ? – Elles coûtent combien, les tomates ? – Il coûte combien, le raisin ? – Vous pourriez me dire le prix de… ? – Je vous dois combien ? – Ça fait combien (au total) ?

4 Au supermarché. Vous faites les courses avec votre colocataire. Dans les rayons, vous vous demandez l'un(e) à l'autre ce qu'il vous faut. Ensuite, vous payez à la caisse. Deux personnes jouent le rôle des client(e)s, une troisième joue le rôle du / de la caissier(ère).

5 Au restaurant. Vous allez dîner avec un(e) ami(e). Demandez des explications au / à la serveur(euse). Il / Elle vous répond et vous conseille. Choisissez un des menus et passez votre commande.

Demander des informations sur un plat :
Elle est à quoi, la sauce ? – C'est fait maison ? – C'est quoi, votre tarte maison ?

Commander dans un bar, un restaurant :
Je voudrais une glace. – On va prendre le tournedos. – Donnez-moi une eau gazeuse. – Un café, s'il vous plaît.

Faire des commentaires sur des plats :
Ça a mauvais goût. – Je vous le conseille, il est délicieux ! – C'est succulent ! – Ce n'est pas bon.

Demander l'addition : – L'addition, s'il vous plaît ! – Ça fait combien ?

Demander / Dire le moyen de paiement :
Vous payez comment ? – Vous payez en liquide ? – En espèces. – Par chèque. – Par carte bleue / bancaire.

Menu à 13,90 €

Œufs mimosa
Assiette de charcuterie

★★★

Tartiflette maison et sa salade
Pavé de saumon grillé

★★★

Mousse au chocolat
Glace

Menu à 21 €

Velouté de légumes
Salade fermière
Croustillant de chèvre

Suprême de volaille
Dos de lieu noir à la crème
Rôti au miel et au romarin

Dessert à la carte
Fromage à la carte

6 La cuisine et vous. Préparez un court exposé : dites si vous préférez recevoir des invités à la maison et leur préparer un repas, si vous achetez plutôt des plats chez le traiteur, ou si vous préférez les inviter au restaurant. Expliquez pourquoi.

COMPÉTENCES

LIRE

Stratégies

Un dictionnaire monolingue, pour quoi faire ? Que pensez-vous des propositions suivantes ?

Je cherche un mot dans le dictionnaire pour…
- connaître sa définition.
- trouver un exemple et mieux comprendre.
- trouver un synonyme de ce mot.
- connaître ses différents sens.
- connaître d'autres mots de la même famille.
- savoir comment il s'écrit.
- savoir comment il se prononce.

Commentez vos réponses avec le groupe-classe.

7 Comment consulter un dictionnaire.

1. Recherchez dans l'extrait ci-contre comment on indique typographiquement :
   - la catégorie grammaticale.
   - le genre du mot.
   - les différents sens du même mot.
   - les exemples donnés.
   - les synonymes.
2. Consultez maintenant un dictionnaire.
   a) Cherchez une expression toute faite avec le mot *sourd*.
   b) Quel est le genre du mot *tomate* ?
   c) Prononce-t-on le « s » du mot *hélas* ?
   d) Quelle est la catégorie grammaticale du mot *néant* ?
   e) Cherchez un synonyme du mot *drôle*.
3. Avec le groupe-classe, commentez vos réponses et les difficultés que vous pouvez rencontrer (ou que vous avez rencontrées).

8 Observez l'extrait de dictionnaire.

1. Quels sont les mots qui se réfèrent à la nourriture ?
2. Est-ce que *gourmette* est le féminin de *gourmet* ?
3. Quels sont les deux sens les plus courants du verbe *goûter* ?

GOURMAND [guʀmɑ̃] adj. et n. m., **GOURMANDE** [guʀmɑ̃d] adj. et n. f.
I. adjectif (après le nom) **1.** Qui aime la bonne nourriture, mange avec grand plaisir. *Elle a un mari très gourmand. Elle est* GOURMANDE DE *chocolat.* → **friand.**
II. *UN GOURMAND, UNE GOURMANDE* : une personne qui aime manger. *Les gourmands ont mangé toute la tarte. C'est un gourmand raffiné.* → **gastronome, gourmet.**

GOURMANDISE [guʀmɑ̃diz] n. f. ■ *LA GOURMANDISE* : caractère d'une personne gourmande. *Je n'ai plus faim, mais je vais reprendre du gâteau par gourmandise.*

GOURMET [guʀmɛ] n. m. ■ *UN GOURMET* : une personne qui aime déguster la cuisine raffinée et le bon vin. → **gastronome.**

GOURMETTE [guʀmɛt] n. f. ■ *UNE GOURMETTE* : bracelet en mailles de métal aplaties. *Elle a une gourmette en or au poignet.*

GOUROU [guʀu] n. m. ■ *UN GOUROU* : un maître à penser. *Les membres de la secte suivent les ordres de leur gourou. Je me méfie des gourous.*

GOUSSE [gus] n. f. ■ *UNE GOUSSE* **1.** Enveloppe allongée qui renferme certaines graines. *Les petits pois sont dans des gousses.* → **cosse. 2.** *UNE GOUSSE D'AIL* : chacune des parties d'une tête d'ail, recouverte d'une petite peau.

GOÛT [gu] n. m. ■ *LE GOÛT* **1.** Un des cinq sens, grâce auquel l'homme et les animaux peuvent reconnaître la saveur des aliments. **2.** *UN GOÛT*, une saveur. *Le chocolat a un goût sucré et le citron un goût acide. Cette eau a un mauvais goût. Ces pommes sont fades, elles n'ont aucun goût.* **3.** Disposition, penchant. *Mon fils a* DU GOÛT *pour la lecture*, il aime la lecture. *Cet artisan a* LE GOÛT DU *travail bien fait.* → **amour. 4.** *LE BON GOÛT, LE GOÛT de qqn* : le fait de savoir reconnaître ce qui est beau et ce qui est laid. *Nos voisins ont beaucoup de goût. Ils ont bon goût. Ces gens n'ont aucun goût. Leur maison est arrangée avec goût. – Ce sont des gens de goût. Ils ne font aucune faute de goût.* **5.** (au pluriel) LES GOÛTS : ce que chacun aime, préfère. *Nous avons des goûts très simples. Les deux amis ont beaucoup de goûts communs. Tous les goûts sont dans la nature.* **6.** (qqch) *DE BON GOÛT, DE MAUVAIS GOÛT* : qui révèle un bon, un mauvais goût. *Ces meubles sont de très bon goût. Il fait toujours des plaisanteries de mauvais goût*, vulgaires.

① **GOÛTER** [gute] verbe **1.** Manger ou boire (un peu de qqch.) pour en connaître le goût. *Le cuisinier goûte la sauce pour voir si elle est bien assaisonnée.* **2.** Éprouver avec plaisir (une sensation, une émotion). *Après des mois de travail, il goûte un repos bien mérité.* → **savourer. 3.** Prendre un repas léger dans l'après-midi. *Les enfants goûtent en rentrant de l'école* (→ ② **goûter).**

② **GOÛTER** [gute] n. m. ■ *UN GOÛTER* : repas léger que l'on prend dans l'après-midi. *Les enfants ont mangé un pain au chocolat pour leur goûter.*

9 **Lisez cette recette de cuisine puis répondez aux questions.**

Crème au chocolat noir

★★★½

Pour 6 personnes
Temps de préparation : 15 min
Temps de cuisson : 10 min
Difficulté : facile
Coût : bon marché

INGRÉDIENTS :
- 200 g de chocolat noir à dessert
- 40 cl de crème liquide
- 3 jaunes d'œufs
- 100 g de sucre

Faites fondre le chocolat au bain-marie. Pendant ce temps, fouettez les jaunes d'œufs et le sucre. Versez le chocolat fondu tout en fouettant. Versez la crème sur le chocolat et mélangez bien. Répartissez dans 6 petits verres et placez au frais 2 heures. Servez avec des tuiles.

1. Combien de parties observez-vous dans le texte ? Lesquelles ?
2. Comment sont exprimées les quantités ?
3. Quel mode verbal est utilisé pour indiquer les étapes de la recette ?

10 **Remettez dans l'ordre les étapes de la préparation de la recette.** Aidez-vous d'un dictionnaire.

Fricassée de légumes et tomates confites

★★★

Pour 6 personnes
Temps de préparation : 15 min
Temps de cuisson : 15 min
Difficulté : facile
Coût : moyen

INGRÉDIENTS :
- 600 g de carottes
- 600 g de navets
- 6 pommes de terre
- 1 botte d'oignons
- 50 g de tomates confites
- 2 gousses d'ail
- 2 cuillères à soupe d'huile d'olive
- sel, poivre

a) Ajoutez les carottes, les navets et les pommes de terre, et remuez le tout.
b) Enfin, ajoutez les tomates confites.
c) Ensuite, faites légèrement chauffer l'huile dans une poêle ou un wok, versez-y les oignons et l'ail, et faites fondre à feu doux.
d) Épluchez tous les légumes et nettoyez-les bien. Coupez-les en morceaux en fonction de vos goûts (petits ou gros morceaux).
e) Salez, poivrez, couvrez et laissez cuire pendant 15 minutes.
f) Vérifiez l'assaisonnement et dégustez chaud.

Lisez nos conseils pratiques pour manger et boire en France dans notre ***dossier « Société »**, p. 143.*

ÉCRIRE

11 **Vous avez assisté au repas de votre association de quartier. Les responsables vous invitent à raconter dans leur revue comment ça s'est passé, qui est venu, ce que vous avez mangé… (80 mots).**

« Cuisinons gourmand ! »

Vous allez inventer une recette de cuisine et la présenter comme dans un blog.

1 **Formez quatre groupes et attribuez une catégorie à chacun : entrée, poisson, viande ou volaille, dessert.**

2 **Cherchez des blogs ou des sites de cuisine sur Internet et observez de quelle manière les recettes sont présentées.**

1. Le / La cuisinier(ère) explique-t-il / elle le choix de sa recette ?
2. Sa recette est-elle différente de la recette traditionnelle ? Si oui, qu'est-ce qui est différent ?
3. Comment est-elle expliquée ?
4. Comment est-elle présentée ?

3 **Décidez quel type de cuisine vous désirez illustrer (régionale, traditionnelle, économique, des jours de fête…) et choisissez le plat que vous allez présenter.**

4 **Rédigez votre participation au blog (la recette et sa présentation), d'après les modèles observés au point 2, et choisissez des photos.** Vous avez le droit d'utiliser un dictionnaire et de consulter Internet.

5 **Affichez votre page culinaire sur un blog ou simplement sur le tableau de la classe.**

6 **Lisez les recettes des autres groupes et ajoutez, si vous le souhaitez, des commentaires (demande d'informations complémentaires, suggestions, appréciations, variantes possibles…).**

7 **Place à l'évaluation ! Vous allez évaluer les productions des autres groupes. Vérifiez que les critères suivants ont été respectés !**

- La production est originale et bien illustrée.
- Le texte est organisé et reprend tous les aspects mentionnés au point 2.
- La recette est rédigée de manière claire.
- Les répétitions ont été évitées grâce à l'utilisation de pronoms.
- Les verbes ont été utilisés à l'impératif.

On bouge ?

À la fin de l'unité 10, vous serez capable de...

- comprendre des annonces (gare, aéroport).
- comprendre et participer à des conversations informelles (hébergement, transport).
- comprendre et participer à des échanges commerciaux (achats et réservations).
- comprendre un texte informatif (voyages en train, commentaires sur un hôtel).
- rédiger un mail (informations sur une ville).

TÂCHE FINALE :
« Circuit organisé »

Pour cela, vous apprendrez à...

- décrire une chambre ou un hébergement.
- demander et donner des informations sur une chambre ou un hébergement.
- faire des projets.
- faire des appréciations.

Stratégies
Comment préparer un dialogue.

SITUATION 1
Sur la route

Voir la transcription, p.198.

1 **Écoutez le dialogue : où se trouvent les personnages et que font-ils ?**

2 **Réécoutez, puis répondez aux questions.**

Première partie

1. Qu'est-ce que Sophie demande de faire à Olivier ? Pourquoi ?
2. Que propose-t-elle de faire ensuite ? Pourquoi ?
3. Comment réagit-il ?

Deuxième partie

4. Que fait Olivier à la station-service ? Et Sophie ?
5. Quelle décision prennent-ils ? Pourquoi ?
6. Comment Sophie cherche-t-elle un hôtel ?
7. Quel hôtel choisissent-ils ?
8. Que doit faire Sophie finalement ?

3 **Repérez dans le dialogue les expressions utilisées pour...**

1. **attirer l'attention de quelqu'un**.
2. **faire des projets**.
3. **faire des appréciations positives**.

Pratique

On dit « **Zut !** » quand on est :
a) contrarié.
b) satisfait.

La Sécurité routière

- La Sécurité routière est un organisme chargé de la **prévention des accidents de la route**.

- **Conseils pour un long voyage :** vérifier l'état de la voiture avant de prendre la route, partir en forme (de préférence le matin), faire une pause toutes les deux heures, bien s'hydrater et s'arrêter aux premiers signes de somnolence.

4 **Faites un court résumé de cette situation.**

SITUATION 2
Une nuit d'hôtel

(Au téléphone…)

- Hôtel Le Métropole, bonjour.
- Bonjour madame, je voudrais réserver une chambre pour deux personnes pour ce soir, c'est possible ?
- Attendez, je regarde… Oui, il nous reste une chambre, c'est la dernière !
- Ah super !
- C'est à quel nom ?
- Sophie Delors.
- Très bien, c'est noté.
- Merci, à tout à l'heure.

(À la réception de l'hôtel…)

- Bonjour, nous avons téléphoné pour réserver une chambre au nom de Delors.
- Oui, c'est moi qui ai pris votre appel. Votre chambre est au premier étage, c'est la 14. Vous avez une pièce d'identité ?
- Oui, tenez.
- Vous prendrez le petit déjeuner ?
- Oui, s'il vous plaît.
- À partir de quelle heure il est servi ? Nous devrons partir tôt demain.
- À partir de 7 heures 30, il est servi dans la salle qui est au rez-de-chaussée, à côté du jardin. Voici votre clé.
- Merci !
- Ah, pour dîner ce soir, vous pouvez nous faire des recommandations ?
- Tout dépend de ce que vous recherchez, mais à deux pas d'ici il y a une place avec plusieurs cafés et restaurants. Vous verrez, c'est très agréable !
- C'est parfait, merci !

(Dans la chambre…)

- Oh ! Le lit a l'air vraiment confortable ! La salle de bains est impeccable !
- Oui ! Bon, je vais prendre ma douche et ensuite, on ira dîner.
- Demain, si on part vers 8 heures, on arrivera à Arcachon à l'heure du déjeuner. On pourra manger au restaurant qui est à côté de la plage, tu sais, là où on va toujours !

1 Écoutez, puis répondez aux questions.

1. À qui téléphone Sophie ?
2. A-t-elle bien fait de téléphoner ? Pourquoi ?
3. Quel est le numéro de leur chambre ?
4. Que demande la réceptionniste ?
5. Que veut savoir Olivier ? Pourquoi ?
6. Que répond la réceptionniste ?
7. Est-ce que la chambre leur plaît ? Pourquoi ?
8. Quels sont les projets de Sophie pour le lendemain ?

2 Repérez les expressions utilisées dans le dialogue pour…

1. **faire une réservation**.
2. **demander des informations**.
3. **décrire une chambre**.
4. **faire des appréciations positives**.
5. **faire des projets**.

3 Faites un court résumé de cette situation.

GRAMMAIRE

Le futur simple

Rappelez-vous : vous savez déjà parler de l'avenir.
Je pars ***la semaine prochaine*** *à New York.*
Elle est ***sur le point de*** *rentrer de voyage.*
Nous ***allons*** *bientôt* ***revenir****.*

Quels temps verbaux sont utilisés dans ces phrases ?

Maintenant, observez ces phrases au futur simple :
On ***dînera*** *tranquillement et on* ***reprendra*** *la route demain matin.*
On ***arrivera*** *à Arcachon à l'heure du déjeuner.*
On ***pourra*** *manger au restaurant.*

Quel est l'infinitif de ces verbes ?

À quoi ça sert ?

Le futur simple sert…

- à **parler de l'avenir** : *Je prendrai ma retraite dans deux ans.*
- à **faire des prévisions** : *Demain, il pleuvra sur toute la France.*
- à **faire des promesses** : *Tu sais, je t'aimerai toujours.*
- à **donner des ordres, parfois des conseils** : *Vous ferez ces deux exercices pour mardi.*

- **Formation :**
  Le futur simple des verbes en *-er* et en *-ir* se forme à partir de l'infinitif suivi des terminaisons suivantes : ***-ai***, ***-as***, ***-a***, ***-ons***, ***-ez***, ***-ont***.

arriver	partir
j'arriver**ai**	je partir**ai**
tu arriver**as**	tu partir**as**
il arriver**a**	elle partir**a**
nous arriver**ons**	nous partir**ons**
vous arriver**ez**	vous partir**ez**
elles arriver**ont**	ils partir**ont**

Attention à la prononciation !
En général, le -e qui suit la base ne se prononce pas :
Je passerai [pasʀe] te chercher à midi.

- **Les verbes en *-re*** comme *prendre* ou *mettre* perdent -*e*, **les verbes en *-oir*** comme *recevoir* perdent -*oi* et pour **les verbes en *-yer*** comme *payer* le -*y* se transforme en -*i* :
  Je ***prendrai*** *mes vacances en avril.*
  Il ***recevra*** *mon colis demain.*
  Vous ***paierez*** *l'hôtel demain.*

- **Verbes irréguliers :**
  - ***être :*** *je serai*
  - ***avoir :*** *j'aurai*
  - ***aller :*** *j'irai*
  - ***venir :*** *je viendrai*
  - ***faire :*** *je ferai*
  - ***voir :*** *je verrai*
  - ***envoyer :*** *j'enverrai*
  - ***pouvoir :*** *je pourrai*
  - ***vouloir :*** *je voudrai*
  - ***falloir :*** *il faudra*

1 Conjuguez au futur simple les verbes entre parenthèses.

1. Nous … (organiser) une fête la semaine prochaine.
2. Samedi matin, elles … (se promener) dans le parc.
3. Nous … (finir) de manger à temps pour voir le match.
4. Je vous … (appeler) à mon arrivée.
5. On … (partir) immédiatement après le déjeuner.
6. Vous … (descendre) en voiture.
7. Nous … (boire) à ta santé !
8. Ils … (prendre) le bateau à Marseille.
9. Il … (aimer) sûrement la surprise !
10. Tu … (devoir) partir tôt pour éviter les embouteillages.
11. Elle … (manger) un sandwich sur l'aire de repos.
12. Je l'… (inviter) la semaine prochaine !
13. Nous … (lire) des extraits du *Voyageur sans bagages*.
14. Tu … (mettre) les valises dans la voiture ?

2 Conjuguez au futur simple les verbes entre parenthèses. Attention, ils sont irréguliers !

1. Tu … (pouvoir) m'aider à faire mes devoirs ?
2. Vous … (faire) les courses avant de rentrer à la maison?
3. Nous … (aller) à Nantes en avion.
4. Vous … (venir) me voir à Londres ?
5. Cet été, ils … (faire) une croisière en Méditerranée.
6. Pierre … (avoir) 18 ans le 3 avril.
7. Je suis sûr qu'elles ne … (vouloir) pas venir.
8. On ne … (pouvoir) pas l'obliger à faire du sport.
9. Il … (falloir) acheter de la farine pour les crêpes.
10. Tu … (voir), le tricot c'est très facile !
11. Elle lui … (envoyer) une carte de Paris pour son anniversaire.
12. Elles … (être) joignables ?
13. Je ne … (pouvoir) pas venir avec toi.
14. Je la … (revoir) bientôt !

Les pronoms relatifs *qui, que, où*

Observez ces phrases :
J'ai pris les bonbons ***que*** *tu aimes tant. = J'ai pris des bonbons. Tu aimes beaucoup ces bonbons.*
On pourra manger au restaurant ***qui*** *est à côté de la plage, tu sais, là* ***où*** *on va toujours !*
= On pourra manger au restaurant. Le restaurant est à côté de la plage. On va toujours à ce restaurant.

Quels sont les mots qui se répètent ? Quelle est leur fonction dans les phrases où ils sont répétés ?

- **Le choix du pronom relatif dépend de sa fonction :**

  Ils ont acheté une maison ***qui*** *a coûté 300 000 euros.*
  → ***La maison*** *a coûté 300 000 euros.* = **sujet**.

  Manou a chanté une chanson ***que*** *tout le monde connaît.*
  → *Tout le monde connaît* ***la chanson***. = **complément d'objet direct**.

  On est allés dans un village ***où*** *il n'y avait presque personne.*
  → *Il n'y avait presque personne* ***dans le village***. = **complément de lieu**.

  Il a beaucoup plu l'année ***où*** *il est parti à Rennes.*
  → *Il est parti à Rennes* ***en 2010***. = **complément de temps**.

- **Le choix du pronom ne dépend pas de la catégorie « animée » ou « inanimée » du substantif :**
  La fille ***qui*** *est sur cette photo est ma cousine.*
  La fille ***que*** *tu vois là est ma sœur.*
  Le livre ***qui*** *est sur la table est à moi.*
  Le livre ***que*** *j'achète n'est pas cher.*

C'est la même chose dans votre langue ?

À quoi ça sert ?
Les pronoms relatifs servent...
- à **unir des phrases et éviter des répétitions**.
- à **apporter des compléments d'information sur un nom**.

Attention à l'orthographe !
On emploie *qu'* au lieu de *que* quand le mot qui suit commence par une voyelle ou un *h* muet :
Tu as loué la voiture ***qu'****il t'a indiquée ?*
J'ai réservé l'hôtel ***qu'****Hélène m'a conseillé.*

3 Associez les éléments pour former des phrases.

1. Elle a dépassé une voiture
2. Ils ont perdu les bagages
3. L'appartement
4. Le train
5. Les chambres d'hôtes
6. Nous avons changé le pneu
7. Cliquez sur les hôtels

a) qui était crevé.
b) que vous souhaitez comparer.
c) qui contenaient les cadeaux.
d) que nous avons loué est très bien.
e) que nous proposons sont spacieuses.
f) qui roulait à 50 km à l'heure.
g) que nous avons raté était le dernier.

4 Complétez les phrases suivantes avec *que* ou *qui*.

1. Gérard est l'ami ... nous avons croisé hier dans la rue.
2. Vous avez aimé le dîner ... mon père a préparé ?
3. C'est Romain ... viendra te chercher à la gare.
4. Le bébé ... vient de naître pèse 3,5 kg.
5. Passe-moi les ciseaux ... sont sur la table, s'il te plaît.
6. La pièce de théâtre ... je viens de voir est très intéressante.

5 Faites une seule phrase en utilisant le pronom *où*.

1. Je lui ai montré un village. Je suis né dans ce village.
2. Tu viendras me chercher au restaurant ? Je travaille dans ce restaurant.
3. L'examen a été très dur une année. Il a passé son bac cette année.
4. On a rendez-vous au café de la Paix. Lundi, nous avons déjeuné dans ce café avec mes parents.
5. Je l'ai vu un jour d'été. Ce jour-là, il faisait chaud.

LEXIQUE
Les moyens de transport

1 En voiture. Complétez les phrases avec les verbes suivants.

rouler • ralentir • tomber en panne • prendre de l'essence • gonfler les pneus • faire réparer • nettoyer le pare-brise • s'arrêter • crever

1. Quand le feu est orange, je ___ pour pouvoir ___ à temps. En ville, je ne ___ jamais à plus de 50 km à l'heure.
2. Je me suis arrêté à la station-service pour ___ parce que mon réservoir était vide. En même temps, j'ai ___ qui était très sale et j'ai ___ qui en avaient besoin.
3. Je laisserai ma voiture au garage pour la ___ : elle fait un bruit étrange et elle va ___ d'un moment à l'autre.
4. C'est incroyable : J'ai ___ sur l'aire de repos ! J'ai dû changer la roue et ce n'était pas facile !

2 Sur la route. Ordonnez du plus grand au plus petit.

a) la route nationale
b) l'autoroute
c) la route départementale
d) le chemin

Quand vous voyagez, préférez-vous les autoroutes, les routes nationales ou les routes départementales ?

3 Que dites-vous dans les cas suivants ? Associez les illustrations aux différents cas.

a) Vous ne voyez plus rien dans votre rétroviseur.
b) La voiture s'arrête et ne veut plus redémarrer.
c) Vous ne pouvez pas attacher votre ceinture de sécurité.
d) Au cours d'un contrôle de police, vous ne trouvez pas votre permis de conduire ni vos papiers d'assurance.
e) Un de vos clignotants ne s'allume pas.

1

Il ne marche plus !

2

Je les ai oubliés !

3

Il est sale !

4

Elle est en panne !

5

Elle est bloquée !

Avez-vous été confronté(e) à l'une de ces situations ? Qu'avez-vous fait ?

4 En avion. Complétez le texte à l'aide des mots suivants. Attention : il y a plus de mots que de trous à remplir.

un contrôle de sécurité • un passeport • une navette • un vol • des bagages • un terminal • un visa • un guichet • un retard • une carte d'identité • un panneau d'affichage

Nous sommes partis très tôt pour prendre le premier ___ du matin pour Lyon. À cette heure-là, il n'y avait pas de ___ et nous avons dû prendre un taxi. Le chauffeur s'est trompé de ___ et nous avons perdu beaucoup de temps. Nous avons dû courir dans l'aéroport vers les ___ de notre compagnie pour faire enregistrer nos ___, puis vers les ___ pour montrer notre ___. Heureusement, l'avion avait, lui aussi, du ___.

5 Dans le train. Associez les mots par paires.

deuxième classe • aller simple • hall • arrivée • couchette • voie 1 • première classe • aller-retour • départ • place assise • quai 3 • composteur de billets

Aimez-vous voyager en train ? Pourquoi ?
Quand vous prenez un train de nuit, prenez-vous une couchette ? Pourquoi ?

L'hébergement

6 **Répondez à l'enquête que propose ce site de réservation d'hébergements touristiques. Commentez vos réponses avec vos voisin(e)s.**

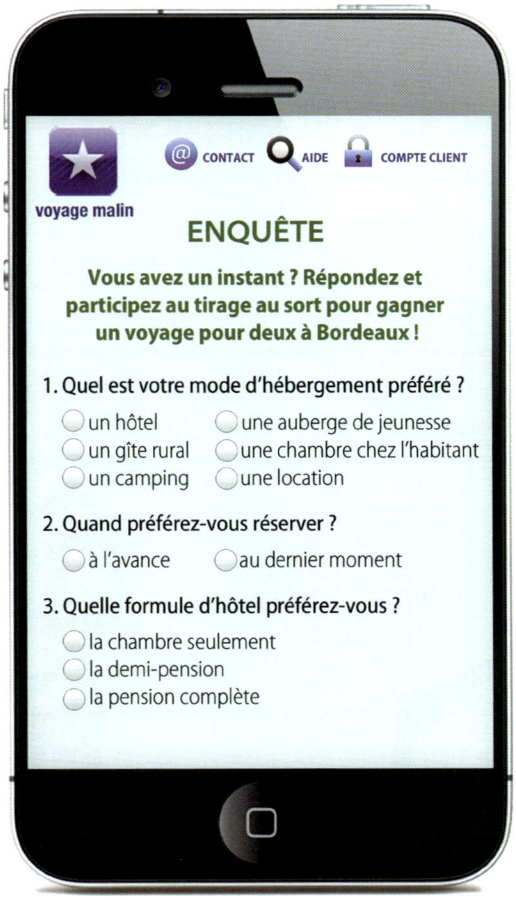

voyage malin

CONTACT AIDE COMPTE CLIENT

ENQUÊTE

Vous avez un instant ? Répondez et participez au tirage au sort pour gagner un voyage pour deux à Bordeaux !

1. Quel est votre mode d'hébergement préféré ?

- un hôtel
- une auberge de jeunesse
- un gîte rural
- une chambre chez l'habitant
- un camping
- une location

2. Quand préférez-vous réserver ?

- à l'avance
- au dernier moment

3. Quelle formule d'hôtel préférez-vous ?

- la chambre seulement
- la demi-pension
- la pension complète

7 **Voici les commentaires qu'ont laissés les clients d'un hôtel sur ce site. Quels sont les aspects qui leur ont plu ? Et ceux qui leur ont déplu ?**

voyage malin

CONTACT AIDE COMPTE CLIENT

AVIS - Hôtel Bellevue, à Grenoble

Publié il y a 2 jours
Hôtel situé en pleine rue commerçante et très bruyant : boîtes de nuit à côté ; pas de parking privé. Le chauffage ne marchait pas. À éviter !

Publié il y a 2 jours
Hôtel plein de charme ! Rien à dire : prix, confort, bonne situation (quartier animé et vivant) !

Publié il y a 1 semaine
Notre chambre avec vue sur la cathédrale n'avait pas de balcon et le jacuzzi était minuscule !

Publié il y a 2 semaines
Chambres très propres, emplacement idéal, rapport qualité-prix excellent !

Publié il y a 2 semaines
Personnel accueillant et serviable, grand parking sur la place à 2 minutes de l'hôtel, aucun supplément imprévu !

1 2 ... 5

Quels sont, pour vous, les critères les plus importants pour choisir un hébergement touristique ? Qu'est-ce que vous ne tolérez pas ? Avez-vous des expériences à raconter ?

Prononciation : [s]- [z]

1 **Écoutez les différences : [s] comme « cinéma », « passer » ou « danse », [z] comme « zéro » ou « frisé ».**

2 **Écoutez et repérez la phrase que vous entendez.**

1. **a)** De quelles sommes parle-t-on ? **b)** De quels hommes parle-t-on ?
2. **a)** Il manque de sel. **b)** Il manque de zèle.
3. **a)** J'aime bien mon coussin. **b)** J'aime bien mon cousin.
4. **a)** Il y a deux faces. **b)** Il y a deux phases.
5. **a)** Le poisson est amer. **b)** Le poison est amer.
6. **a)** Le dessert est imposant. **b)** Le désert est imposant.

3 **Écoutez et répétez.**

COMPÉTENCES

ÉCOUTER

1 Écoutez les messages 1 et 2, puis relevez toutes les informations possibles pour chacun.

- type de train
- numéro du train
- gare d'arrivée et quai
- ville de départ du train
- destination de ce train
- temps d'arrêt en gare

2 Écoutez les messages 3 et 4 et répondez aux questions suivantes pour chacun.

1. Où entend-on cette annonce ?
2. Elle a pour objectif…
   a) d'annoncer le départ d'un train.
   b) d'appeler un passager.
   c) de prévenir d'un retard.
   d) d'annoncer l'arrivée d'un avion.
3. Relevez les informations précises.

PARLER

3 Imaginez comment les personnes suivantes ont passé leur dernier week-end et vont passer le prochain. Choisissez une des trois propositions.

1. Un couple de sportifs.
2. Une femme qui vient de gagner au Loto.
3. Les parents d'une famille nombreuse.

Faire des projets : Nous les rencontrerons à Corinthe. – Nous partirons à 5 heures. – Je ferai un gâteau.

4 Une chambre d'hôtel. Chloé réserve une chambre d'hôtel par téléphone pour deux nuits, pour deux adultes avec un bébé.

Demander / Donner les caractéristiques d'une chambre d'hôtel ou d'un hôtel : La chambre donne où ? – Elle donne sur un parc. – Jusqu'à quelle heure vous servez le petit déjeuner ? – Jusqu'à 10 heures. – Il y a un parking sur place ? – Est-ce qu'il y a une connexion Wi-Fi gratuite ?

Faire une réservation : Je voudrais réserver une chambre pour trois personnes, deux adultes et un enfant. – Vous voulez une chambre pour trois ou avec un lit d'appoint ? – C'est pour quelle date ? – Pour combien de nuits ? – On voudrait faire une réservation pour quatre personnes. – C'est à quel nom ?

Stratégies

Comment procédez-vous quand vous préparez un dialogue ?

- J'imagine le personnage que je vais jouer, je lui attribue un âge, une personnalité et des caractéristiques physiques.
- Je réfléchis aux personnages qu'interprètent mes interlocuteurs et j'adapte mes interventions en fonction de leurs caractéristiques et de leurs répliques.
- Je tiens compte des règles à respecter en fonction de la situation : vouvoyer ou tutoyer, la façon de poser des questions, les mots à utiliser et à ne pas utiliser…
- Je réfléchis à la manière de commencer et de finir qui conviennent.
- Je prépare les phrases que je vais dire pendant la représentation.

Commentez vos réponses avec le groupe-classe.

5 **Un billet pour Valence. Julien est au guichet de la gare de Marseille. Il veut acheter un billet pour Valence où il a un rendez-vous à 14 h 30. Voici les horaires de la SNCF.**

Acheter un billet de train : Je voudrais un billet pour Rennes. – Un aller simple ? – Non, un aller-retour. – À quelle heure ? – C'est pour quelle date ? – Ça coûte combien ? – J'ai une réduction.

Votre fiche horaire

Voyages-sncf.com

MARSEILLE > VALENCE

Train	Départ			Arrivée	Durée		Jours de circ.
TGV Duplex	08h44	direct		09h46	01h02	-	01
TGV Duplex	10h08	direct		11h13	01h05	-	01
TGV	10h42	direct		11h46	01h04	-	01
ter	11h43	MARSEILLE-SAINT-CH	NIMES	13h10			
TGV Duplex	13h29	NIMES	VALENCE TGV RHONE-	14h13	02h30	-	01
TGV Duplex	12h44	MARSEILLE-SAINT-CH	LYON-PART-DIEU	14h24			
TGV Lyria	14h36	LYON-PART-DIEU	VALENCE TGV RHONE-	15h10	02h26	-	01
ter	13h06	direct		15h31	02h25	-	01
TGV Lyria	13h44	MARSEILLE-SAINT-CH	LYON-PART-DIEU	15h24			
TGV	15h36	LYON-PART-DIEU	VALENCE TGV RHONE-	16h10	02h26	-	01

6 **Les transports. Par petits groupes, dites les moyens de transport que vous préférez utiliser pour vos différents déplacements et expliquez pourquoi.**

Faire des appréciations sur un moyen de transport : C'est rapide. – Il y a trop de gens. – Il y en a un toutes les 3 minutes. – Il met trop de temps. – Il y a beaucoup d'arrêts. – Il me dépose près de chez moi. – C'est très pratique.

7 **Un logement pour les vacances. Expliquez à votre voisin(e) le genre de logement que vous préférez pour vos vacances et les raisons de ce choix.**

Faire des appréciations sur un logement : C'est confortable. – Je me sens chez moi ici. – À l'hôtel, on n'a rien à faire. – C'est en ville. – On est dans la nature. – C'est convivial.

Envie de découvrir des moyens de transport et des logements alternatifs ? Consultez notre ***dossier « Société »****, p. 144.*

COMPÉTENCES

LIRE

8 **Lisez cette plaquette, puis répondez aux questions.**

INFORMATIONS PRATIQUES

Ce qu'il est important de connaître avant de partir pour prendre le train en toute sérénité…

L'HEURE, C'EST L'HEURE !

Pour assurer le départ à l'heure des TGV, tout voyageur doit impérativement être à quai et en mesure de monter à bord au plus tard 2 minutes avant l'heure de départ. Au-delà de ce délai, l'accès au train n'est plus garanti.

N'OUBLIEZ PAS DE COMPOSTER !

Avant votre départ, votre billet doit être composté. Si vous n'avez pas eu le temps, signalez-le rapidement au chef de bord. Si vous avez choisi le service e-billet, il est inutile de composter votre confirmation de voyage.

JUSTIFIEZ VOTRE RÉDUCTION

Pour voyager, munissez-vous de votre justificatif de réduction.
En cas d'oubli, vous devrez régler au chef de bord la différence avec le prix Plein Tarif Loisir.

VOUS N'AVEZ PAS DE BILLET VALABLE ?

Présentez-vous sans attendre au chef de bord avant de monter dans le train. Il vous délivrera un billet au Plein Tarif Loisir majoré de 10 €[1].

VOS BILLETS ONT ÉTÉ PERDUS OU VOLÉS ?

En aucun cas, il ne sera procédé au remboursement ou à l'établissement d'un duplicata de billets perdus ou volés.
Si vous avez opté pour le e-billet, vous pourrez réimprimer votre confirmation.

ÉTIQUETEZ VOS BAGAGES

Pour des raisons de sécurité, vos bagages doivent obligatoirement être étiquetés à vos prénom et nom. TGV accepte à bord les valises, sacs de voyage, sacs à dos, poussettes, skis et surfs (rangés dans une housse).

OBJETS TROUVÉS OU PERDUS

Pour déposer un objet trouvé ou retrouver un objet perdu, adressez-vous au service « objets trouvés » en gare. Une taxe de restitution de votre bien personnel de 9 €[1] vous sera demandée.

LA GARANTIE VOYAGE

SNCF propose LA GARANTIE VOYAGE à tous ses clients TGV et INTERCITÉS, effectuant un parcours en France soumis aux Tarifs Voyageurs SNCF.
Elle est constituée de 6 garanties concrètes ; avant, pendant et après votre voyage :

1. GARANTIE INFORMATION :
Nous sommes là pour vous informer en temps réel en gare et dans les trains mais aussi sur Internet[2], sur votre mobile avec l'application **SNCF**DIRECT, ou par téléphone au 3635[3].
Nous sommes là aussi sur Internet[2] et sur votre mobile pour vous donner l'historique de ponctualité de votre train sur les 60 derniers jours.

2. GARANTIE REPORT OU REMBOURSEMENT :
Nous sommes là, si votre train au départ est reporté de plus d'1h ou supprimé, pour vous proposer une autre solution de voyage ou vous rembourser, selon votre choix.

3. GARANTIE PLACE ASSISE :
Nous sommes là, si vous n'avez pas de place attribuée pour un voyage de plus d'1h30 dans un train à réservation obligatoire, pour vous aider à trouver une place à bord ou, faute de place, vous proposer un geste commercial.

4. GARANTIE ASSISTANCE :
Nous sommes là, si un problème majeur intervient pendant votre voyage, pour vous prendre en charge, trouver une solution de poursuite de votre voyage et, si nécessaire, vous proposer un hébergement.
Nous sommes là aussi dans ces situations pour vous apporter, selon le moment de la journée, une boisson, une collation ou un repas.

5. GARANTIE PONCTUALITÉ :
Nous sommes là, si votre train a un retard de plus de 30 minutes à l'arrivée, pour vous informer de vos droits à la « Garantie Ponctualité » et vous remettre, le cas échéant, l'enveloppe associée.
Nous sommes là aussi sur Internet[2] et sur votre mobile, dès le lendemain de votre voyage, pour vous rappeler le motif du retard et vos droits à compensation dans le cadre de la Garantie Ponctualité.

6. GARANTIE RÉCLAMATION :
Nous sommes là pour répondre à toute réclamation en ligne auprès de notre service clientèle dans un délai maximum de 5 jours - hors « Garantie Ponctualité » si vous possédez un billet classique (format IATA).
Ces garanties sont soumises à des conditions d'application, disponibles en gare et boutiques SNCF, en agences de voyages agréées SNCF, sur sncf.com, tgv.com et intercites.sncf.com.

(1) Prix en vigueur au 24/01/2013.
(2) www.infolignes.com
(3) 0,34 € TTC/min, hors surcoût éventuel de votre opérateur.

P.18 S'INFORMER, RÉSERVER, ACHETER — S'INFORMER, RÉSERVER, ACHETER P.19

GUIDE TGV INFORMATION VOYAGEURS SNCF Février 2013 © SNCF

1. **Ce document s'adresse…**
   a) à des touristes.
   b) à tout type de voyageurs.
   c) aux usagers du train.
2. **Ce document est…**
   a) une publicité.
   b) une brochure.
   c) une affiche.
3. **Son objectif est…**
   a) de convaincre.
   b) d'informer.
   c) de décrire.
4. **On trouve ce type de texte…**
   a) sur les panneaux d'une gare.
   b) dans le train.
   c) sur le site Internet de la SNCF.

9 **Relisez le document ci-contre, puis répondez aux questions suivantes.**

1. Que doit faire le voyageur avant de monter dans le train ?
2. Quels avantages présente l'e-billet ?
3. Pour quelles raisons est-il recommandé de s'adresser au chef de bord ?
4. Que doit-on faire pour voyager avec ses skis ou sa planche de surf ?
5. Par quels moyens peut-on s'informer en temps réel ?
6. Qu'offre la SNCF à un voyageur pour un départ reporté de plus d'une heure ou supprimé ?
7. À partir de quelle durée de trajet une place assise est-elle garantie ?
8. Dans quelles circonstances la SNCF offre-t-elle une boisson, une collation ou un repas ?
9. À partir de quel temps de retard peut-on avoir droit à une compensation ?
10. Dans quel délai le service clientèle répond-il à une réclamation ?

ÉCRIRE

10 **Vous travaillez à l'office de tourisme de votre ville. Une dame a rempli le formulaire de contact pour demander des renseignements, en vue d'organiser son séjour. Lisez son mail et répondez-lui en l'informant sur les transports, l'hébergement, les restaurants et d'autres aspects pratiques de votre ville… (90 mots)**

Formulaire de contact

Nom : Richard

Prénom : Marjorie

Adresse e-mail : marjorierichard@tour.fr

Sujet : Informations pratiques

Message :

Bonjour,

C'est la première fois que je viens dans cette ville et dans ce pays. Je voudrais avoir des informations pratiques et utiles pour profiter au maximum de mon séjour et pour ne pas avoir de mauvaises surprises.

Merci d'avance !

Envoyer

Circuit organisé

Vous allez proposer un circuit organisé dans un pays francophone à un couple de touristes.

1 Écoutez attentivement la situation et repérez les formulations qui vous seront utiles pour…

- demander et donner des informations.
- donner une explication.
- demander des conseils, déconseiller.
- exprimer vos goûts, vos préférences, vos envies.
- exprimer l'obligation.
- proposer votre aide.
- remercier.

Voir la transcription, p.198.

2 Par groupes de quatre, répartissez-vous les rôles : deux personnes joueront les employé(e)s de l'agence de voyages, deux autres le couple de touristes.

Ensuite, décidez ensemble la destination et le thème du séjour : sportif, culturel…

3 Préparez la scène.

– Les employé(e)s de l'agence font des recherches pour préparer le séjour et le proposer à leurs client(e)s : itinéraire et transports, hébergement, choses à voir et à faire, excursions possibles, conseils aux voyageurs… Ils / Elles pourront décider qui des deux va procéder à la vente ou bien si ils / elles la feront ensemble.

– Les client(e)s font des recherches sur le pays qu'ils / elles veulent visiter pour pouvoir décider en connaissance de cause si la proposition leur convient, et faire part de leurs goûts et préférences.

4 Vous êtes prêt(e)s ? Improvisez la négociation devant le groupe-classe : les employé(e)s de l'agence proposent leur offre de séjour aux client(e)s ; ceux-ci / celles-ci demandent des explications, des conseils, expriment leurs goûts et préférences. Les autres groupes évaluent votre mise en scène en fonction des critères suivants.

- La dramatisation est originale, intéressante et chacun a bien tenu son rôle.
- La dramatisation a été fluide et il n'y a pas eu de pauses excessivement longues.
- La négociation a bien eu lieu et a traité les éléments mentionnés au point 3.
- Le futur a été utilisé correctement et le lexique est adéquat.

À retenir pour manger et boire en France !

Si vous voulez boire un café dans un bistrot, demandez un expresso, serré ou non, un crème, un noisette ou un café au lait.

Si vous voulez manger, n'oubliez pas les horaires !
Les horaires des restaurants vont habituellement de 12 h à 13 h 30 et de 19 h à 21 h. Mais les brasseries ferment en général très tard le soir et offrent de très bons plats.

Si vous voulez prendre l'apéritif (l'apéro), buvez comme la tradition le veut un pastis, un kir ou, si vous préférez, un apéritif sans alcool, un « Vittel cass » ou un diabolo grenadine. Si vous préférez l'eau minérale, demandez-la plate ou gazeuse.

Si vous voulez manger « sur le pouce » et pas cher, demandez une gaufre, une crêpe, un sandwich jambon-beurre ou un croque-monsieur.

« Un repas sans fromage est comme un jour sans pain. »

Le repas gastronomique des Français est inscrit au patrimoine culturel immatériel de l'humanité.
Le repas en France est « une pratique sociale coutumière destinée à célébrer les moments les plus importants de la vie des individus et des groupes. »

Fabriquez, par petits groupes et en reprenant ces rubriques, une page d'information sur les habitudes alimentaires de votre pays.

LE BIO DANS LES CANTINES SCOLAIRES

Le WWF France a enclenché en 2009 la campagne « Oui au bio dans ma cantine » pour convaincre les mairies de privilégier les produits bio dans les menus de leurs cantines. Est-il possible d'arriver à 100 % de nourriture bio dans les restaurants scolaires ?

On invoque fréquemment le surcoût des produits bio comme frein à cette généralisation. Cependant, une ville comme Saint-Étienne a réussi à proposer 70 % de plats bio dans ses écoles et se fixe l'objectif de 100 % pour les années à venir.

Cet intérêt pour une alimentation bio existe-t-il aussi dans votre pays ? Et vous-même, qu'en pensez-vous ?

TENDANCES ALTERNATIVES

LE COVOITURAGE

Le mot est né en 1989, et, de nos jours, cette pratique connaît un succès grandissant.

Le fonctionnement est très simple : on s'inscrit sur un site pour proposer ou pour chercher une place sur un trajet, puis on prend contact avec les personnes qui nous intéressent, on réserve, et c'est parti ! Les frais sont ainsi divisés. Le covoiturage implique, bien sûr, des règles de bonne conduite et de respect de l'autre. À l'arrivée, chacun peut laisser un avis sur son compagnon de route. En définitive, une solution pratique et conviviale pour dépenser moins, se déplacer comme on veut, réduire au passage la pollution et même les bouchons ! Simple comme bonjour !

LA VILLE À VÉLO

Inauguré à La Rochelle en 1974, le vélo libre-service en ville n'a cessé de se développer depuis.

Actuellement, on recense plus de 35 villes (dont certaines avec leur agglomération) qui en sont équipées : de grandes villes comme Paris, Lyon, Lille, Marseille mais aussi de plus petites comme Obernai, Laval ou Perpignan.

Selon un sondage Sofres publié en janvier 2013, la pratique du vélo ne cesse d'augmenter pour les loisirs comme pour les déplacements utilitaires.

On vend plus de vélos (3,2 millions) que de voitures (2,25 millions) en France chaque année.

SURFER SUR UN CANAPÉ

Bizarre ! C'est un nouveau sport ? Ça consiste en quoi ?
Réponse : c'est la traduction littérale de « couchsurfing ». En bref, il s'agit de mettre en relation des personnes qui ont envie de découvrir de nouveaux lieux avec celles qui ont envie de les leur faire découvrir.

Les hébergeurs sont prêts à recevoir une ou plusieurs personnes de passage dans leur ville en leur offrant un endroit pour dormir, ou simplement un café pour échanger et leur communiquer les bonnes adresses.

Les voyageurs vont établir des contacts avec ces personnes qui vivent sur place, pour savoir si elles peuvent les accueillir.
Tout cela se passe sur un site Internet : prise de contact, fiches de présentation, recherches… Tout comme pour le covoiturage, il est possible de donner son avis sur les gens rencontrés.

Les nombreux adeptes évoquent très souvent le sens de l'hospitalité, l'aventure humaine, la porte ouverte sur les voyages pour les petits budgets, l'immersion dans un pays étranger…

Alors, ça vous tente ? Connaissez-vous des gens qui sont « couchsurfers » ? Qu'en disent-ils ?

Commerces

À la fin de l'unité 11, vous serez capable de...

- comprendre et participer à des échanges d'ordre privé ou commercial (bureau de tabac, pharmacie).
- comprendre et participer à une conversation (santé).
- parler de vos habitudes de consommation.
- comprendre un article informatif sur la santé.
- créer une devinette à partir d'un modèle.

TÂCHE FINALE :
« La reine des vitrines »

Pour cela, vous apprendrez à...

- demander et donner des informations (vêtements, chaussures).
- comparer et exprimer une préférence.
- faire une appréciation.
- demander et donner un avis.
- demander et donner un prix.
- parler d'un problème de santé.

Stratégies
Comment préparer un monologue.

SITUATION 1
Dans un grand magasin

Élise et Sébastien viennent passer le week-end à Nice. Catastrophe ! La compagnie aérienne a perdu leurs valises. Ils doivent acheter des vêtements et des affaires de toilette pour le week-end.

- Regarde Élise, qu'est-ce que tu penses de cette chemise ?
- Elle n'est pas trop habillée ?
- Non, c'est pour aller au resto avec Cédric. Il nous invite dans le meilleur restaurant de Nice !
- Ah bon ? Je dois m'acheter une belle robe, alors ! Je file au rayon femme !
- D'accord, je t'y rejoins plus tard.

(Vingt minutes plus tard…)

- Ah, Sébastien, tu es là !
- Je reviens de la cabine d'essayage.
- J'en sors aussi.
- Tout me va ! Et toi, ta robe ?
- C'est ma taille. Elle est originale, tu ne trouves pas ?
- Je ne sais pas… Pourquoi tu n'essaies pas cette robe-là plutôt ? Elle est plus élégante, un peu classique, mais avec des détails sympas.
- Elle est aussi plus chère ! En plus, il y a la queue pour essayer.
- Bon, bon d'accord. Alors on paie et on va au rayon chaussures, c'est à l'autre bout de l'étage, j'en viens, je suis passé devant en cherchant le rayon femme.
- Allons-y vite !

(Au rayon chaussures…)

- Nous y voilà.
- Ah super, elles sont rangées par pointures, ça ira plus vite ! Tu chausses du combien ?
- Du 38. Oh ! les rouges, elles sont belles !
- Essaie-les !
- Aïe ! Elles sont jolies, mais elles me font mal.
- Essaie ce modèle, elles ont moins de talons. Qu'est-ce que tu en dis ?
- Oh, elles me vont mieux que les autres ; elle sont aussi élégantes mais nettement plus agréables à porter. Elles iront très bien avec ma robe. Je les prends !
- Tu verras, tu seras la plus jolie du restaurant !

1 Écoutez, puis dites si c'est vrai ou faux.

1. Élise et Sébastien achètent des vêtements parce que ce sont les soldes.
2. Ils ne vont pas rester longtemps à Nice.
3. Ils choisissent seulement des vêtements décontractés.
4. La chemise choisie par Sébastien ne lui va pas.
5. Élise essaie la robe que lui conseille Sébastien.
6. Ils achètent tout dans le même magasin.
7. Sébastien a les mêmes goûts qu'Élise.
8. Finalement, Élise achète des chaussures confortables.

2 Repérez les expressions qui sont utilisées dans le dialogue pour…

1. **exprimer une préférence**.
2. **faire une appréciation**.
3. **demander un avis**.

3 Faites le résumé de cette situation.

Les grands magasins

- Les grands magasins apparaissent au début du XIXe siècle.

- Le premier grand magasin est **le Bon Marché**, créé en 1852. C'est un nouveau concept de vente : les prix sont affichés et attractifs, les vitrines et l'intérieur sont conçus pour séduire les clientes.

SITUATION 2
Achats divers

Voir la transcription, p. 199.

1 Écoutez la première partie du dialogue et répondez aux questions.

1. Qu'achète Élise à la pharmacie ?
2. Pourquoi Sébastien demande-t-il des comprimés ?
3. Que donne finalement le pharmacien à Sébastien ?
4. Que lui explique-t-il pour les comprimés ? Quel est leur avantage ?
5. Pourquoi Sébastien est-il satisfait de la proposition du pharmacien ?
6. Comment Sébastien paie-t-il ?

2 Écoutez la deuxième partie et dites si c'est vrai ou faux. Justifiez votre réponse.

1. Élise et Sébastien vont directement à l'hôtel après la pharmacie.
2. Élise veut acheter des cartes postales pour ses amis.
3. Sébastien veut faire une grille de Loto parce que c'est leur jour de chance.
4. Élise ne veut pas de magazine.

3 Repérez les expressions qui sont utilisées dans le dialogue pour…

1. **faire une appréciation**.
2. **exprimer une préférence**.
3. **demander et donner un prix**.
4. **parler d'un problème de santé**.

4 Faites le résumé de cette situation.

Les bureaux de tabac

- Les bureaux de tabac ont le monopole de la vente de tabac, des jeux d'argent et des produits de la poste.

- Les buralistes peuvent aussi vendre des articles de presse, de la papeterie, des confiseries…

L'expression de la comparaison

Observez ces phrases et repérez les mots qui servent à établir des comparaisons :
Elle est plus élégante.
Elles ont moins de talons que les rouges.
Elles sont aussi élégantes que les rouges mais nettement plus agréables à porter !

Quelles expressions servent à indiquer la supériorité et l'infériorité ? Et l'égalité ? Sur quels mots (adjectifs, noms, verbes ou adverbes) portent les comparaisons ?

	supériorité	infériorité	égalité
adjectifs	Le pantalon est **plus long que** le short.	Le short est **moins élégant que** le pantalon.	Les bottes sont **aussi confortables que** les chaussures.
noms	Il y a **plus de queue que** d'habitude.	Il y a **moins de commerces qu'**avant.	Il y a **autant de monde que** d'habitude.
verbes	Les jeunes **consomment plus que** les adultes.	Les personnes âgées **consomment moins que** les enfants.	Les hommes **consomment autant que** les femmes.
adverbes	J'achète des vêtements **plus souvent que** toi.	Tu achètes des vêtements **moins souvent que** moi.	Nous faisons les soldes **aussi souvent que** vous.

Quand utilise-t-on *aussi … que* et *autant … que* ?
Dans quel cas le premier terme de la comparaison est-il suivi de *de / d'* ?

- **Le deuxième terme de la comparaison** est introduit par la conjonction *que*, mais il est souvent sous-entendu :
  *Ton quartier est **plus** animé (**que** mon quartier).*
- **Irréguliers :**
  *On a eu des jours **meilleurs** qu'aujourd'hui…*
  *Oh, ces chaussures sont **mieux** que les autres !*

Meilleur est le comparatif de quel adjectif ?
Mieux est le comparatif de quel adverbe ?

1 Réagissez aux affirmations suivantes en utilisant une comparaison.

1. Les adultes dorment autant que les enfants.
2. Les jeunes regardent plus la télévision que les personnes âgées.
3. Les vêtements pour enfants sont moins chers que les vêtements pour adultes.
4. Les médicaments génériques sont plus fiables que les médicaments de marque.
5. Les filles suivent plus la mode que les garçons.
6. Les marchés sont moins agréables que les hypermarchés.
7. La mode française est moins bien que la mode anglaise.
8. C'est plus pratique de faire les courses sur Internet que dans les magasins.
9. La course à pied est plus monotone que le football.
10. Les plats surgelés sont de meilleure qualité que les plats « faits maison ».

2 Remettez ces phrases dans l'ordre.

1. que / la / moins / la / noire / est / chère / bleue / jupe
2. de / vêtements / plus / que / achète / elle / moi
3. le / autant / il / samedi / que / de / le / vendredi / y / a / monde
4. que / cher / la / coûte / le / revue / journal / plus
5. le / portable / maintenant / fixe / utilise / téléphone / on / que / plus / le

3 Complétez les phrases suivantes avec *aussi … que / autant que / autant de.*

1. Le handball est … intéressant … le football, mais il n'a pas … succès.
2. Les femmes ne travaillent pas … les hommes, elles travaillent plus !
3. Les wagons-lits sont … chers … l'avion.
4. Muriel a … vacances … Didier.
5. Tu crois que les filles lisent … les garçons ?
6. Carole est … dynamique aujourd'hui … il y a 20 ans.

Le superlatif

Observez cette phrase :
*Tu seras **la plus jolie** du restaurant.*

Quelles sont les différences avec le comparatif ?

- **Le superlatif se forme** à partir du comparatif précédé d'un article défini.
  *Ce sont les pastilles **les plus efficaces** contre l'allergie.*
- Quand il est précisé, **le complément du superlatif** est précédé de la préposition *de* :
  *C'est la robe **la plus** élégante **de** toutes !*

Attention aux superlatifs de *bon* et *bien* !
*Il nous invite dans **le meilleur** restaurant **de** Nice.*
*C'est l'hôtel **le mieux** situé **de** la ville !*
*Prenez ce dentifrice, c'est le **meilleur**.*

4 Faites des phrases avec les éléments proposés. Utilisez des superlatifs.

1. avion - moyen de transport
2. français - langue
3. Paris - ville
4. « anticonstitutionnellement » - mot

Les pronoms compléments de lieu *y* et *en*

Observez ces phrases :
– *Je file au rayon femme.*
– *D'accord, je t'**y** rejoins plus tard.*

– *Je reviens de la cabine d'essayage.*
– *J'**en** sors aussi.*

Quels mots ou groupes de mots les pronoms *y* et *en* remplacent-ils ? Quelle est leur fonction ? Quelles prépositions précèdent ces groupes de mots ?

À quoi ça sert ?

En et *y* remplacent un mot ou un groupe de mots compléments de lieu.
- ***Y* indique le lieu où on va ou le lieu où on est.**
- ***En* indique le lieu d'où on vient.**

Maintenant, observez ces phrases :
*Le samedi matin, nous allons au centre commercial : nous **y** faisons les courses, nous **y** déjeunons et nous **en** revenons tout de suite après.*

*Elle connaît bien le quartier, elle **y** a vécu longtemps. Elle **en** est partie l'année dernière.*

*La cabine d'essayage est libre : allons-**y** vite !*

*Monsieur Pierre va entrer au gymnase à 14 h et il va **en** sortir à 16 h, comme tous les jours.*

Quelle est la place des pronoms *y* et *en* avec des verbes au présent, au passé composé, à l'impératif et au futur proche ?

- **À la forme négative**, les pronoms *en* et *y* se situent juste avant les verbes qu'ils accompagnent, après la première partie de la négation : *Je n'**y** vais jamais à pied.*

Attention à la prononciation !
N'oubliez pas de faire la liaison :
Vous‿en venez. Allons‿y !

5 Remplacez les compléments de lieu soulignés par le pronom qui convient.

1. Habituellement, vous allez <u>à l'école</u> en autobus ou à pied ?
2. Ils reviennent <u>de l'université</u> en voiture avec Pauline.
3. Tu repartiras <u>de Paris</u> en voiture avec ton frère ou tout seul en train ?
4. Il accompagne sa mère <u>au marché</u> toutes les semaines.
5. Elle est sortie <u>du bureau</u> à 17 h pour aller faire les courses, mais elle est retournée <u>au bureau</u> à 18 h 30 pour récupérer ses clés !
6. J'ai acheté une paire de bottes <u>dans cette boutique</u>.
7. Je suis resté <u>chez moi</u> jusqu'à 17 h, j'ai fait le ménage et regardé un film, puis je suis parti de <u>la maison</u> pour aller chez Clément.
8. Elle n'est pas revenue <u>de Rennes</u> en voiture parce qu'elle est tombée en panne.
9. Nous nous retrouvons <u>à la station Saint-Michel</u> à midi.
10. Je vais aller <u>au centre commercial</u> avec Lydia après les cours.
11. Je sors <u>de la douche</u> dans deux minutes, attends-moi !
12. La vie est vraiment très agréable <u>sur la Côte d'Azur</u>, surtout en hiver.

LEXIQUE

Pour s'habiller

1 Quels vêtements de la liste ci-dessous mettez-vous pendant la journée ? Et la nuit ? Lesquels sont des sous-vêtements ?

le slip • le pull-over • la chemise • la culotte • le manteau • le soutien-gorge • la chemise de nuit • le short • la robe de chambre • le maillot de corps • le tailleur • le pyjama • le caleçon • les chaussons • les chaussettes • le costume • la cravate • les collants

2 Dites à quels mots de la liste ci-dessous correspondent les devinettes suivantes. Ensuite, inventez d'autres phrases pour les mots restants.

la cabine d'essayage • la grande surface • le magasin • la pointure • le rayon parfumerie • la taille • la vitrine • la vendeuse • les achats

1. Je prends en général du 40 pour les chemises et du 42 pour les pantalons.
2. J'aime tellement les regarder qu'on m'appelle « Mme lèche-vitrine ».
3. Elle est pratique pour acheter tout ce qu'il faut, mais parfois trop grande et anonyme.
4. Je les ai essayés en 42, c'était trop grand ! En 41 ? C'était trop petit ! Finalement, je n'ai pas acheté de mocassins mais des baskets !
5. On y trouve tous les produits de toilette et de maquillage.

La pointure, la taille

Quelle est ta pointure ?
Tu chausses du combien ?
Je fais du 36.
Je les voudrais en 42.
Quelle taille tu prends ?
Quelle taille tu fais ?
Je mets du 40.

Demandez à votre voisin(e) la taille qu'il / elle prend pour ses vêtements et la pointure de ses chaussures.

3 Complétez le texte avec les verbes ci-dessous conjugués aux temps qui conviennent. Attention, il y a plus de verbes que de trous.

acheter • essayer • faire des achats • choisir • hésiter • plaire • aller bien / mal • avoir envie de • avoir besoin de

« Aujourd'hui, je me suis réveillée de très bonne humeur, alors j'ai décidé d'aller … dans les magasins du centre-ville. Je n'ai plus de collants et j'… de nouvelles chaussures d'été parce que les miennes sont usées. J'ai fait plein de magasins et finalement je … *(ne pas)* de chaussures parce que je n'ai rien vu à mon goût. Par contre, j'ai vu une robe qui m'… tellement bien que je … *(ne pas)* : j'… une robe longue à volants depuis des années, alors impossible de résister ! »

4 Formez des paires d'adjectifs contraires.

petit • large • grand • décontracté • laid • long • étroit • court • joli • habillé

Êtes-vous un(e) accro des achats ? D'un vêtement en particulier ou d'un accessoire ? Préférez-vous acheter dans une boutique, dans un centre commercial ou sur Internet ? Pourquoi ?

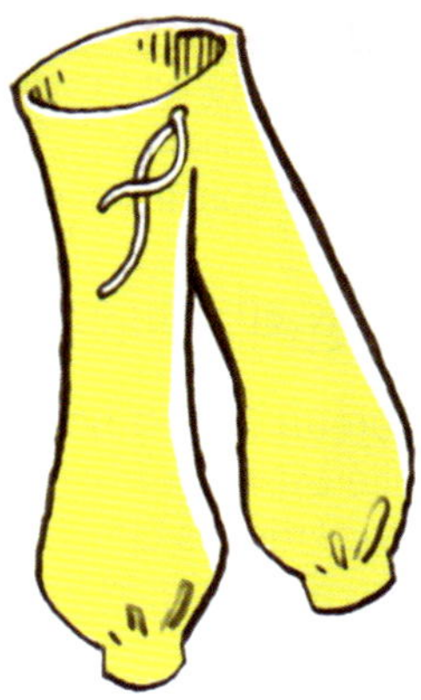

Accessoires et produits de toilette

5 Vous vous préparez pour partir en vacances. Qu'allez-vous mettre…

1. dans votre trousse à pharmacie ?
2. dans votre trousse de toilette ?

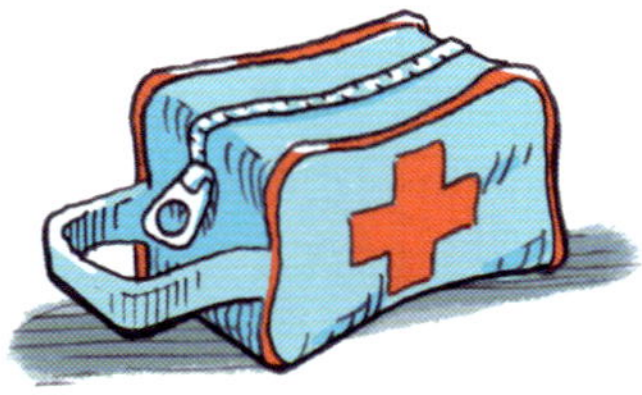

du gel douche • des comprimés • de l'alcool à 90 degrés • du shampoing • une brosse à dents • des pastilles pour la gorge • du déodorant • du savon • un thermomètre • du dentifrice • des pansements • un sirop • un rasoir • des produits de beauté • de la crème solaire • du coton • de la pommade

6 À la pharmacie. Quels produits et médicaments de la liste ci-dessus allez-vous acheter…

1. si vous êtes blessé(e) ?
2. si vous êtes enrhumé(e) ?
3. si vous avez mal à la gorge ?
4. si vous avez mal à la tête ?
5. si vous avez de la fièvre ?
6. si un insecte vous a piqué(e) ?

Commerces

7 Au bureau de tabac. Classez les noms ci-dessous par catégories et associez-les aux actions indiquées.

un timbre • des allumettes • un ticket d'autobus • du papier à lettres • une carte postale • un briquet • une revue • un journal • des cigarettes • un ticket de tram • des bonbons • des chewing-gums • un ticket de métro • une enveloppe • une grille de Tiercé, de Loto • un stylo • un magazine télé

1. écrire et envoyer du courrier
2. manger des friandises
3. fumer
4. lire
5. prendre les transports en commun
6. jouer à des jeux de hasard

Existe-t-il des bureaux de tabac dans votre pays ?
Quels articles pouvez-vous y acheter ?

Prononciation : [s]-[ʃ]-[z]-[ʒ]

1 Écoutez les différences : [s] comme « siffler », [ʃ] comme « chambre », [z] comme « pause », [ʒ] comme « page ».

2 Écoutez les mots suivants et dites dans quel ordre vous les entendez.

1. **a)** sous **b)** joue **c)** chou
2. **a)** assez **b)** haché **c)** âgé
3. **a)** casse **b)** cache **c)** cage
4. **a)** douche **b)** douce **c)** douze
5. **a)** asile **b)** agile **c)** Achille

3 Écoutez et répétez.

COMPÉTENCES

ÉCOUTER

1 Écoutez le premier dialogue et répondez aux questions.

1. Qu'est-ce qui arrive à Marielle ? Depuis quand ?
2. Qu'est-ce qui a provoqué cet état, selon son amie ? Marielle est-elle d'accord ?
3. Quels conseils lui donne son amie ?
4. Quel(s) autre(s) symptôme(s) présente-t-elle ?
5. Que va-t-elle faire finalement ?
6. Que lui dit son amie pour la tranquilliser ?

2 Écoutez le deuxième dialogue et dites si c'est vrai ou faux. Corrigez les phrases fausses.

1. Marielle va chez le docteur le jour même.
2. Le docteur lui demande quels symptômes elle présente.
3. Elle a immédiatement pensé à une grippe intestinale.
4. Elle a un peu de fièvre.
5. Le docteur affirme qu'il s'agit d'un coup de froid avant même de l'examiner.

3 Maintenant, dites lequel des deux dialogues relève du registre familier et lequel d'un registre plus formel. Qu'est-ce qui vous permet de le dire ?

Parler d'un problème de santé : Vous avez de la fièvre ? – Il tousse. – Je ne me sens pas très bien. – Elle a mal au ventre. – Elle a vomi. – Je voudrais quelque chose pour soigner mon rhume. – Vous avez ces symptômes depuis combien de temps ? – Où est-ce que vous avez mal ?

PARLER

4 À la pharmacie. Thomas ne se sent vraiment pas bien. Le pharmacien lui pose des questions et le conseille.

5 Collection de vêtements. Un(e) jeune couturier(ère) vous présente à vous et à votre ami(e) son premier catalogue. Vous donnez votre avis sur les modèles et le / la couturier(ère) défend sa collection.

Demander une opinion : Comment vous la trouvez ? – Qu'est-ce que vous en pensez ?

Parler de vêtements : Cette veste est très élégante. – Vous l'avez en bleu, ce pull ? – C'est une taille unique. – J'aimerais essayer ce pantalon – Ce chapeau est original ! – C'est un peu foncé. – Cette robe existe en quelles couleurs ?

Comparer : Il est aussi joli que l'autre. – Elle est plus facile à porter. – Elle est de meilleure qualité. – Elles sont mieux que les autres.

6 **Au magasin de chaussures. Deux ami(e)s vont dans un magasin de chaussures. L'un(e) veut s'acheter une paire de bottes, l'autre des baskets. Le / La vendeur(euse) les conseille.**

Parler des chaussures : Vous avez ces chaussures en 41 ? – Vous faites quelle pointure ? – Je chausse du 39.

Exprimer une préférence : J'aime mieux le rouge. – Je préfère les jupes longues. – Il vaut mieux prendre les chaussures noires.

Exprimer un doute : J'hésite entre les bleues et les noires. – Je ne sais pas si c'est mon style. – J'ai des doutes sur la couleur. – Je ne suis pas sûre de sa pointure.

7 **Au bureau de tabac. Un couple va au bureau de tabac. L'un(e) veut acheter des timbres et des cartes postales ; l'autre, des tickets d'autobus et des chewing-gums.**

Demander un prix et payer : Ça fait combien ? – Ça coûte combien ? – Vous n'avez pas la monnaie ? – C'est un gros billet et je n'ai plus de monnaie. – Je peux payer par carte de crédit ? – Vous payez en espèces ?

8 **Préparez un court monologue pour expliquer quel genre de consommateur(trice) vous êtes : comment, où, quand et avec qui vous faites généralement vos achats. Justifiez vos préférences.**

Stratégies

Comment procédez-vous pour préparer un monologue ?

- Je sélectionne les idées que je veux exprimer.
- Je les organise en différentes parties.
- Je prévois une façon de commencer et de finir mon intervention.
- J'écris le texte de mon intervention et je le mémorise avant de le présenter.
- Je cherche à réutiliser les mots que j'ai appris et à varier les mots que j'utilise.
- J'invente les mots que je ne connais pas.
- J'utilise seulement des mots que je connais.
- J'essaie de faire un monologue imaginatif, original, amusant… dans la mesure de mes possibilités.
- Je prévois des gestes, des mimiques pour me faire comprendre.
- Je m'entraîne à le dire à voix haute avant de le présenter devant le groupe.

Commentez vos réponses avec le groupe-classe.

Accueil > Santé

Tout sur le soleil

Ah... l'été arrive, on pense à la mer, à la plage et surtout au soleil... Quel plaisir (et même, quelle fierté) nous prenons à revenir de vacances avec une belle peau bronzée ! Que c'est bon de se réchauffer aux rayons du soleil ! Pourtant, méfiez-vous : cette délicieuse activité comporte des risques pour notre santé.

Il faut se protéger des rayons ultraviolets (UV) : ils ne produisent pas toujours de sensation de chaleur.

Ce sont surtout les fameux rayons ultraviolets (UV) qui font que le soleil est dangereux. Leur indice varie en fonction de sa position : entre 12 h et 16 h, il vaut mieux ne pas s'exposer. Attention, ces précautions sont à prendre dès le printemps ! Il faut se protéger à partir du mois d'avril car les UV ne produisent pas toujours de sensation de chaleur. Ne pensez pas non plus que dans l'eau, vous êtes protégé(e), bien au contraire !

Quels sont les risques ? Coups de soleil, vieillissement prématuré, allergies et, dans les cas les plus graves, cancers (mélanomes et carcinomes). Moins fréquent, mais à ne pas oublier : des lésions graves peuvent apparaître à court terme sur les yeux, comme une ophtalmie, la cataracte ou les dégénérescences de la rétine. Alors, protégez-vous les yeux avec de bonnes lunettes de soleil !

Soyez particulièrement prudent(e) si vous avez la peau et les yeux clairs, les cheveux roux ou blonds, si vous bronzez difficilement, si vous avez de nombreux grains de beauté (autour de 50 ou plus), ou des antécédents familiaux de mélanome. Enfin, certains médicaments peuvent vous rendre « photosensible », c'est-à-dire plus sensible au soleil.

Bref, soyez très prudent(e) au soleil et consultez régulièrement votre médecin traitant ou un dermatologue, tout particulièrement si vous détectez une anomalie comme une tache ou un grain de beauté qui change d'aspect rapidement (forme, taille, épaisseur, couleur). Avec ces précautions, vous êtes prêt(e) pour l'été !

Pas question, en effet, de se priver complètement du soleil ! Pourquoi ? Parce que la lumière qu'il dégage contribue à notre bonne humeur, et parce qu'il permet la fixation du calcium sur les os en synthétisant la vitamine D. Quinze minutes d'exposition par jour suffisent !

9 **Lisez le texte et répondez aux questions suivantes.**

1. Ce texte est tiré…
   a) d'un prospectus.
   b) d'un guide touristique.
   c) d'un magazine santé.
2. Le but de ce texte est…
   a) de présenter un témoignage.
   b) d'informer et de prévenir.
   c) de préparer les vacances.

10 **Dites si c'est vrai ou faux, ou si on ne sait pas.**

1. En été, en général, on aime s'exposer au soleil.
2. Il faut se protéger du soleil toute l'année.
3. À certaines heures, le soleil est plus dangereux qu'à d'autres.
4. Si on se baigne, on risque moins d'attraper un coup de soleil.
5. Les conséquences de l'exposition aux ultraviolets sont négatives uniquement pour la peau.
6. On court tous les mêmes risques face au soleil.
7. Surveiller régulièrement les grains de beauté permet la détection précoce d'éventuelles lésions cutanées.
8. Si on prend ces précautions, le soleil ne représentera pas un danger.
9. Le soleil a aussi des effets positifs sur notre santé.
10. Ce texte donne une vision négative du soleil.

ÉCRIRE

11 **En imitant ce modèle, inventez une nouvelle devinette.**

DEVINETTE

Quoi de plus fort que le fer ?
– *Le feu.*

Quoi de plus fort que le feu ?
– *L'eau.*

Quoi de plus fort que l'eau ?
– *Le soleil.*

Quoi de plus fort que le soleil ?
– *Les nuages.*

Quoi de plus fort que les nuages ?
– *La montagne.*

Quoi de plus fort que la montagne ?
– *L'homme.*

Quoi de plus fort que l'homme ?
– *La femme.*

Muriel Bloch, 365 contes pour tous les âges.

La reine des vitrines

Participez au concours de la plus belle vitrine : incitez-nous à rentrer dans votre boutique ou sur votre site, faites-nous rêver, donnez-nous envie de faire du lèche-vitrine !

1 **Formez des petits groupes et lisez le règlement du concours.**

2 **Préparez votre vitrine en tenant compte des critères mentionnés dans le règlement. Attention ! Au moment de la présentation, tous les membres du groupe devront intervenir.**

3 **Vous êtes prêt(e)s ? Présentez votre projet au jury !**

Article 1 – Participation

La participation au concours est gratuite et ouverte à tous et à toutes.
Elle se fera sur la base d'équipes de cinq personnes.

Article 2 – Objet

Ce concours a pour objet de mettre en valeur un / des service(s) ou produit(s) à travers la conception d'une vitrine qui sera ensuite défendue devant un jury. Deux modalités au choix :

- vitrine physique.
- vitrine virtuelle sur le net.

Les produits seront accompagnés d'un slogan publicitaire.

Article 3 – Délai d'inscription

La date limite pour la remise des projets et leur présentation sera fixée par le professeur.

Article 4 – Le jury

Le jury sera constitué des autres groupes. Chaque équipe devra évaluer les autres équipes en attribuant une note de 1 (-) à 5 (+) pour chacun des critères suivants :

- Impact visuel (mise en valeur des services ou produits)
- Originalité et créativité
- Impact du slogan
- Beauté de l'ensemble
- Clarté de la présentation orale
- Fluidité de l'expression

Article 5 – Prix / Récompense

L'équipe qui obtiendra le total le plus élevé sur 30 sera proclamée gagnante du concours et se verra décerner le Grand Prix du Jury.

unité **12**

Souvenirs

À la fin de l'unité 12, vous serez capable de...

- **comprendre un message sur un répondeur.**
- **comprendre et participer à des discussions, des conversations (souvenirs d'enfance, animaux domestiques).**
- **comprendre des textes descriptifs (paysages).**
- **faire la description d'un paysage.**

TÂCHE FINALE :
« Jeu de l'oie »

Pour cela, vous apprendrez à...

- décrire un paysage, une ambiance.
- parler d'actions qui se répètent dans le passé.
- faire des appréciations.
- rapporter les paroles d'une autre personne.
- reconnaître le registre familier.

Stratégies
Comment décrire une photo ou un dessin.

SITUATION 1

Ambiance bretonne

THOMAS VAUTHIER. Photographe

Portfolio Contact

Souvenirs de vacances !

21 mai | Catégorie : Personnel

J'ai retrouvé hier sur l'ordi de mes parents des photos de Bretagne d'il y a quelques années. Ça m'a rappelé de bons souvenirs !

J'étais là-bas avec des copains, on assistait à un festival de musique, il y avait plein de groupes qui nous branchaient. C'était le week-end du 14 juillet, on faisait le pont. Mais il y avait un hic : on n'avait pas beaucoup d'argent, pas assez pour se payer un hôtel, on préférait pouvoir se payer les entrées aux concerts, et les auberges de jeunesse étaient déjà pleines. Un copain nous a parlé du camping chez l'habitant, ça coûtait vraiment pas cher, moins cher que les auberges même, et on pouvait planter notre tente chez des gens qui possédaient un terrain. C'est ce qu'on a fait, les proprios étaient très sympas.

Le festival était génial, il y avait une sacrée organisation, pas mal de bénévoles. On prenait une navette pour se déplacer. Moi, c'était la première fois que je mettais les pieds dans ce coin-là, c'est vrai qu'il faisait pas très chaud mais comme il y avait de l'ambiance, on s'en rendait pas compte, on chantait, on dansait, on s'agitait. Et puis on mangeait des crêpes et des galettes, je sais pas combien ils en faisaient par jour mais ils passaient toute la journée à en faire. Les concerts, c'était le summum ! Il y avait cinq scènes et une programmation hyper variée. Géant !

1 De quel type de document s'agit-il ?

a) Une note sur un blog.
b) Un extrait de roman.
c) Un article de journal.

2 Lisez le texte et retrouvez dans cette liste les thèmes abordés.

a) vacances
b) musique
c) visites de musées
d) hébergement
e) voyage
f) ambiance
g) argent
h) plage
i) météo
j) programme
k) monuments
l) randonnées

3 Relisez le texte et répondez aux questions.

1. Qu'est-ce que Thomas explique à propos des photos ?
2. Qu'est-ce qui conditionnait son séjour en Bretagne ?
3. Quel type d'hébergement était le moins cher ?
4. Comment était organisé le festival ?
5. Que faisaient les participants au festival ?
6. Quelles impressions du festival a gardées Thomas ?

Festivals de musique

- Le festival des **Trans Musicales** a lieu chaque été à Rennes, en Bretagne.
- **D'autres festivals français :** le Printemps de Bourges, les Vieilles Charrues de Carhaix, les Eurockéennes de Belfort, les Francofolies de la Rochelle et Rock en Seine.

4 Repérez les expressions qui sont utilisées dans le texte pour…

1. **décrire une ambiance.**
2. **parler d'actions qui se répètent dans le passé.**
3. **faire des appréciations positives.**

5 Ce texte appartient au registre familier. Quelles marques de ce registre pouvez-vous identifier ?

SITUATION 2
Mes meilleurs amis

Voir la transcription, p. 200.

1 **Écoutez le document. Combien de personnes parlent ? Qui sont-elles ? Où sont-elles ?**

2 **Choisissez l'option correcte.**

1. Quel est le ton de Benoît au téléphone ?
   - **a)** Très ému et pressant.
   - **b)** Très calme et assez froid.
   - **c)** Énervé et agressif.
2. Il cherche principalement dans ce message à…
   - **a)** informer ses amis de son installation en Belgique.
   - **b)** convaincre ses amis d'adopter son chat.
   - **c)** raconter les malheurs de son chat, qu'il aime beaucoup.
3. Pour répondre à Benoît, le couple…
   - **a)** n'arrive pas à se mettre d'accord.
   - **b)** se met tout de suite d'accord.
   - **c)** préfère réfléchir un peu.

3 **Réécoutez le dialogue et répondez aux questions suivantes.**

1. Qu'est-ce que Benoît demande à Manue ?
2. Pour quelles raisons lui demande-t-il ce service ?
3. Quels arguments donne-t-il pour que le couple accepte ?
4. Que pense Manue de la proposition de Benoît ? Est-elle pour ou contre ?
5. Son compagnon pense-t-il la même chose qu'elle ? Justifiez votre réponse.

4 **Quelles marques du langage familier relevez-vous dans cette situation ?**

5 **Repérez les expressions qui sont utilisées dans le dialogue pour…**

1. **rapporter les paroles d'une autre personne.**
2. **faire des appréciations positives et négatives.**

6 **Quelle sera, à votre avis, la fin de l'histoire ? Pourquoi ?**

Pratique

« **Si ça se trouve** » signifie :
a) « pas possible ».
b) « peut-être ».

Animaux de compagnie

✚ La France est **un des pays d'Europe où il y a le plus d'animaux de compagnie**.

✚ **Il y a maintenant plus de chats que de chiens**, en raison de l'évolution du mode de vie : logements réduits, absence de jardins…

GRAMMAIRE

L'imparfait

Observez ces phrases et repérez les verbes à l'imparfait :
J'étais là-bas avec des copains, on assistait à un festival de musique, il y avait plein de groupes qui nous branchaient.

On chantait, on dansait, on s'agitait. Et puis on mangeait des crêpes et des galettes.

À quoi ça sert ?
L'imparfait sert…
- à **décrire dans le passé :** *Le festival était génial, il y avait une sacrée organisation.*
- à **évoquer des actions qui se répètent dans le passé :** *On prenait une navette pour se déplacer. On mangeait des crêpes.*

- **Formation :**
L'imparfait se forme à partir du **radical de la première personne du pluriel du présent de l'indicatif suivi des terminaisons :** ***-ais, -ais, -ait, -ions, -iez, -aient***.

danser	partir	finir	avoir	Le seul verbe irrégulier : **être**
je dans**ais**	je part**ais**	je finiss**ais**	j'av**ais**	j'ét**ais**
tu dans**ais**	tu part**ais**	tu finiss**ais**	tu av**ais**	tu ét**ais**
il dans**ait**	elle part**ait**	on finiss**ait**	il av**ait**	elle ét**ait**
nous dans**ions**	nous part**ions**	nous finiss**ions**	nous av**ions**	nous ét**ions**
vous dans**iez**	vous part**iez**	vous finiss**iez**	vous av**iez**	vous ét**iez**
ils dans**aient**	elles part**aient**	ils finiss**aient**	elles av**aient**	ils ét**aient**

Combien de formes différentes constatez-vous à l'oral ? Et à l'écrit ?

Attention à la prononciation !
Distinguez le présent et l'imparfait : *je passe / je passais*, *il chante / il chantait*, *ils perdent / ils perdaient*…

Quel temps verbal présente les formes les plus longues ?

1 Indiquez la forme verbale que vous entendez.

1. Ça *se passe / se passait* à Marseille.
2. J'*étudie / étudiais* l'anglais.
3. Elle *se lève / se levait* tôt.
4. Tu *regardes / regardais* dehors.
5. Nous *acceptons / acceptions* le cadeau.
6. Vous *vous fâchez / vous fâchiez* souvent.
7. Ils *travaillent / travaillaient* ici.
8. Je *téléphone / téléphonais* tous les jours.

2 Conjuguez les verbes à l'imparfait entre parenthèses.

1. J'… (avoir) 15 ans, j'… (être) en 3e au lycée Baudelaire. J'… (habiter) avec mes grands-parents à Roubaix car mes parents … (voyager) beaucoup à cause de leur travail. Avec des amis, nous … (avoir) un groupe de rock et nous … (répéter) deux fois par semaine dans une cave que les parents d'un copain nous … (prêter).
2. Dans ma jeunesse, je … (vivre) dans une ferme dans le Midi. C'… (être) formidable. Mes parents (s'occuper) des champs et … (aller) au marché tous les samedis. Je les … (accompagner) et j'… (adorer) parler avec les clients. On … (avoir) aussi des vaches, des lapins et des poules. Je m'… (occuper) de leur donner à manger et je … (ramasser) les œufs.

3 Dites, pour chacune des phrases suivantes, la valeur de l'imparfait : description ou habitude.

1. En 1994, j'avais 16 ans et j'habitais à Nice.
2. Avant, elle possédait plusieurs restaurants qui marchaient très bien.
3. À l'âge de 10 ans, il jouait au rugby deux fois par semaine.
4. Il faisait très chaud et les enfants se baignaient dans les fontaines du village.
5. Les manifestants attendaient l'arrivée du PDG devant la porte de l'entreprise.
6. Quand j'étais petite, je passais tous les étés chez ma tante Aurélie.

Le discours indirect

Obsvervez cette phrase :
Benoît nous demande de *prendre Moogly chez nous.*

À quoi ça sert ?
Le discours indirect sert à **rapporter les paroles de quelqu'un**.

Observez ces phrases et comparez :

Benoît laisse un message sur le répondeur.	Manue rapporte les paroles de Benoît.
Finalement, je ne peux pas l'emmener à Bruxelles. Alors j'ai pensé à vous, mes meilleurs amis. Vous avez un jardin, un grand appartement, vous connaissez bien Moogly.	*Il dit qu'il ne peut pas l'emmener en Belgique. Il dit que nous on a un jardin, un grand appartement… et il dit aussi qu'on est ses meilleurs amis, qu'on connaît bien Moogly.*
Si vous voulez, prenez-le chez vous pour une semaine, pour essayer… S'il vous plaît, faites ça pour moi !	*Benoît nous propose de le garder une semaine pour voir. Il nous demande de faire ça pour lui.*
Vous êtes d'accord ? Alors, qu'est-ce que vous en pensez ? Quand est-ce qu'on peut se voir ?	*Il demande si nous sommes d'accord. Il veut savoir ce que nous en pensons. Il demande quand on peut se voir.*

Quelles différences constatez-vous entre le message de Benoît et ce que dit Manue (mots interrogatifs, pronoms personnels, adjectifs possessifs…) ?

discours direct	discours indirect
phrases déclaratives	→ *Il dit, affirme, annonce...* ***que*** + indicatif
phrases impératives	→ *Il demande, ordonne, propose, dit…* ***de*** + infinitif
phrases interrogatives (questions totales)	→ *Il demande, veut savoir...* ***si*** + indicatif
phrases interrogatives avec *qu'est-ce que*	→ *Il demande, veut savoir…* ***ce que*** + indicatif
phrases interrogatives avec *où / quand…*	→ *Il demande, veut savoir* ***où / quand****…* + indicatif

4 Transformez les déclarations au discours indirect.

1. Elle dit : « Je suis très fatiguée ».
2. Il répète souvent : « Je vais me mettre au régime ».
3. Vous dites : « Nous sommes amoureux ».
4. Tu réponds : « Je ne sais pas ».
5. Le petit garçon dit : « Papa, j'ai froid ».
6. Nous affirmons : « Cest notre faute ».

5 Transformez les phrases suivantes au discours direct.

1. Elle dit à ses parents qu'ils sont trop sévères.
2. Il demande à son fils d'aller acheter du pain.
3. Elle lui propose d'aller prendre un café.
4. Nous vous conseillons de ne plus attendre.
5. Je veux savoir si vous êtes prêts à m'aider.
6. Nous te demandons de patienter.

6 Transformez les questions suivantes au discours indirect.

1. Elle leur demande : « Avec qui vous sortez ? »
2. Les filles demandent à un passant : « Où se trouve la mairie ? »
3. Je demande à mon fils : « Quand est-ce que tu veux goûter ? »
4. Elle lui demande : « Quel âge as-tu ? »

7 Transformez les questions au discours indirect.

1. Mon frère me demande : « Tu vas sortir ? »
2. Maman demande à papa : « Qu'est-ce que tu veux pour dîner ? »
3. Julie demande à sa tante : « Tu veux bien m'inviter ? »
4. Elle se demande : « Vais-je réussir ? »
5. Je demande aux copains : « On va au cinéma ? Qu´est-ce qu'on va voir ? »
6. Ils me demandent : « Qu'est-ce que tu aimes comme films ? »

LEXIQUE

Les vacances

1 **Complétez les phrases suivantes à l'aide des mots ci-dessous.**

vacances • congés • pont • jour férié

1. Le premier mai est un ... dans presque tous les pays du monde.
2. Et dire qu'il y a des gens qui n'aiment pas les ... et qui préfèrent travailler !
3. Les ... payés ont été une grande conquête sociale du XXe siècle.
4. C'est génial, cette année, le 14 juillet tombe un jeudi, on peut faire le ... !

Quels sont vos jours fériés préférés ? Pourquoi ?

2 **Relevez dans le texte suivant toutes les expressions qui font référence aux vacances, puis posez des questions à vos voisin(e)s en les réutilisant.**

« Cette année, je n'ai pas droit à beaucoup de jours de vacances parce que je viens de rentrer dans l'entreprise, et je ne peux pas non plus choisir mes dates, mes collègues ont déjà posé leurs congés. Je les prendrai finalement du 28 août au 3 septembre pour faire un tour dans le Vercors. Je partirai quand presque tous mes collègues reviendront... Ça sera bizarre mais bon, il y aura moins de monde sur les routes ! Qu'est-ce que j'ai envie de changer d'air ! »

Partirez-vous bientôt en vacances ? Quand ? Où ? Quand rentrerez-vous ?

Les paysages

3 **Classez les mots ci-dessous dans les catégories suivantes : « campagne », « montagne » et « mer ». Ensuite, pour chaque catégorie, inventez une courte histoire en utilisant le maximum de mots de la liste.**

un port • un champ • une colline • un pêcheur • un pré • le sable • un rocher • un arbre fruitier • l'herbe • une vague • un sommet • un col • la marée • une plage • un chemin • un sapin • la côte • une ferme • un torrent • une rivière

4 **À quel mot de la liste correspond chaque devinette ? Dites s'il appartient au lexique des pays chauds, des pays froids ou des deux.**

Inventez des phrases pour les mots qui n'ont pas été définis.

la neige • la dune • le sable • la glace • le désert • la steppe • la forêt • l'oasis • la pierre • le fleuve • la savane

1. Elle forme une colline de sable doré.
2. On fait des igloos avec.
3. Sous les tropiques, on la dit vierge.
4. Les palmiers et l'eau en font un précieux refuge dans le désert.
5. On dit que le lion en est le roi.

Avez-vous une préférence pour les pays chauds ou pour les pays froids ? Pourquoi ?

La faune

5 **Associez les noms d'insectes aux photos, puis dites ceux qui vous sont sympathiques et ceux que vous aimez moins.**

a) une abeille
b) un moustique
c) une cigale
d) une sauterelle
e) une libellule
f) une fourmi
g) une coccinelle
h) une mouche
i) un papillon

Avez-vous une anecdote à raconter au sujet d'un de ces insectes ?

6 **Voici quelques animaux domestiques. Pouvez-vous continuer cette liste ?**

un cheval • une vache • un mouton • une tortue • un oiseau • un canard • une poule • un poisson rouge

Quels sont les animaux que vous considérez comme des animaux de compagnie ?
En avez-vous un ? Lequel ? Décrivez-le.

Prononciation : des virelangues pour s'amuser !

1 **Reconstituez cinq virelangues à partir des éléments suivants. Ensuite, écoutez l'enregistrement pour vérifier.**

1. Le ver vert va
2. Ton thé t'a-t-il
3. Cinq chiens
4. Zazie causait avec
5. La robe rouge de Rosalie
6. Lily lit le livre

a) chassent six chats.
b) est ravissante.
c) dans le lit.
d) vers le verre vert.
e) sa cousine en cousant.
f) ôté ta toux ?

2 **Écoutez-les, répétez-les et entraînez-vous à les prononcer.**

COMPÉTENCES

ÉCOUTER

1 Écoutez le dialogue. Qui parle ?

2 Réécoutez le dialogue, puis indiquez les réponses correctes.

1. Julien annonce à ses parents qu'il a eu 16/20 de moyenne.
a) Ils se montrent indifférents.
b) Ils le félicitent.
c) Ils sont déçus.

2. Comme il a eu de très bons résultats, il leur demande s'il peut avoir un chien.
a) Ses parents hésitent.
b) Sa mère refuse.
c) Son père refuse.

3. Sa mère essaie de le convaincre que ce n'est pas une bonne idée.
a) Julien lui donne raison.
b) Julien insiste.
c) Julien demande à ses parents de réfléchir.

4. Dans un deuxième temps, Julien…
a) critique l'attitude de ses parents.
b) accepte les arguments de sa mère.
c) essaie de convaincre son père.

5. Le père propose un compromis à sa femme.
a) Elle trouve que c'est une bonne idée.
b) Elle refuse.
c) Elle ne sait pas si ses parents seront d'accord.

6. Ce compromis implique de parler…
a) avec les grands-parents.
b) avec les voisins.
c) avec les grands-parents et les voisins.

LIRE

3 Observez la photo suivante, puis lisez la description.

J'adore cette photo ! Le paysage était magnifique.

Au fond, à l'horizon, il y a une forêt et juste en dessous, de grandes chutes d'eau ; elles sont hautes et larges, elles forment des cascades sur deux niveaux. Au-dessus, on voit un ciel bleu avec quelques nuages entre le blanc et le gris. Au centre, un fleuve coule à toute vitesse. La scène est encadrée par des branches d'arbres.

Au premier plan, on peut voir un groupe de touristes appuyés à une barrière. Ils portent des vêtements d'été, il y en a qui ont des sacs à dos. Je suis tout près d'un garçon qui porte un tee-shirt blanc et un sac sur les épaules. À ma gauche, une personne pose son bras sur le dos de son voisin. Moi, j'ai une barrette dans mes cheveux bruns et raides, et j'ai un grand sac imprimé.

Vous m'avez trouvée ? Je m'appelle Émilie et je fais du tourisme vert.

1. Où est Émilie ? Qu'est-ce qui vous a permis de l'identifier ?

2. Dans quel ordre Émilie aborde-t-elle les points suivants ?

   a) La description des personnes autour d'elle.
   b) Son identité et les raisons de sa présence ici.
   c) La description du décor.
   d) Sa situation sur la photo et sa description.

3. Identifiez les mots ou expressions qui servent à situer les personnages et les éléments du décor.

4 Observez la photo suivante, puis lisez la description.

C'était l'été. Nous étions sur une plage de sable noir pleine de pingouins. Au fond, on voyait des montagnes vertes. Le ciel était gris, mais il ne pleuvait plus.

Juste en face de nous, deux jeunes phoques jouaient comme si nous n'étions pas là à les observer, à vouloir les prendre en photo. Ils nous ignoraient. Ils se faisaient face, la moitié du corps dressée au bord de l'eau, et criaient. Leur cri était une sorte d'aboiement rauque, on l'appelle le « onche ».

Moi, j'étais en face d'eux, je les voyais de profil. J'attendais le bon moment pour les prendre en photo. Je portais un pantalon noir, un k-way bleu et des lunettes de soleil.

Vous avez deviné qui je suis ? Bravo ! C'était mon premier voyage en Antarctique.

1. Retrouvez le narrateur.
2. Dans quel ordre le narrateur aborde-t-il les points suivants ?

   a) Sa description.
   b) Sa situation sur la photo.
   c) La description des phoques.
   d) La description du décor.
   e) Le contexte de la photo.

3. Identifiez les mots ou expressions qui servent à situer les éléments de la photo et à les décrire.

COMPÉTENCES PARLER

5 **Décrivez la photo suivante.**

Stratégies

Comment faites-vous pour décrire une photo ou un dessin ?

- Je commence par décrire le décor.
- J'organise les différents éléments à décrire de gauche à droite ou de droite à gauche, ou de l'arrière-plan au premier plan…
- Je décris en détail les personnes, les animaux ou les objets qui y apparaissent.
- Je situe le moment où la photo a été prise : la saison, le moment de la journée…
- Je situe l'endroit où elle a été prise.
- Si ça me paraît utile, j'explique pourquoi elle a été prise et par qui.

Commentez vos réponses avec le groupe-classe.

Décrire une photo : Au fond, à l'horizon, il y a une forêt et juste en dessous, de grandes chutes d'eau. – Au-dessus, on voit un ciel bleu avec quelques nuages entre le blanc et le gris. – Au centre, un fleuve coule. – Au premier plan, on peut voir un groupe de touristes appuyés à une barrière. – Au fond, on voyait des montagnes vertes. – Juste en face de nous, deux jeunes phoques jouaient.

6 **Par groupes de trois, parlez de vos photos de voyage préférées.**

Décrire au passé : J'étais dans un camping. – Il y avait de l'ambiance. – On n'avait pas beaucoup d'argent. – Le paysage était surprenant.

7 Parlez de votre enfance à votre voisin(e) : décrivez vos habitudes, votre tempérament de l'époque, l'endroit où vous habitiez…

8 Par groupes de trois, dites si vous avez ou si vous avez eu un animal de compagnie, et racontez vos expériences.

9 Débat : que pensez-vous des « NAC », les nouveaux animaux de compagnie ?

Parler d'actions répétées dans le passé : Dans la journée, on marchait un peu. – Je faisais beaucoup de sport, à l'époque. – J'allais au parc tous les jours avec mon père et mon chien.

Faire des appréciations : C'était fascinant. – Le paysage était surprenant. – Il exagère.

ÉCRIRE

10 Des deux photos suivantes, laquelle vous inspire le plus ? Imaginez : vous connaissez ce paysage, vous l'avez vu de vos propres yeux. Décrivez-le et racontez une expérience liée à cet endroit. (90 mots)

12

Jeu de l'oie

Le français et sa culture n'ont (presque) plus de mystère pour vous ! Personnalisez ce jeu de l'oie et mettez vos connaissances à l'épreuve.

1 Formez cinq groupes. Chaque groupe prépare des consignes qui portent sur les contenus de l'unité 12 pour compléter les cases du jeu.

2 Une fois le jeu complété, passez-le au groupe voisin.

3 Chaque groupe joue. Que le meilleur gagne !

LA VITRINE DU XXe SIÈCLE

Associez chaque texte à une photo.

1

2

3

4

5

A Préfet de la Seine, il a imposé aux Parisiens l'usage de ce récipient fait pour recevoir les déchets des ménages en 1884, et il lui a donné son nom. C'est la …

B C'est un baron qui le met au point et le lance en 1950. Il a sa place au Moma et au centre Pompidou. C'est le seul de son espèce à avoir droit à l'écolabel *NF Environnement*, depuis 2009, pour sa longueur d'usage et sa légèreté. Vous avez deviné ?

C Qu'est-ce qui doit être économique à l'achat et à l'entretien, rapide à fabriquer, robuste et qui peut rouler partout ? Elle fait son entrée au Salon Automobile en 1948, elle a tourné dans bien des films, elle a maintenant son musée, c'est la célèbre…

D L'effet d'une bombe ! La maison Réard le lance en 1946. Il porte le nom d'un atoll du Pacifique où vient d'exploser la première bombe atomique. C'est la révolution sur la plage !

E Autre révolution, en cuisine, cette fois ! C'est une marmite qui siffle, fait gagner du temps et permet de faire de bons petits plats. À sa naissance, elle s'est appelée Caroline mais maintenant, on l'appelle la…

Existe-t-il dans votre pays des objets qui ont marqué la vie quotidienne et / ou sont devenus « mythiques » ? Présentez-les aux autres sous forme de devinettes.

Une palette de paysages francophones

Trouve-t-on ces paysages dans votre pays ? Ces photos vous donnent-elles envie de les voir de plus près ? Quels paysages choisiriez-vous pour représenter votre région ?

Et pour finir en beauté : un quiz sur les paysages en peinture !

1 Quel peintre a représenté des paysages de la Polynésie française ?

a) Toulouse-Lautrec.
b) Gauguin.
c) Renoir.

2 Qui a peint plusieurs tableaux de la Montagne Sainte-Victoire ?

a) Cézanne.
b) Degas.
c) Matisse.

3 Quel petit port des Pyrénées orientales a servi d'inspiration à de nombreux peintres ?

a) Argelès.
b) Banyuls.
c) Collioure.

4 Le mot « impressionnisme » trouve son origine dans le titre d'un tableau de Claude Monet : « Impression, soleil levant ». Que représente ce tableau ?

a) Un champ de fleurs.
b) L'entrée d'un port.
c) Un étang plein de nénuphars.

5 Où se trouve la ville où Van Gogh a peint son tableau « La nuit étoilée » ?

a) Sur les bords du Rhône.
b) Sur les bords de la Seine.
c) Sur les bords de la Garonne.

C'est à dire ! A1

Bilans communication

Précis grammatical

BILAN COMMUNICATION

ÉCOUTER

1 Écoutez le dialogue, puis dites si c'est vrai ou faux.

1. Robert téléphone à Antoine.
2. Antoine invite Robert à une randonnée dimanche.
3. Robert n'est pas libre dimanche.
4. Il a un repas de famille.
5. Ils vont au restaurant pour fêter l'annonce du mariage de sa fille.

2 Réécoutez le dialogue, puis choisissez l'option correcte.

1. Robert…
   - **a)** va mal.
   - **b)** va très bien.
   - **c)** va moyennement bien.
2. Robert…
   - **a)** va aller à la pêche avec ses amis, dimanche.
   - **b)** ne peut pas aller à la pêche avec ses amis parce qu'il a un repas de famille.
   - **c)** va aller à la pêche et au repas de famille.
3. Dimanche c'est un grand jour parce que…
   - **a)** la fille de Robert vient déjeuner avec son copain.
   - **b)** le fils de Robert vient déjeuner avec sa copine.
   - **c)** le frère de Robert vient lui rendre visite.
4. Les parents de Jérôme…
   - **a)** connaissent sa copine, Léna.
   - **b)** n'ont aucune information sur Léna.
   - **c)** connaissent Léna à travers des photos.
5. Léna…
   - **a)** n'est pas très jolie, mais elle a l'air sympa.
   - **b)** est jolie, mais elle n'a pas l'air sympa.
   - **c)** est très jolie et elle a l'air sympa.
6. Pour l'occasion,…
   - **a)** toute la famille va au restaurant.
   - **b)** la femme de Robert va préparer sa spécialité.
   - **c)** Robert va cuisiner sa spécialité.

Les enregistrements des activités 1 et 2 sont disponibles dans le coffret audio de la classe (CD 3 du Livre).

PARLER

3 Par groupes de deux, jouez la scène. Vous vous inscrivez à la médiathèque de votre ville. Le / La bibliothécaire vous pose des questions pour remplir votre fiche d'inscription.

LIRE

Colocation

Accueil | Forum | Quoi de neuf ?

1 message • Page 1 sur 1

Forum colocation
De : Charlotte

Bonjour,
Je suis étudiante en sciences et je cherche une chambre à louer à partir du mois d'octobre prochain.
Je suis très sociable et sportive : j'anime le club photo de la fac et je suis membre du club d'athlétisme.
Le matin, je commence les cours à 8 heures, tous les jours. Cette année, j'ai beaucoup d'examens, alors je recherche une ambiance calme.
Je déjeune au RU tous les midis et après, je travaille à la bibliothèque, donc je suis absente toute la journée. Je rentre pour dîner, vers 19 heures.
Je suis organisée et disposée à participer aux tâches ménagères, bien sûr ! J'adore faire la cuisine et mes amis aiment beaucoup mes pizzas. Mais je peux aussi faire les courses ou le ménage.
Ah ! Je rentre chez moi, à Morlaix, un week-end sur deux et pour les vacances.
Voilà, j'attends vos réponses avec impatience !
À bientôt,
Charlotte

Répondre

4 Lisez ce message extrait d'un forum, puis répondez par vrai ou faux.

1. Charlotte veut partager un appartement avec d'autres étudiant(e)s pour la rentrée universitaire.
2. Elle est très timide, mais elle participe à des activités dans différents clubs.
3. Elle a cours tous les matins de bonne heure.
4. Elle n'est pas très sérieuse dans ses études et elle fait beaucoup la fête.
5. Elle rentre déjeuner tous les midis.
6. Elle est d'accord pour participer aux tâches ménagères.
7. Sa spécialité culinaire, ce sont les pizzas.
8. Elle rentre exceptionnellement dans sa famille.

ÉCRIRE

5 Un artiste contemporain va réaliser une grande fresque murale de la fraternité. Il recherche des modèles avec des âges, des caractéristiques physiques et des personnalités différents. Présentez-vous et faites votre portrait physique et psychologique. (60 mots)

ÉCOUTER

1 Écoutez le dialogue, puis dites si c'est vrai ou faux.

1. Une dame entre dans une agence immobilière.
2. Elle veut acheter un appartement.
3. Elle a une idée précise de l'appartement qu'elle recherche.
4. Elle voudrait habiter dans le quartier où se trouve l'agence.
5. Elle est née dans ce quartier.
6. Ce quartier n'a pas beaucoup changé.
7. Elle veut un logement près de son lieu de travail, dans un quartier commerçant.
8. L'agent lui propose de lui envoyer des offres.

2 Réécoutez le dialogue, puis choisissez l'option correcte.

1. La dame veut louer un…
   - **a)** studio.
   - **b)** T3.
   - **c)** T5.
2. Elle aimerait…
   - **a)** une terrasse ou un balcon.
   - **b)** un garage.
   - **c)** un ascenseur.
3. Elle voudrait habiter dans ce quartier parce qu'elle…
   - **a)** est née dans ce quartier.
   - **b)** a habité dans ce quartier.
   - **c)** a des amis dans ce quartier.
4. D'après elle, c'est un quartier…
   - **a)** commerçant, bien desservi et avec une bonne ambiance.
   - **b)** calme avec des espaces verts.
   - **c)** touristique.
5. D'après l'agent immobilier, le quartier a changé et les prix…
   - **a)** ont baissé.
   - **b)** ont augmenté.
   - **c)** vont augmenter.
6. Finalement, l'agent lui suggère…
   - **a)** de chercher dans un autre quartier.
   - **b)** de continuer à chercher dans ce quartier.
   - **c)** d'aller s'installer en banlieue.

PARLER

3 Par groupes de deux, jouez la scène. Vous êtes parti(e) en vacances au bord de la mer, mais il fait très mauvais… Un(e) ami(e) vous téléphone : il / elle est à la montagne et il fait un temps magnifique ! Chacun décrit les conditions météorologiques de la région où il / elle se trouve et fait les prévisions pour les jours suivants.

Les enregistrements des activités 1 et 2 sont disponibles dans le coffret audio de la classe (CD 3 du Livre).

LIRE

Histoire vraie !

Il n'est jamais trop tard...

Il y a deux ans, Marius, 65 ans, retraité, a reçu une lettre qui a changé sa vie. C'est Léonie qui a posté cette lettre, une déclaration d'amour pour Marius, il y a 30 ans... Eh oui, la lettre est restée dans un tiroir de la poste pendant tout ce temps et elle est réapparue à l'occasion d'un déménagement...

Comme elle n'a jamais reçu de réponse de Marius, Léonie a refait sa vie et s'est mariée avec un autre homme, Jean, avec qui elle a eu trois enfants. Mais elle n'a jamais oublié Marius, l'homme de sa vie, parti vivre dans une autre ville.

Marius non plus ne l'a pas oubliée et, après la lecture de la lettre, il est parti à sa recherche. Ça n'a pas été facile, mais finalement, à force de ténacité, Marius a trouvé l'adresse de Léonie et lui a téléphoné. Imaginez sa surprise !

Aujourd'hui, deux ans après ces retrouvailles et 32 ans après l'envoi de la lettre, Marius, veuf, et Léonie, divorcée, se marient, entourés de leurs enfants et petits-enfants. « C'est le plus beau jour de ma vie » nous dit Léonie, les larmes aux yeux. Alors, vive les mariés !

4 Lisez le texte et dites si c'est vrai ou faux.

1. Marius a reçu la lettre de Léonie il y a deux jours.
2. La lettre a été écrite il y a trente-deux ans.
3. C'est une lettre de rupture.
4. Léonie ne s'est jamais mariée, par amour pour Marius.
5. Elle a oublié Marius quand il a déménagé.
6. Marius a essayé de retrouver Léonie.
7. Il n'a pas eu de mal à la retrouver.
8. Léonie n'a pas été surprise de son appel.
9. La femme de Marius est morte.
10. Léonie peut se remarier avec Marius parce qu'elle est divorcée.

ÉCRIRE

5 Vous participez à une enquête sur les styles vestimentaires : élégant, décontracté, sportif. Portez-vous les mêmes vêtements en semaine et le week-end ? Quels sont vos vêtements préférés ? Rédigez votre mail. (80 mots environ)

BILAN COMMUNICATION

ÉCOUTER

1 Écoutez le dialogue, puis dites si c'est vrai ou faux.

1. Miriam Dupré est une chef cuisinière professionnellement reconnue.
2. Elle suit la tradition familiale : son père est un excellent cuisinier.
3. Pour elle, la perfection est une dimension essentielle de la gastronomie.
4. Elle adore la purée de légumes et le gâteau au chocolat de sa mère.
5. Elle vient d'ouvrir un restaurant à Nice.
6. C'est un restaurant accueillant et agréable.
7. Elle propose une cuisine française traditionnelle à base de beurre.
8. Elle cuisine essentiellement le poisson et les légumes.
9. Les fruits qu'elle utilise sont les bananes, les pommes et les poires.
10. Elle a écrit un livre de conseils culinaires : « Les petits trucs de Miriam ».

2 Réécoutez les « trucs » de Miriam Dupré et indiquez les conseils qu'elle donne dans l'interview.

1. Aromatiser le poulet rôti avec des asperges.
2. Mettre du sel fumé dans le caviar d'aubergines.
3. Cuisiner les carottes avec du cumin.
4. Préparer les tomates à la mozzarella avec du jus d'ananas.
5. Faire cuire les pâtes avec de l'algue kombu.
6. Mettre du basilic dans la tarte au citron.

PARLER

3 Par groupes de deux, jouez la scène. Cet été, vous allez partir quelques jours au bord de la mer avec un(e) ami(e), mais vous n'êtes pas d'accord sur le type de logement : vous préférez l'hôtel et votre ami(e) est un(e) adepte du camping… Chacun essaie de convaincre l'autre en comparant les deux modes d'hébergement.

ÉCRIRE

4 Vous organisez une escapade surprise pour l'anniversaire d'un(e) ami(e) ou d'un membre de votre famille. Vous lui envoyez un mail pour lui donner les instructions avant le week-end. Vous lui indiquez :

– les vêtements à mettre dans sa valise.
– les produits à mettre dans sa trousse de toilette.
– le train ou l'avion à prendre, la gare ou le terminal, les horaires.

Donnez-lui des indices sur la destination : décrivez les paysages.

Les enregistrements des activités 1 et 2 sont disponibles dans le coffret audio de la classe (CD 3 du Livre).

LIRE

9·10·11·12

Horoscope du jour : 28 mai

Bélier : Vous serez de très bonne humeur et vous aurez envie de faire plaisir. Vous passerez une excellente journée !

Taureau : Vous n'aurez pas envie de travailler aujourd'hui. La conjonction des astres vous fera penser aux vacances. C'est peut-être le moment de les préparer ?

Gémeaux : Vous serez influençable et indécis(e), ce qui vous mettra de mauvaise humeur. Ne prenez aucune décision importante aujourd'hui.

Cancer : Vos proches vous trouveront irritable et ne sauront pas comment vous parler. Ne vous laissez pas emporter par vos émotions.

Lion : Vous brillerez de mille feux et vous aurez l'âme séductrice. C'est un bon jour pour les célibataires.

Vierge : Vous vous sentirez incompris(e) dans votre travail et vous en souffrirez. Heureusement, côté famille, vous vous sentirez aimé(e).

Balance : Les couples traverseront une journée difficile et, pour certains, le moment est peut-être venu d'avoir une conversation sérieuse.

Scorpion : Vous serez entreprenant(e) aujourd'hui et vous aurez envie de faire des projets d'avenir.

Sagittaire : Vous serez très fatigué(e) aujourd'hui et cela affectera votre moral. Un conseil : n'exigez pas trop de vous-même.

Capricorne : Vous ferez une rencontre inattendue qui vous rendra très heureux(se) pour toute la journée.

Verseau : Vous aurez une journée très chargée sur le plan professionnel et vous devrez être très concentré(e).

Poissons : Vous serez très demandé(e) et vous ne pourrez pas satisfaire tous vos amis ! Ne vous inquiétez pas, ils comprendront.

5 **Lisez le texte ci-dessus, puis répondez aux questions suivantes.**

1. Les personnes de quels signes du zodiaque vont passer une bonne journée ?
2. Lesquelles vont passer une mauvaise journée ?

6 **Maintenant, dites si c'est vrai ou faux.**

1. Les personnes nées sous le signe du *Bélier* se montreront enthousiastes et généreuses.
2. Les personnes nées sous le signe du *Taureau* seront distraites au travail.
3. Les personnes nées sous le signe des *Gémeaux* seront sûres d'elles-mêmes.
4. Les personnes nées sous le signe du *Cancer* auront des difficultés relationnelles.
5. Les personnes nées sous le signe du *Lion* passeront totalement inaperçues.
6. Les personnes nées sous le signe de la *Vierge* seront heureuses de se sentir reconnues dans leur entourage professionnel.
7. Les personnes nées sous le signe de la *Balance* auront des difficultés relationnelles avec leur conjoint(e).
8. Les personnes nées sous le signe du *Scorpion* se sentiront pleines d'énergie.
9. Les personnes nées sous le signe du *Sagittaire* seront en pleine forme.
10. Les personnes nées sous le signe du *Capricorne* auront rendez-vous avec leur meilleur(e) ami(e).
11. Les personnes nées sous le signe du *Verseau* passeront une journée de travail très calme.
12. Les personnes nées sous le signe des *Poissons* auront une vie sociale très riche.

PRÉCIS GRAMMATICAL

I. Les déterminants

Ils s'accordent en genre et en nombre avec le nom qu'ils précèdent.

1. Les articles définis (unité 1)

	masculin	féminin
singulier	le / l'	la / l'
pluriel	les	

- Devant une voyelle ou un *h* muet, *le* et *la* deviennent *l'*.
- Attention à bien différencier la prononciation de *le* et *les* : ***le*** [ə] *garçon*, ***les*** [e] *garçons*.
- À ne pas oublier : la liaison avec *les* si le mot qui suit commence par une voyelle ou un *h* muet : *les‿enfants, les‿hommes*.

2. Les articles indéfinis (unité 2)

	masculin	féminin
singulier	un	une
pluriel	des	

- La forme du masculin singulier se prononce [œ̃]. Le *n* se prononce seulement si on fait l'enchaînement avec le nom qui suit : *un‿ami*.
- Les articles *des* et *les* ont en commun le son [e]. Pour *des*, il faut également faire la liaison devant un nom qui commence par une voyelle ou un *h* muet.

3. Les articles partitifs (unité 3)

	masculin	féminin
singulier	du / de l'	de la / de l'
pluriel	des	
négation	pas de / d'	

- Les formes *du* et *de la* deviennent *de l'* quand le mot qui suit commence par une voyelle ou un *h* muet : *Il boit **de l'**eau ?*
- À la forme négative, *de* devient *d'* devant un nom qui commence par une voyelle ou un *h* muet : *Il ne boit **pas d'**eau.*

4. Les articles contractés (unité 4)

à + article défini	de + article défini
à + le = **au**	de + le = **du**
à + la = **à la**	de + la = **de la**
à + l' = **à l'**	de + l' = **de l'**
à + les = **aux**	de + les = **des**

- Avec les prépositions *à* et *de*, *le* et *les* se contractent et forment un seul mot : *Je vais **au** cinéma voir un film français. Ils reviennent **du** restaurant. Ils ont parlé **des** préparatifs de l'anniversaire d'Alain. Tu as écrit **aux** journalistes ?*
- Avec *la* et *l'* (même s'il représente un masculin), il n'y a pas de contraction : *Nous sommes **à la** patinoire. Les enfants reviennent **de l'**école. Je sors **de l'**amphithéâtre.*

5. Les adjectifs interrogatifs (unité 3)

	masculin	féminin
singulier	quel	quelle
pluriel	quels	quelles

- Les quatre formes se prononcent de la même façon : [kɛl]. ***Quel** âge as-tu ? **Quelle** est la date ? **Quels** sont tes acteurs préférés ? **Quelles** langues parlent-ils ?*

6. Les adjectifs possessifs (unité 4)

	une chose possédée		plusieurs choses possédées
	masculin	féminin	
un possesseur	mon ton son	ma ta sa	mes tes ses
plusieurs possesseurs	notre votre leur		nos vos leurs

- On utilise *mon, ton* et *son* (au lieu de *ma*, *ta* et *sa*) devant des noms féminins qui commencent par une voyelle ou un *h* muet : *C'est* ***mon*** *université. Voici* ***ton*** *amie Pauline.* ***Son*** *école ne me plaît pas.*

7. Les adjectifs démonstratifs (unité 6)

	masculin	féminin
singulier	ce / cet	cette
pluriel	ces	

- La forme du masculin singulier *ce* devient *cet* si le mot qui suit commence par une voyelle ou un *h* muet. *Cet* (masculin) se prononce comme *cette* (féminin) : ***Cet*** *élève est excellent.*

II. Le nom

1. Le féminin des noms (unités 1 et 4)

masculin	féminin
étudian**t** marchan**d**	étudiant**e** marchand**e**
employ**é** am**i**	employé**e** ami**e**
ac**teur** jo**ueur** infirm**ier** music**ien**	ac**trice** jou**euse** infirm**ière** music**ienne**
docteur journaliste	docteur journaliste
garçon homme	fille femme

- En général, on ajoute un -e au masculin pour former le féminin. Les deux noms se prononcent différemment.
- Pour les noms terminés par une voyelle, on ajoute un e au masculin, mais les deux noms se prononcent de la même façon.
- Pour d'autres noms, on utilise des suffixes différents pour le masculin et pour le féminin.
- Le nom est parfois le même au masculin et au féminin.
- Par contre, dans certains cas, le féminin est un nom différent du masculin.

2. Le pluriel des noms (unité 4)

singulier	pluriel
professeur rue	professeur**s** rue**s**
bat**eau** li**eu**	bateau**x** lieu**x**
anim**al**	anim**aux**
mois	mois

- En général, on ajoute un *-s* au singulier. La prononciation ne change pas, c'est l'article qui fait la différence : attention à la prononciation de celui-ci.
- Les mots terminés en *-eau* et *-eu* font leur pluriel en *-x* au lieu de *-s*. Cette marque du pluriel ne se prononce pas non plus.
- Les mots qui se terminent en *-al* font leur pluriel en *-aux*.
- Certains noms ne font pas de différence de nombre.

III. Les adjectifs qualificatifs

1. Le féminin des adjectifs (unité 2)

masculin	féminin
gran**d** peti**t** françai**s**	grand**e** petit**e** français**e**
che**r** espagno**l**	ch**ère** espagnol**e**
sporti**f** dou**x** anxi**eux** blan**c**	sporti**ve** dou**ce** anxieu**se** blan**che**
mince aimable	mince aimable
b**eau** / b**el** nouv**eau** / nouv**el** vi**eux** / vi**eil**	b**elle** nouv**elle** vi**eille**

- On ajoute un *-e* au masculin pour former le féminin. Le *-e* est muet mais on prononce la dernière consonne écrite.
- Dans le cas des adjectifs terminés par une consonne sonore, on ajoute un -e au masculin pour former le féminin, mais les deux se prononcent de la même façon.
- Pour certains adjectifs, les terminaisons du masculin et du féminin varient, à l'oral et à l'écrit.
- Certains adjectifs ont la même forme au masculin et au féminin.
- Dans le cas de *beau, nouveau* et *vieux,* le féminin est très différent du masculin.
- En réalité, ces adjectifs se transforment au masculin devant les noms qui commencent par une voyelle ou un *h* muet. C'est cette forme qui est à l'origine du féminin.

2. Le pluriel des adjectifs (unité 4)

singulier	pluriel
jeune grand court	jeune**s** grand**s** court**s**
chinois sérieux	chinois sérieux
b**eau** norm**al**	beau**x** norm**aux**

- En général, on ajoute un *-s* au singulier et singulier et pluriel se prononcent de la même façon.
- Les adjectifs terminés en *-s* ou *-x* au singulier ne font pas de différence de nombre.
- Les masculins terminés en *-eau* font le pluriel en *-eaux* et ceux qui sont terminés en *-al* le font en *-aux*.

IV. Les pronoms

1. Les pronoms sujets (unité 1)

En français, le verbe est obligatoirement accompagné d'un sujet (nom ou pronom).

	singulier	pluriel
1re personne	**je / j'**	**nous**
2e personne	**tu**	**vous**
3e personne	**il / elle / on**	**ils / elles**

- Si le verbe commence par une voyelle ou un *h* muet il faut faire la liaison : *Ils_adorent la Provence*.
- Le pronom *on* est toujours suivi d'un verbe à la 3e personne indépendamment de son sens (qu'il soit équivalent à *nous* ou soit impersonnel).
- *Vous* peut se rapporter à une seule personne dans le cas du vouvoiement (forme de politesse).

2. Les pronoms réfléchis (unité 2)

je **me** douche tu **te** douches il / elle / on **se** douche	nous **nous** douchons vous **vous** douchez ils / elles **se** douchent
je **m'**habille tu **t'**habilles il / elle / on **s'**habille	nous **nous** habillons vous **vous** habillez ils / elles **s'**habillent

- On trouve des pronoms réfléchis en particulier dans la conjugaison des verbes pronominaux.

3. Les pronoms toniques (unité 3)

	singulier	pluriel
1re personne	**moi**	**nous**
2e personne	**toi**	**vous**
3e personne	**lui / elle**	**eux**

- Ces pronoms servent à renforcer un autre pronom : ***Moi**, je joue du piano. **Nous**, on aime la musique*.
- Ils apparaissent aussi après *c'est*, après *et*, après une préposition et dans les structures de la comparaison : *Il est plus jeune que **toi***.

4. Les pronoms compléments d'objet directs (COD) (unité 6)

	singulier	pluriel
1re personne	**me / m' / moi**	**nous**
2e personne	**te / t' / toi**	**vous**
3e personne	**le / la / l'**	**les**

- Les pronoms COD précèdent toujours le verbe, sauf à l'impératif affirmatif : *– Le livre ? Je **le** lirai demain. – D'accord, mais rapporte-**le** lundi.*
- Avec des verbes à l'impératif affirmatif, *me* devient *moi* et *te* devient *toi* : *Laissez-**moi** sortir !*

5. Les pronoms compléments d'objet indirects (COI) (unité 8)

Les COI remplacent en général un groupe nominal introduit par *à* : *Écris à tes parents.* → *Écris-**leur**.*

	singulier	pluriel
1re personne	**me / m' / moi**	**nous**
2e personne	**te / t' / toi**	**vous**
3e personne	**lui**	**leur**

- Les pronoms COI précèdent toujours le verbe, sauf à l'impératif affirmatif : *Il **leur** a proposé d'aller au théâtre. Envoie-**lui** un message !*
- Avec des verbes à l'impératif affirmatif, *me* devient *moi* et *te* devient *toi* : *Réponds-**moi** quand tu pourras.*

6. Les pronoms *en* et *y* (unités 9 et 11)

en	COD
	complément de lieu

y	complément de lieu

- Le pronom *en* remplace un nom COD précédé d'une expression de quantité : *Du café ? Je n'**en** bois plus.*
- Il remplace aussi un nom complément de lieu qui indique l'origine : *Je connais bien le Japon, justement j'**en** viens.*
- Le pronom *y* remplace un nom qui indique le lieu où on est / où on va : *J'adore Nice. J'**y** passe l'été. J'**y** vais tous les ans.*

7. Les pronoms relatifs (unité 10)

Comme les autres pronoms, les pronoms relatifs servent à remplacer des substantifs. En français, le choix du pronom dépend de sa fonction dans la subordonnée.

qui	sujet
que / qu'	COD
où	complément de lieu / temps

- *La personne **qui** vient de partir a oublié son téléphone.*
- *C'est une région **que** je ne connais pas.*
- *La ville **où** nous allons est au bord de la mer.*
- *1992, c'est l'année **où** nous nous sommes connus.*

V. Les prépositions

1. *À* et *de* avec article (unité 4) (Voir « Les articles contractés », p. 178)

2. Pour situer dans l'espace (unité 5)

devant / derrière **entre** **sur / sous** **à côté de** **près de / loin de** **chez**	+ nom

- Les prépositions de lieu sont généralement simples, composées d'un seul mot : *Il est assis **sur** un banc, **sous** un arbre, **devant** la mairie. Il y a un bon restaurant **entre** ces deux magasins.*
- D'autres sont des locutions qui introduisent le nom avec de : *Elle habite **près de** la frontière, **loin de** la capitale.*
- Devant un nom de personne, on emploie *chez* : *Je dois aller **chez** le boucher.*

3. Devant les noms de pays et de villes (unité 6)

a) pour dire où on est, où l'on va

en + **pays** féminins et pays masculins qui commencent par une voyelle ou un *h* muet
au + **pays** masculins
aux + **pays** pluriels
à + **villes**
au + **villes** qui comportent un article masculin
aux + **villes** qui comportent un article pluriel

- *Je suis allé **en** France, **en** Équateur, **en** Haïti.*
- *Elle est **au** Japon.*
- *Il travaille **aux** États-Unis.*
- *Vous devez aller **à** Moscou, **à** La Rochelle.*
- *Elle est **au** Caire.*
- *Tu vas **aux** Sables d'Olonne.*

b) pour dire d'où on vient, d'où on part

de / d' + **pays** féminins et pays masculins qui commencent par une voyelle ou un *h* muet
du + **pays** masculins
des + **pays** au pluriels
de / d' + **villes**
du + **villes** qui comportent un article masculin
des + **villes** qui comportent un article pluriel

- *Ils viennent **de** Suède, **d'**Afghanistan.*
- *Elles arrivent **du** Canada.*
- *Elle rentre **des** Pays-Bas.*
- *Il part **de** Lisbonne / **de** La Haye.*
- *On revient **du** Havre.*
- *Tu arrives **des** Menuires ?*

VI. Les adverbes (unité 9)

1. Formation

- Les adverbes en *-ment* se forment, en général, à partir d'un adjectif au féminin : *grand* → *grande* → ***grandement***.
- Si l'adjectif se termine par *-i* ou *-u*, on ajoute le suffixe *-ment* au masculin : *vrai* → ***vraiment***, *absolu* → ***absolument***.
- Le cas des adjectifs qui se terminent par *-ent* ou *-ant* est particulier : *violent* → ***violemment***, *méchant* → ***méchamment***.

2. Adverbes de manière et adverbes de quantité

- Les adverbes de manière peuvent être à leur tour modifiés par des adverbes de quantité : *Elle a* ***très bien*** *fait les choses. Tu réponds* ***trop durement*** *à tout le monde !*

VII. Les verbes

1. Les présents (indicatif)

a) Le présent (unités 1, 2, 3 et 4)

- Il sert à indiquer :
  - des actions en cours : *Il* ***téléphone*** *à son assurance.*
  - des actions habituelles : *Je* ***vais*** *au cinéma tous les lundis.*
- Il sert parfois à indiquer une action future, surtout dans la langue parlée, et donne une impression de plus grande réalité ou certitude. Il est alors souvent renforcé par un adverbe de temps : *Je* ***pars*** *en vacances dans une semaine. Demain, j'****achète*** *une valise !*

b) L'expression *être en train de* + infinitif (unité 7)

- Elle sert à exprimer des actions en cours : *Elle ne peut pas répondre, elle* ***est en train de*** *prendre une douche.*

2. Les futurs (indicatif)

a) Le futur simple (unité 10)

- Il sert à :
  - donner des ordres, des conseils, des consignes : *À partir de maintenant, vous* ***arriverez*** *à l'heure ! Vous* ***pourrez*** *prendre l'autoroute A2.*
  - faire des prévisions, des promesses : *Demain, il* ***fera*** *encore plus chaud. J'****irai*** *te chercher.*
  - annoncer un fait ponctuel : *L'inauguration* ***aura lieu*** *l'année prochaine, au mois de janvier.*

b) Le futur proche (unité 4)

- Il sert à :
  - Indiquer des événements proches : *L'avion* ***va décoller*** *dans dix minutes.*
  - donner des ordres, des conseils, des consignes : *Maintenant, tu* ***vas faire*** *tes devoirs ! Et tu* ***vas réviser*** *la leçon, n'est-ce pas ? Tu* ***vas voir***, *cela* ***va t'aider***.
  - faire des prévisions, des promesses : *Selon la météo, cet après-midi il* ***va faire*** *beau. Je* ***vais t'aider*** *à trouver du travail.*
- À l'oral, il remplace souvent le futur simple, quand l'action est assez proche et donnée comme certaine.

c) L'expression *être sur le point de* + infinitif (unité 7)

- Elle sert à indiquer des événements immédiats : *Je suis content, je* ***suis sur le point de*** *terminer ce travail.*

3. Les passés (indicatif)

a) Le passé récent (unité 5)

- Le passé récent sert à indiquer la proximité dans le passé : *Je **viens de** rentrer à la maison.*

b) Le passé composé (unités 7 et 8)

- Le passé composé sert à parler de faits, événements ou actions qui ont eu lieu dans un passé proche ou lointain : *J'**ai fini** mes études il y a vingt ans. J'**ai commencé** à travailler dans cette entreprise la semaine dernière.*

c) L'imparfait (unité 12)

- L'imparfait sert à :
  - décrire dans le passé : *Il **faisait** beau, le soleil **brillait**, on se **promenait** tranquillement la main dans la main.*
  - évoquer des actions répétées dans le passé, des habitudes : *Nous **passions** les vacances d'hiver à Val d'Isère, on **faisait** du ski et on **s'amusait** avec la neige.*

4. L'impératif (unité 5)

- L'impératif sert à donner des ordres, des consignes, des conseils :
  ***Complète** le formulaire et **viens** me voir.*
- À la forme négative, il sert à interdire :
  ***Ne buvez pas** d'alcool avant de conduire.*

VIII. La phrase

1. La phrase affirmative

sujet + verbe + complément(s)	sujet + verbe + attribut
Ils ont deux enfants. *Nous habitons dans le centre-ville.*	*Il est ingénieur.* *Elle est sportive.*

2. La phrase négative (unités 2, 7 et 8)

temps simples	
ne / n' + verbe +	**pas** **plus** **personne** **rien** **jamais**

- *Je **ne** mange **pas** de poisson.*
- *Il **ne** feront **plus** de sport.*
- ***N'**appelle **personne** au téléphone après 21 h.*
- *Je **ne** veux **rien** savoir de vos problèmes.*
- *Ils **ne** vont **jamais** au cinéma.*

temps composés		
ne / n' + auxiliaire +	**pas** **plus** **rien** **jamais**	+ participe passé
Mais : **n'** + auxiliaire + participe passé + **personne**		

- *Tu **n'**as **pas** pu me répondre ?*
- *Elle **n'**a **plus** voulu me parler.*
- *Je **n'**ai **rien** fait hier soir.*
- *Elles **ne** sont **jamais** allées en Corse.*
- *Je **n'**ai vu **personne**.*

3. La phrase interrogative (unité 3)

questions totales	
intonation montante	*Il part* **?** (À l'écrit, point d'interrogation à la fin de la phrase.)
est-ce que / qu'...	***Est-ce qu'****il part* **?** (L'ordre sujet + verbe n'est pas modifié.)
inversion du sujet	*Venez-vous ?* (À l'écrit, trait d'union entre le verbe et le pronom.)

questions partielles	
comment	– ***Comment*** *(est-ce qu') elle s'appelle ? / Elle s'appelle* ***comment*** *?* – *Manon.*
où	– ***Où*** *sont les enfants ? / Ils sont* ***où*** *? /* ***Où*** *est-ce qu'ils sont ?* – *Dans le jardin.*
quand	– ***Quand*** *(est-ce que) vous partez ? / Vous partez* ***quand*** *?* – *Dans deux jours.*
combien (**de** / **d'**)	– ***Combien*** *(est-ce que) ça coûte ? / Ça coûte* ***combien*** *?* – *Six euros.*
pourquoi	– ***Pourquoi*** *(est-ce que) tu ne viens pas ?* – *Parce que je suis malade.*
quel(**le**)(**s**)	– ***Quelle*** *est son adresse ?* – *30 rue Lafayette.*
qui	– ***Qui*** *va venir ce soir ?* – *Mon frère et ses enfants.*
que / **qu'**	– ***Qu'****est-ce qu'il aime ?* – *La physique et le français.* – ***Qu'****est-ce que c'est ?* – *C'est un fruit.* – ***Que*** *faites-vous pendant les vacances ?* – *Je vais en Italie.*

4. Le style indirect (unité 12)

discours direct		
Tu veux de l'eau gazeuse, Léa ?	→	*Il demande* ***si*** *Léa / elle veut de l'eau gazeuse.*
Comment ça va, Nathalie ?	→	*Il demande* ***comment*** *Nathalie / elle va.*
Qu'est-ce que vous voulez manger ?	→	*Elle veut savoir* ***ce qu'****ils veulent manger.*
On est réveillées.	→	*Elles disent* ***qu'****elles sont réveillées.*
Prépare le café, Xavier, s'il te plaît !	→	*Il lui demande / demande à Xavier* ***de*** *préparer le café.*

CONJUGAISON

infinitif	présent	futur simple	impératif	passé composé	imparfait
AVOIR	j'ai	j'aurai		j'ai eu	j'avais
	tu as	tu auras	aie	tu as eu	tu avais
	il/elle/on a	il/elle/on aura		il/elle/on a eu	il/elle/on avait
	nous avons	nous aurons	ayons	nous avons eu	nous avions
	vous avez	vous aurez	ayez	vous avez eu	vous aviez
	ils/elles ont	ils/elles auront		ils/elles ont eu	ils/elles avaient
ÊTRE	je suis	je serai		j'ai été	j'étais
	tu es	tu seras	sois	tu as été	tu étais
	il/elle/on est	il/elle/on sera		il/elle/on a été	il/elle/on était
	nous sommes	nous serons	soyons	nous avons été	nous étions
	vous êtes	vous serez	soyez	vous avez été	vous étiez
	ils/elles sont	ils/elles seront		ils/elles ont été	ils/elles étaient
AIMER	j'aime	j'aimerai		j'ai aimé	j'aimais
	tu aimes	tu aimeras	aime	tu as aimé	tu aimais
	il/elle/on aime	il/elle/on aimera		il/elle/on a aimé	il/elle/on aimait
	nous aimons	nous aimerons	aimons	nous avons aimé	nous aimions
	vous aimez	vous aimerez	aimez	vous avez aimé	vous aimiez
	ils/elles aiment	ils/elles aimeront		ils/elles ont aimé	ils/elles aimaient
ALLER	je vais	j'irai		je suis allé(e)	j'allais
	tu vas	tu iras	va	tu es allé(e)	tu allais
	il/elle/on va	il/elle/on ira		il/elle/on est allé(e)(s)	il/elle/on allait
	nous allons	nous irons	allons	nous sommes allé(e)s	nous allions
	vous allez	vous irez	allez	vous êtes allé(e)(s)	vous alliez
	ils/elles vont	ils/elles iront		ils/elles sont allé(e)s	ils/elles allaient
APPELER	j'appelle	j'appellerai		j'ai appelé	j'appelais
	tu appelles	tu appelleras	appelle	tu as appelé	tu appelais
	il/elle/on appelle	il/elle/on appellera		il/elle/on a appelé	il/elle/on appelait
	nous appelons	nous appellerons	appelons	nous avons appelé	nous appelions
	vous appelez	vous appellerez	appelez	vous avez appelé	vous appeliez
	ils/elles appellent	ils/elles appelleront		ils/elles ont appelé	ils/elles appelaient
(S')ASSEOIR	je m'assieds	je m'assiérai		je me suis assis(e)	je m'asseyais
	tu t'assieds	tu t'assiéras	assieds-toi	tu t'es assis(e)	tu t'asseyais
	il/elle/on s'assied	il/elle/on s'assiéra		il/elle/on s'est assis(e)(s)	il/elle/on s'asseyait
	nous nous asseyons	nous nous assiérons	asseyons-nous	nous nous sommes assis(es)	nous nous asseyions
	vous vous asseyez	vous vous assiérez	asseyez-vous	vous vous êtes assis(e)(s)	vous vous asseyiez
	ils/elles s'asseyent	ils/elles s'assiéront		ils/elles se sont assis(es)	ils/elles s'asseyaient
ATTENDRE (perdre, répondre)	j'attends	j'attendrai		j'ai attendu	j'attendais
	tu attends	tu attendras	attends	tu as attendu	tu attendais
	il/elle/on attend	il/elle/on attendra		il/elle/on a attendu	il/elle/on attendait
	nous attendons	nous attendrons	attendons	nous avons attendu	nous attendions
	vous attendez	vous attendrez	attendez	vous avez attendu	vous attendiez
	ils/elles attendent	ils/elles attendront		ils/elles ont attendu	ils/elles attendaient
BOIRE	je bois	je boirai		j'ai bu	je buvais
	tu bois	tu boiras	bois	tu as bu	tu buvais
	il/elle/on boit	il/elle/on boira		il/elle/on a bu	il/elle/on buvait
	nous buvons	nous boirons	buvons	nous avons bu	nous buvions
	vous buvez	vous boirez	buvez	vous avez bu	vous buviez
	ils/elles boivent	ils/elles boiront		ils/elles ont bu	ils/elles buvaient

infinitif	présent	futur simple	impératif	passé composé	imparfait
CHOISIR	je choisis	je choisirai		j'ai choisi	je choisissais
	tu choisis	tu choisiras		tu as choisi	tu choisissais
	il/elle/on choisit	il/elle/on choisira	choisis	il/elle/on a choisi	il/elle/on choisissait
	nous choisissons	nous choisirons		nous avons choisi	nous choisissions
	vous choisissez	vous choisirez	choisissons	vous avez choisi	vous choisissiez
	ils/elles choisissent	ils/elles choisiront	choisissez	ils/elles ont choisi	ils/elles choisissaient
COMMENCER	je commence	je commencerai		j'ai commencé	je commençais
	tu commences	tu commenceras	commence	tu as commencé	tu commençais
	il/elle/on commence	il/elle/on commencera		il/elle/on a commencé	il/elle/on commençait
	nous commençons	nous commencerons	commençons	nous avons commencé	nous commencions
	vous commencez	vous commencerez	commencez	vous avez commencé	vous commenciez
	ils/elles commencent	ils/elles commenceront		ils/elles ont commencé	ils/elles commençaient
CONNAÎTRE (naître)	je connais	je connaîtrai		j'ai connu	je connaissais
	tu connais	tu connaîtras	connais	tu as connu	tu connaissais
	il/elle/on connaît	il/elle/on connaîtra		il/elle/on a connu	il/elle/on connaissait
	nous connaissons	nous connaîtrons	connaissons	nous avons connu	nous connaissions
	vous connaissez	vous connaîtrez	connaissez	vous avez connu	vous connaissiez
	ils/elles connaissent	ils/elles connaîtront		ils/elles ont connu	ils/elles connaissaient
DEVOIR	je dois	je devrai		j'ai dû	je devais
	tu dois	tu devras		tu as dû	tu devais
	il/elle/on doit	il/elle/on devra		il/elle/on a dû	il/elle/on devait
	nous devons	nous devrons		nous avons dû	nous devions
	vous devez	vous devrez		vous avez dû	vous deviez
	ils/elles doivent	ils/elles devront		ils/elles ont dû	ils/elles devaient
DIRE (interdire)	je dis	je dirai		j'ai dit	je disais
	tu dis	tu diras	dis	tu as dit	tu disais
	il/elle/on dit	il/elle/on dira		il/elle/on a dit	il/elle/on disait
	nous disons	nous dirons	disons	nous avons dit	nous disions
	vous dites	vous direz	dites	vous avez dit	vous disiez
	ils/elles disent	ils/elles diront		ils/elles ont dit	ils/elles disaient
DORMIR	je dors	je dormirai		j'ai dormi	je dormais
	tu dors	tu dormiras	dors	tu as dormi	tu dormais
	il/elle/on dort	il/elle/on dormira		il/elle/on a dormi	il/elle/on dormait
	nous dormons	nous dormirons	dormons	nous avons dormi	nous dormions
	vous dormez	vous dormirez	dormez	vous avez dormi	vous dormiez
	ils/elles dorment	ils/elles dormiront		ils/elles ont dormi	ils/elles dormaient
ÉCRIRE (décrire)	j'écris	j'écrirai		j'ai écrit	j'écrivais
	tu écris	tu écriras	écris	tu as écrit	tu écrivais
	il/elle/on écrit	il/elle/on écrira		il/elle/on a écrit	il/elle/on écrivait
	nous écrivons	nous écrirons	écrivons	nous avons écrit	nous écrivions
	vous écrivez	vous écrirez	écrivez	vous avez écrit	vous écriviez
	ils/elles écrivent	ils/elles écriront		ils/elles ont écrit	ils/elles écrivaient
ESSAYER	j'essaie	j'essaierai		j'ai essayé	j'essayais
	tu essaies	tu essaieras	essaie	tu as essayé	tu essayais
	il/elle/on essaies	il/elle/on essaiera		il/elle/on a essayé	il/elle/on essayait
	nous essayons	nous essaierons	essayons	nous avons essayé	nous essayions
	vous essayez	vous essaierez	essayez	vous avez essayé	vous essayiez
	ils/elles essaient	ils/elles paieront		ils/elles ont essayé	ils/elles essayaient

CONJUGAISON

infinitif	présent	futur simple	impératif	passé composé	imparfait
FAIRE (défaire, refaire)	je fais tu fais il/elle/on fait nous faisons vous faites ils/elles font	je ferai tu feras il/elle/on fera nous ferons vous ferez ils/elles feront	fais faisons faites	j'ai fait tu as fait il/elle/on a fait nous avons fait vous avez fait ils/elles ont fait	je faisais tu faisais il/elle/on faisait nous faisions vous faisiez ils/elles faisaient
FALLOIR	il faut	il faudra		il a fallu	il fallait
FINIR	je finis tu finis il/elle/on finit nous finissons vous finissez ils/elles finissent	je finirai tu finiras il/elle/on finira nous finirons vous finirez ils/elles finiront	finis finissons finissez	j'ai fini tu as fini il/elle/on a fini nous avons fini vous avez fini ils/elles ont fini	je finissais tu finissais il/elle/on finissait nous finissions vous finissiez ils/elles finissaient
(SE) LEVER	je me lève tu te lèves il/elle/on se lève nous nous levons vous vous levez ils/elles se lèvent	je me lèverai tu te lèveras il/elle/on se lèvera nous nous lèverons vous vous lèverez ils/elles se lèveront	lève-toi levons-nous levez-vous	je me suis levé(e) tu t'es levé(e) il/elle/on s'est levé(e)(s) nous nous sommes levé(e)s vous vous êtes levé(e)(s) ils/elles se sont levé(e)s	je me levais tu te levais il/elle/on se levait nous nous levions vous vous leviez ils/elles se levaient
LIRE	je lis tu lis il/elle/on lit nous lisons vous lisez ils/elles lisent	je lirai tu liras il/elle/on lira nous lirons vous lirez ils/elles liront	lis lisons lisez	j'ai lu tu as lu il/elle/on a lu nous avons lu vous avez lu ils/elles ont lu	je lisais tu lisais il/elle/on lisait nous lisions vous lisiez ils/elles lisaient
MANGER	je mange tu manges il/elle/on mange nous mangeons vous mangez ils/elles mangent	je mangerai tu mangeras il/elle/on mangera nous mangerons vous mangerez ils/elles mangeront	mange mangeons mangez	j'ai mangé tu as mangé il/elle/on a mangé nous avons mangé vous avez mangé ils/elles ont mangé	je mangeais tu mangeais il/elle/on mangeait nous mangions vous mangiez ils/elles mangeaient
METTRE	je mets tu mets il/elle/on met nous mettons vous mettez ils/elles mettent	je mettrai tu mettras il/elle/on mettra nous mettrons vous mettrez ils/elles mettront	mets mettons mettez	j'ai mis tu as mis il/elle/on a mis nous avons mis vous avez mis ils/elles ont mis	je mettais tu mettais il/elle/on mettait nous mettions vous mettiez ils/elles mettaient
OUVRIR (offrir, découvrir)	j'ouvre tu ouvres il/elle/on ouvre nous ouvrons vous ouvrez ils/elles ouvrent	j'ouvrirai tu ouvriras il/elle/on ouvrira nous ouvrirons vous ouvrirez ils/elles ouvriront	ouvre ouvrons ouvrez	j'ai ouvert tu as ouvert il/elle/on a ouvert nous avons ouvert vous avez ouvert ils/elles ont ouvert	j'ouvrais tu ouvrais il/elle/on ouvrait nous ouvrions vous ouvriez ils/elles ouvraient
PARTIR	je pars tu pars il/elle/on part nous partons vous partez ils/elles partent	je partirai tu partiras il/elle/on partira nous partirons vous partirez ils/elles partiront	pars partons partez	je suis parti(e) tu es parti(e) il/elle/on est parti(e)(s) nous sommes parti(e)s vous êtes parti(e)(s) ils/elles sont parti(e)s	je partais tu partais il/elle/on partait nous partions vous partiez ils/elles partaient

infinitif	présent	futur simple	impératif	passé composé	imparfait
PLEUVOIR	il pleut	il pleuvra		il a plu	il pleuvait
PRENDRE (apprendre, comprendre)	je prends tu prends il/elle/on prend nous prenons vous prenez ils/elles prennent	je prendrai tu prendras il/elle/on prendra nous prendrons vous prendrez ils/elles prendront	prends prenons prenez	j'ai pris tu as pris il/elle/on a pris nous avons pris vous avez pris ils/elles ont pris	je prenais tu prenais il/elle/on prenait nous prenions vous preniez ils/elles prenaient
POUVOIR	je peux tu peux il/elle/on peut nous pouvons vous pouvez ils/elles peuvent	je pourrai tu pourras il/elle/on pourra nous pourrons vous pourrez ils/elles pourront		j'ai pu tu as pu il/elle/on a pu nous avons pu vous avez pu ils/elles ont pu	je pouvais tu pouvais il/elle/on pouvait nous pouvions vous pouviez ils/elles pouvaient
SAVOIR	je sais tu sais il/elle/on sait nous savons vous savez ils/elles savent	je saurai tu sauras il/elle/on saura nous saurons vous saurez ils/elles sauront	sache sachons sachez	j'ai su tu as su il/elle/on a su nous avons su vous avez su ils/elles ont su	je savais tu savais il/elle/on savait nous savions vous saviez ils/elles savaient
SUIVRE	je suis tu suis il/elle/on suit nous suivons vous suivez ils/elles suivent	je suivrai tu suivras il/elle/on suivra nous suivrons vous suivrez ils/elles suivront	suis suivons suivez	j'ai suivi tu as suivi il/elle/on a suivi nous avons suivi vous avez suivi ils/elles ont suivi	je suivais tu suivais il/elle/on suivait nous suivions vous suiviez ils/elles suivaient
VENIR (devenir, revenir)	je viens tu viens il/elle/on vient nous venons vous venez ils/elles viennent	je viendrai tu viendras il/elle/on viendra nous viendrons vous viendrez ils/elles viendront	viens venons venez	je suis venu(e) tu es venu(e) il/elle/on est venu(e)(s) nous sommes venu(e)s vous êtes venu(e)(s) ils/elles sont venu(e)s	je venais tu venais il/elle/on venait nous venions vous veniez ils/elles venaient
VIVRE	je vis tu vis il/elle/on vit nous vivons vous vivez ils/elles vivent	je vivrai tu vivras il/elle/on vivra nous vivrons vous vivrez ils/elles vivront	vis vivons vivez	j'ai vécu tu as vécu il/elle/on a vécu nous avons vécu vous avez vécu ils/elles ont vécu	je vivais tu vivais il/elle/on vivait nous vivions vous viviez ils/elles vivaient
VOIR	je vois tu vois il/elle/on voit nous voyons vous voyez ils/elles voient	je verrai tu verras il/elle/on verra nous verrons vous verrez ils/elles verront	vois voyons voyez	j'ai vu tu as vu il/elle/on a vu nous avons vu vous avez vu ils/elles ont vu	je voyais tu voyais il/elle/on voyait nous voyions vous voyiez ils/elles voyaient
VOULOIR	je veux tu veux il/elle/on veut nous voulons vous voulez ils/elles veulent	je voudrai tu voudras il/elle/on voudra nous voudrons vous voudrez ils/elles voudront		j'ai voulu tu as voulu il/elle/on a voulu nous avons voulu vous avez voulu ils/elles ont voulu	je voulais tu voulais il/elle/on voulait nous voulions vous vouliez ils/elles voulaient

PHONÉTIQUE

Voyelles

orales

[i]	lit	[ø]	feu
[e]	dé	[ɛ]	chaise
[a]	sac	[ɑ]	pâtes
[o]	château	[ɔ]	soleil
[u]	moulin	[y]	autobus
[ə]	premier (1er)	[œ]	fleur

nasales

[ɑ̃]	gant	[ɔ̃]	ballon
[ɛ̃]	lapin	[œ̃]	parfum

Semi-voyelles (semi-consonnes)

[w]	[wa]	oiseau
	[wɛ]	tramway
	[wi]	sweat
	[wɛ̃]	point
[ɥ]	[ɥi]	biscuit
[j]	[je]	pied
	[ɛj]	abeille
	[œj]	feuille
	[ɑj]	paille
	[uj]	grenouille

Consonnes

sonores

[b]	bracelet
[d]	doigt
[g]	gomme
[v]	voiture
[z]	maison
[ʒ]	pyjama

sourdes

[p]	lampe
[t]	table
[k]	carte
[f]	fenêtre
[s]	serpent
[ʃ]	chapeau

nasales

[m]	moto
[n]	bonnet
[ɲ]	araignée
[ŋ]	camping

liquides

[ʀ]	raisin
[l]	stylo

En français, il y a 37 sons, mais attention : pour chaque son, il y a souvent plus d'une graphie !

TRANSCRIPTIONS

On trouvera ici les transcriptions des enregistrements dont le texte ne figure pas dans les unités.

Unité 0

Page 11, n° 2

1. Bonjour, je m'appelle Aya. Et toi ?
2. Bonjour, je m'appelle Thomas et je suis belge.
3. Bonjour, je m'appelle Léo. Je suis professeur.
4. Salut, je m'appelle Anaïs et j'habite à Nice.

Page 11, n° 4

1. – Bonjour, madame, vous allez bien ?
– Très bien, merci monsieur, et vous ?
– Moi aussi, merci. Bonne journée !

2. – Salut Lionel, ça va ?
– Super ! Et toi, Juliette ?
– Oui, ça va.

Page 13, n° 10

Paris, Limoges, Nancy, Lyon, La Rochelle, Nice, Mulhouse

Page 13, n° 14

1. 01 53 79 59 32
2. 03 88 52 28 10
3. 09 70 60 99 60
4. 03 20 41 60 00
5. 05 53 05 65 94
6. 01 43 16 45 41

Unité 1

Ouverture 2

Page 17, n° 1

a) – Regarde la fille, là-bas, elle n'est pas dans notre classe ?
– Où ?
– Là-bas, la rousse !
– Ah oui, je la connais, c'est l'assistante d'anglais !
– Elle s'appelle comment ?
– Jane, elle est écossaise mais elle parle très bien français.
– Elle est super…

b) – Dans quelle salle on a cours après manger ?
– En salle 7. Et ensuite dans la salle voisine, la 8.
– Super ! Je suis fatiguée aujourd'hui…

c) – Eh, Pascal, salut !
– Salut Émilie !
– Je te présente Carole, une amie ! Et lui, c'est Pascal, c'est un bon copain !
– Ah, bonjour Carole ! Tu vas bien ?
– Très bien, merci ! Je viens chercher Émilie. On veut aller à la piscine.
– Tu viens avec nous ?
– Non, désolé mais moi, j'ai cours ! Je vais manger !
– Bon, alors, au revoir Pascal ! À demain !

d) – Tu es inscrit au club ciné ?
– Non. Le secrétariat est fermé.

e) – Tu manges tous les jours au resto U ?
– Non, juste quand j'ai cours le matin ! Et toi ?
– Moi, tous les jours, c'est pratique et ce n'est pas cher.

Situation 2

Page 19, n° 1

– Regarde ! Tu connais ce livre ?
– Non. Il est intéressant ?
– Excusez-moi, je cherche le bibliothécaire, c'est pour une inscription.
– Ah, désolé mademoiselle, on est professeurs !
– Et c'est une bibliothécaire : Ariane Leduc. Elle est à la cafétéria. Elle arrive tout de suite.
– Ah bon, comment elle est, s'il vous plaît ?
– Elle est brune, grande, assez jeune, et toujours de bonne humeur ! Ah, justement, la voilà !
– Merci beaucoup, au revoir !
– Au revoir !
– Bonjour madame, je voudrais m'inscrire à la bibliothèque, s'il vous plaît.
– Bonjour, oui, avec plaisir ! Alors… Ah, voici le formulaire ! Vous avez votre carte d'étudiante ?

Grammaire

Page 20, n° 1

a) Il écoute une chanson.
b) Elle(s) parle(nt) très bien le français.
c) Elles adorent voyager en avion.
d) Il(s) mange(nt) très tard.
e) Il habite à Lyon.
f) Elle s'appelle Sophie.
g) Ils écoutent un concert.
h) Il(s) travaille(nt) à Paris.

Page 21, n° 6

1. Je te prête le stylo.
2. Tu nous présentes les copains de Michel.
3. Il demande le cahier.
4. Le cours commence à 16 h.
5. Tu connais les garçons là-bas ?
6. Le professeur arrive en retard.
7. Tu as les livres de première année ?
8. Le secrétaire porte des lunettes.

Unité 2

Ouverture

Page 28, n° 2

a) C'était un chien si gentil… Il va tellement me manquer.
b) Oh, j'ai gagné le gros lot !
c) Je te déteste ! Tu es méchant !
d) Tu la connais, toi, la maîtresse ?
e) Mais allez-y, monsieur, je vous en prie ! Vous vous croyez intelligent ? Eh bien, vous êtes un imbécile !

f) Elle a de beaux yeux ! Et des cheveux… !
g) Mais si, elle vous va très bien cette jupe !
h) Maman, regarde, les cadeaux !

Situation 1

Page 30, n° 1

- Mademoiselle !
- Bonjour monsieur, je voudrais parler à Brigitte Leduc.
- Brigitte Leduc ? Ah non, c'est impossible ! Il n'y a pas de Brigitte Leduc ici. Vous vous trompez !
- Ah bon, excusez-moi ! Je cherche une dame qui s'appelle Brigitte, la cinquantaine, grande, mince…
- Elle est brune ?
- Oui, brune, un peu frisée, avec des lunettes. Elle s'occupe des emplois jeunes. J'essaie de la contacter par téléphone mais elle ne répond pas. Elle n'est pas là aujourd'hui ?
- Si, si, mais elle a une réunion. Et ce n'est pas Brigitte Leduc, c'est Brigitte Ledoux !
- Ah ! d'accord. Je pourrais la voir, juste un petit moment, s'il vous plaît ?
- Je ne sais pas. En principe, elle n'est pas libre. Je peux vous aider ?
- Merci, mais je préfère parler avec elle, elle s'occupe de mon dossier pour un job d'été.
- Un instant alors… Vous êtes mademoiselle… ?
- Marie Delormand.
- De… comment ? Vous pouvez répéter, s'il vous plaît ?
- Je vous épelle, c'est plus facile ! D-E-L-O-R-M-A-N-D.
- Merci… Allô ? C'est toi, Brigitte ? Bonjour ! … Oui… une jeune fille… Elle te demande au guichet « Emplois Jeunes »… Marie Delormand… D'accord ! Vous attendez ? Elle va dans son bureau prendre un dossier et elle arrive.
- Oh oui, bien sûr ! Merci beaucoup monsieur ! Vous êtes vraiment très gentil !

Rythme et accent

Page 35, n° 1

Série 1
- Salut !
- Bonjour !
- Au revoir !

Série 2
- Salut, Pierre !
- Bonjour, Paul !
- Au revoir, Luc !

Série 3
- Salut, Richard !
- Bonjour, madame !
- Au revoir, Marie !

Unité 3

Ouverture 2

Page 43, n° 1

1. Vous avez ici, à droite, la maison la plus ancienne de la ville. Elle date des premières années du XVIe siècle et c'est un excellent exemple de l'art de la Renaissance. Sa porte est ouverte : vous pouvez entrer et regarder la cour intérieure, qui est magnifique.
2. Bonjour. Vous êtes bien chez Rosalie et Paul Containg. Nous ne sommes pas à la maison en ce moment mais laissez un message et nous vous téléphonerons dès que possible. Merci et à bientôt !
3. Attention, votre attention s'il vous plaît ! Le TGV 8713 en provenance de Paris et à destination de Brest va entrer en gare. Éloignez-vous de la bordure du quai ! Rennes, Rennes, trois minutes d'arrêt !
4. – Tu m'aides à faire le ménage, s'il te plaît ?
   – Oh non, je suis trop fatigué ! Je me lève de bonne heure, moi, le matin ! J'ai besoin de me reposer !
   – Tu te lèves tôt et moi, je me couche tard ! Allez, passe l'aspirateur dans ta chambre et la chambre de ta sœur, s'il te plaît !
   – Oh, c'est pas vrai ! J'en ai vraiment ras-le-bol de la famille !
5. – Allô !
   – Allô, bonjour monsieur. Est-ce qu'Alice est là ?
   – De la part de qui ?
   – De Nadia.
   – Alice, Alice !
   – C'est qui ?
   – Nadia.
   – Salut Nadia, ça va ?
   – Oui et toi ? Dis, on va au bowling samedi avec Théo. Tu viens ?

Situation 1

Page 44, n° 1

- Bonjour, tu t'appelles comment ?
- Cédric.
- Quel âge tu as ?
- 11 ans.
- Je peux te poser quelques questions sur une de tes journées d'école ?
- Oui…
- À quelle heure tu te lèves le matin ?
- À 7 h 30.
- Tu déjeunes d'abord ou… ?
- Non. Je me lave, je m'habille et après, je prends mon petit déjeuner.
- Et qu'est-ce que tu manges au petit déjeuner ?
- Je mange du pain, des tartines avec du beurre ou de la confiture, et je bois du lait avec du cacao et, des fois aussi, des céréales.
- Et comment tu vas à l'école ?
- J'y vais à pied avec Nicolas.
- C'est qui Nicolas ?

– Lui, c'est mon copain, il habite à côté et on est dans la même classe.
– Et l'école ? Le matin, c'est jusqu'à quelle heure ?
– C'est jusqu'à 11 h 30 et je reste à la cantine.
– Tu restes à la cantine ?
– Oui parce que mes parents, ils travaillent.
– Et l'après-midi, qu'est-ce que tu fais ?
– L'école finit à 15 h 45. Quand je sors, je fais du foot ou du roller avec mes copains.
– Et après ça, tu fais autre chose ?
– Je rentre chez moi, je goûte et je fais mes devoirs.
– Qu'est-ce que tu réponds à ma dernière question : tu préfères l'école ou les vacances ?
– Les vacances !!!

Grammaire

Page 47, n° 3

a) Elles lisent des romans d'aventures.
b) Il écrit une lettre d'amour.
c) Elle conduit une voiture de sport.
d) Ils ne répondent pas aux questions.
e) Il descend les escaliers.
f) Ils vivent à Limoges.
g) Elle ne suit pas la mode de Paris.
h) Il ne sait pas chanter cette chanson.

Intonation

Page 49, n° 1

1. David téléphone à sa mère.
2. Elles vont à l'aéroport en taxi ?
3. Vous êtes en retard.
4. Elle ne sait pas préparer la bouillabaisse ?
5. Je me suis trompée de numéro.
6. Tu fais du bricolage le week-end ?
7. Philippe veut se marier en septembre.
8. Nous allons au restaurant ?

Page 49, n° 2

1. Quel âge elle a ?
2. Tu prépares ce gâteau comment ?
3. Qu'est-ce qu'elle fait ici ?
4. Tu pars en vacances quand ?
5. Comment on prononce ça ?
6. Combien de fois nous l'écoutons ?
7. Ça s'écrit comment ?
8. Pourquoi vous acceptez ?

Unité 4

Ouverture 1

Page 54, n° 1

a) Je travaille pour la presse, l'édition, le cinéma, les jeux vidéo ou encore la communication. J'illustre l'actualité ou une histoire, je crée un scénario ; avec quelques crayons en main, je peux tout faire !
b) Je passe mon temps devant des ordinateurs, mon travail est très technique, j'aime beaucoup programmer.
c) Je travaille dans un laboratoire et j'analyse la composition chimique de différents produits et substances.
d) Je m'occupe toute la journée d'enfants. Ils sont petits et, avec moi, ils apprennent à lire et à écrire.
e) Les amoureux m'attendent avec impatience mais on n'aime pas me voir quand les lettres que j'apporte ne sont pas très agréables. Avec Internet, les gens ont moins besoin de moi.
f) Je suis habillé en vert ou en blanc ; je dois avoir de très bons yeux et mes mains doivent être très très habiles. J'ai fait de très longues études avant de commencer à travailler.
g) Je prépare de bons petits plats dans de grands restaurants ou au restaurant de l'entreprise. Je fais le bonheur des gourmands et le malheur des gens au régime.

Ouverture 2

Page 55, n° 1

a) – Bonjour, je dois changer une pédale de mon vélo.
– Vous voulez quel modèle ?
b) – Quelles fleurs tu as plantées ?
– Des roses, elles sont fleuries en ce moment et très belles. Et aujourd'hui, je vais faire d'autres plantations.
c) – Il fait beau, nous allons sortir faire une promenade à cheval.
– Je peux monter le cheval noir ?
d) – Tu prends ton maillot de bain, on va nager !
– D'accord, l'eau doit être bonne aujourd'hui.
e) – Regarde, il y a une piste de libre là-bas.
– On y va, qui lance la première boule ?
f) – On peut aller voir la nouvelle pièce à l'Odéon.
– Non, c'est trop classique, je préfère les drames plus modernes.
g) – En France, le jour de la Fête de la musique, on peut jouer de la trompette dans la rue si on veut.
– C'est bien, c'est quand ?

Situation 2

Page 57, n° 2

– Chers amis, bonjour ! En direct d'Aurillac, dans le Cantal, en Auvergne, notre grand jeu de l'été « 100 euros pour les vacances ». Avec nous Martine Morin, notre candidate. Bonjour Martine, vous êtes de la région ?
– Non, je viens de Rennes, je suis là pour les vacances, avec mon mari, mes deux enfants et ma nièce.
– Qu'est-ce que vous faites dans la vie, Martine ?
– Je travaille dans une agence de voyages et mon mari est garagiste.
– Très bien ! Et comment ça se passe, les vacances, Martine ?
– Chacun a ses occupations, oh là là ! Ma fille et sa cousine passent leur temps à se balader, mon mari lit et fait du vélo, et le petit, il ne peut pas rester en place : il joue au ballon dans le jardin, il fait du vélo avec

son père... Mais moi, je préfère faire des jeux sur ma tablette à la terrasse d'un café, ou visiter des musées. Ah oui ! En fin d'après-midi, on va se promener en ville.
- C'est parfait, vous êtes détendue pour notre jeu alors ! Vous êtes prête ? Je vais vous poser la première question : pouvez-vous nous dire comment s'appellent les habitants de Madagascar ?
- Les... les Malgaches.
- Très bien! Nous prenons la deuxième question : d'où vient le carry, plat à base de viande ou de poisson et de curcuma, d'oignons et d'ail ?
- De La Réunion ! J'adore ça !
- Oui, fantastique ! Maintenant, attention : quelles régions d'Outre-mer sont situées dans l'océan Pacifique ?
- La Nouvelle-Calédonie, la Polynésie française et...
- Et...? Martine, il vous reste vingt secondes !
- Et Wallis-et-Futuna !
- Bravo !!! C'est parfait !

Prononciation

Page 61

1. Qu'est-ce qu'il est grand !
2. Assieds-toi sur ce banc.
3. Qu'est-ce qu'il vend ?
4. Il aime les chiens mais préfère les chats.
5. Où est-ce qu'il va ?
6. Il a gagné le gros lot.
7. Qu'est-ce qu'ils font ?
8. Je mange de la viande de veau.
9. Ce que tu dis est faux.
10. Tu n'aimes pas les bonbons.
11. Sophie est dans son bain.
12. Tu n'as pas faim ?
13. Salut ! Je m'en vais.
14. Tu manges trop de pain.
15. Il habite 5, rue de la Paix.

Unité 5

Situation 2

Page 69, n° 1

- Bonjour, chers auditeurs et chères auditrices de *Radio Contact*. Nous sommes aujourd'hui en direct de Dijon. Comme chaque midi, nous invitons à déjeuner avec notre équipe, la personne qui va découvrir dans quel bar ou restaurant nous sommes installés ! Vous ne pouvez dire aucun nom officiel de rue ou de magasin, ni de musée ! Nous attendons vos questions sur Internet ou bien par téléphone au numéro habituel. Carole, vous êtes en studio, vous nous posez la première question ?
- Oui, bonjour Pascal, on nous envoie déjà beaucoup de messages. Voici la première question d'une auditrice : « Est-ce que vous êtes dans le centre-ville ? »
- Oui, nous sommes dans le centre-ville ! Une autre question ?
- Un auditeur : « Êtes-vous sur une place ? »
- Effectivement, nous sommes sur une place !
- Très bien, nous venons de faire un grand pas en avant ! Question sur Twitter : « Y a-t-il des magasins autour de cette place ? »
- Oui, il y a une bijouterie sur notre droite en sortant de la place et un magasin de prêt-à-porter pour femmes à gauche. Il y a également un supermarché à gauche, une rue plus bas.
- Message d'Aurélie, sur Facebook : « Est-ce qu'il y a une agence immobilière ? »
- Il y a même deux agences immobilières ! Nous sommes entre les deux !
- Y a-t-il un bureau de poste ?
- Oui, c'est exact, sur la droite il y a en effet un bureau de poste.
- Combien de rues donnent sur cette place ?
- Six rues exactement !
- Pierre, par téléphone : « Êtes-vous en face d'un établissement public ? »
- Eh bien oui, nous sommes juste en face !
- Vous êtes à la Brasserie de l'Hôtel de Ville ?
- Oui, c'est bien ça ! Venez immédiatement place de la Libération ! Dépêchez-vous ! Nous vous attendons pour déjeuner ! Carole, au revoir et rendez-vous demain !
- À demain Pascal !

Prononciation

Page 73, n° 3

1. Muriel dit qu'elle arrive samedi à midi.
2. Arthur ! Où es-tu ?
3. Vous êtes sûrs que Julie est partie ?
4. Tu as dit « deux » ou « douze » ?
5. Il est sûr de réussir.

Unité 6

Situation 2

Page 81, n° 1

- *Décomeubles*, bonjour !
- Salut Alix, c'est Pauline, tu as un moment ?
- Oui, mais dépêche-toi, ce matin, j'ai mille choses à faire !
- O.K., c'est rapide, c'est pour ma sœur et Arthur !
- Dis-moi...
- Ils viennent de rentrer de Belgique et ils cherchent un appartement. L'appart de Thomas est libre, non ?
- Oui, il vient de déménager, il est à Rennes. Son père va louer le deux-pièces.
- Ah super ! Il est où ? En banlieue, je crois ?
- Oui, à Palaiseau, c'est assez loin d'ici, mais le RER passe tout près de chez lui. En 40 minutes, on est à Bastille.
- Et il est bien l'appart ?
- Je ne le connais pas mais, apparemment, il est clair et calme. Il a une chambre et un grand salon.
- Et la cuisine ?
- Elle est tout équipée.

– C'est à quel étage ?
– Au 3e, sans ascenseur.
– Bon, ça fait du bien un peu de sport ! Et enfin, « la » question : il est cher ?
– Pas trop ! Le père demande aussi une caution. Attends une seconde, il y a une cliente ! Bonjour Madame Chatel, vous voulez voir Monsieur Lambruni ? Asseyez-vous, je vous prie, il ne va pas tarder. Bon, je dois te laisser.
– D'accord, je vais voir avec Thomas. Donne-moi son numéro, je vais l'appeler tout de suite.
– Non, ne l'appelle pas aujourd'hui, il est à Londres pour le boulot. Rappelle-moi plus tard, ciao.

Prononciation

Page 85, nº 2

Série 1
1. mes / mes
2. des / dès
3. sait / sait
4. lait / les
5. fait / fait
6. prés / près
7. épais / épée
8. clair / clair

Série 2
1. peu / peu
2. des / deux
3. ceux / ses
4. vœux / vœux
5. nez / nœud
6. jeu / jeu
7. tes / tes
8. fée / feu

Page 85, nº 3

1. Elle est belle, son aile.
2. Héléna est allée chez Audrey.
3. Mon neveu a les yeux bleus.
4. Étienne veut réserver un hôtel.
5. Ma mère s'appelle Lorraine.
6. Il ne veut pas allumer les feux.

Unité 7

Situation 1

Page 94, nº 1

– Ça alors ! Pas possible ! Mais c'est Franck Pasquier !
– Oui, oui, c'est bien moi ! Mais toi, Guillaume, qu'est-ce que tu fais ici ? Tu habites à Cahors, maintenant ?
– Non, non, je suis arrivé ce matin, mais je ne vais pas rester longtemps. Je suis venu voir mes parents et je repars lundi prochain. Et toi ? Comment ça va pour toi ?
– Très bien... Mais dis, il y a combien de temps qu'on ne s'est pas vus ?
– Ouh, attends... 20 ans environ, non ? Tu n'as pas changé ! C'est incroyable !
– Remarque, toi non plus... Dis-moi, qu'est-ce que tu es devenu, le matheux ?
– Rappelle-toi, on a passé le Bac, je suis parti à la fac… D'abord à Toulouse, et après à Lyon, et j'ai fait un master de maths. Voilà, maintenant, je suis prof dans un lycée près d'Auxerre. Et toi ? Toujours sportif ? Qu'est-ce que tu fais ?
– Non, je ne fais plus beaucoup de sport. Moi, j'ai pas voulu faire d'études, j'ai préféré la vie active, j'ai fait un stage d'informatique et quand mon père a eu 60 ans, j'ai repris son commerce et ça marche bien.
– Très bien et dis-moi : tu es marié ? Tu as des enfants ?
– Oui, je me suis marié en 95 et j'ai eu deux enfants : un garçon et une fille.
– Moi, je n'ai pas eu de chance en amour. J'ai rencontré une fille, mais ça n'a pas marché. Enfin, je n'ai personne dans ma vie pour l'instant…
– Oh ça, on ne sait jamais ! Tu es encore jeune et beau ! Oh, midi dix, excuse-moi ! Je suis pressé ! Je vais chercher mon fils à l'école. Voici ma carte de visite. Appelle-moi ! Je voudrais te présenter ma famille !
– Oh, avec plaisir ! Entendu ! Je te passe un coup de fil !

Grammaire

Page 96, nº 1

1. J'ai fait des études universitaires.
2. Je choisis un métier intéressant.
3. Je finis de préparer le déjeuner.
4. J'ai écrit un roman autobiographique.
5. J'ai lu un poème de Prévert.
6. Je conduis mes enfants à l'école.
7. J'ai grandi de cinq centimètres.
8. Je dis qu'il n'a pas raison.

Prononciation

Page 99, nº 2

Série 1
1. sel, seul
2. peur, père
3. serre, serre
4. l'air, l'heure
5. meurt, meurt
6. cœur, Caire
7. mêle, mêle
8. neuf, nef

Série 2
1. bord, beurre
2. sœur, sors
3. dort, dort
4. port, port
5. Laure, leur
6. seul, sol
7. corps, corps
8. meurt, mort

Compétences

Page 102, nº 5

– Bonjour à tous et à toutes, aujourd'hui 14 février, c'est un spécial « Parlez-nous d'amour ».
On a demandé à trois auditeurs et auditrices, avec nous dans ce studio, la chanson d'amour qu'ils préfèrent.
On commence avec Carole, 32 ans, qui est de Nevers. Alors Carole, vous nous dites que votre chanson, c'est…
– C'est « Les vieux amants », de Jacques Brel.
Un jour, je l'ai entendue à la radio et je l'ai aimée tout de suite. Pour moi, c'est ça l'amour.
– Alors Carole, c'est l'amour qui rime avec toujours ?
– Oui, Julien, c'est ça. Moi, je suis pacsée depuis cinq ans, on est bien tous les deux et si on arrive à vivre ensemble longtemps, avec des bons moments et malgré les problèmes, comme dans la chanson, ça sera une belle aventure. Et puis, il y a la voix de Brel. C'est vraiment une chanson forte.

– Eh bien merci, Carole. On passe à David, 45 ans, qui vient de Limoges. À vous, David ! Quelle chanson vous avez sélectionnée ?
– « L'hymne à l'amour », d'Édith Piaf, a longtemps été ma chanson favorite, mais maintenant tout a changé pour moi.
– Et votre chanson d'amour aussi ?
– Oui, parce que j'ai été marié, et puis ça n'a plus été entre nous, on s'est séparés. C'est pas facile, alors je me sens un peu comme dans la chanson « J'ai besoin d'amour », de Cali.
– Oui, les ruptures, c'est dur. On va en reparler après, merci David. Et pour l'instant, on va finir ce tour de table avec Mathieu. Vous avez 27 ans et vous vivez à Honfleur.
– Oui, moi, j'ai choisi une chanson de Vanessa Paradis : « Divine Idylle ». Ça me parle.
– Et en quoi ça vous parle, Mathieu ?
– La musique, elle est bien, mais les paroles, elles sont vraiment super. C'est un peu ce que j'ai envie de dire à ma femme, Vanessa. Je voudrais lui dédier, elle est en train d'écouter l'émission.
– Très bien, on finit donc avec une déclaration d'amour et on va l'écouter maintenant, cette chanson. Et puis, nous attendons vos appels, vos réactions, vos commentaires.

Unité 8

Situation 1

Page 106, n° 1

– Bonjour à tous, bienvenue dans notre maison de quartier, pour assister à notre table ronde sur la relation qu'entretiennent les jeunes avec les marques de vêtements. Je remercie Manou, Cynthia, Clément et Bruno d'avoir accepté de participer. Après le débat, nous organiserons un échange avec le public. Beaucoup de parents sont là et je crois qu'ils voudront intervenir. Alors, sans plus attendre, je laisse la parole aux jeunes. Qui commence ?
– Salut à tous, moi c'est Manou et je suis plutôt contre les marques. Pourquoi ? Je vous explique : parce que c'est très cher et comme c'est cher, tout le monde ne peut pas les acheter, alors ça crée des différences entre les gens…
– Je voudrais intervenir, bonjour, je m'appelle Cynthia. Moi, c'est le contraire. Sans hésiter, je suis pour, totalement pour, je dis oui aux marques. Je crois qu'elles nous donnent un style, et puis la marque, ça représente toujours la qualité. Par exemple, les pulls que j'ai achetés, quand je les ai lavés, ils n'ont jamais rétréci ou changé de couleur. Ce n'est pas la même chose avec les autres.
– Salut, moi c'est Clément. Ça, c'est discutable. Les « sans marques » aussi, ils peuvent durer. Mes jeans, je les ai trouvés à la Halle aux vêtements, ils sont impeccables, faut juste les laver comme c'est écrit sur l'étiquette. Et ils ne coûtent pas cher.
– Clément a raison, l'important, c'est d'acheter des choses qui nous plaisent. Moi, je n'ai pas besoin d'une jupe, d'une robe ou d'un tee-shirt de marque pour mettre en valeur ma taille, mes jambes ou ma poitrine. L'essentiel, pour moi, c'est de me sentir bien dans ma peau et de m'habiller comme je veux. La liberté de choisir, ça aussi ça compte. Tu n'es pas d'accord ?
– Bonjour, je m'appelle Bruno, je voudrais dire moi aussi…
– Attends Bruno, je leur réponds d'abord. Vous exagérez, les marques c'est très bien pour se sentir jolie et en plus, on se fait respecter. Eh oui, c'est cher, mais à mon avis c'est normal, la qualité, ça se paie !
– Moi, personnellement, je trouve ça grave si on te respecte pour ça ! Eh ben…
– Oui. En plus, quand on sait que c'est souvent des enfants hyper exploités qui les fabriquent, tes vêtements de marque, c'est un peu la honte, non ?
– Tu veux me faire croire qu'on ne fait que les vêtements de marque dans ces ateliers, pas les autres ? J'en doute.
– C'est vrai ça. Alors moi, finalement, je vous dis : pourquoi pas les marques ? C'est pas diabolique ! Les chaussures de marque, des bonnes baskets par exemple, ça vaut la peine. Mais de toute façon, je n'achète pas que ça, je ne veux pas ressembler à tout le monde.
– Il y a une dame qui veut intervenir. Madame, on vous écoute.

Grammaire

Page 108, n° 2

1. Je les ai reçues hier.
2. Nous l'avons choisi ensemble.
3. Tu l'as mise dans la trousse ?
4. Nous l'avons peinte en vert.
5. Elle l'a écrit en français.
6. Vous l'avez faite ?
7. Je l'ai bue très chaude.
8. Ils les ont lus sur leur tablette.

Prononciation

Page 111, n° 2

Série 1	**1.** vol / vol	**4.** voir / boire
	2. avis / habit	**5.** vent / banc
	3. bas / vas	**6.** vous / vous
Série 2	**1.** beurre / peur	**4.** broche / proche
	2. poids / bois	**5.** plomb / plomb
	3. bas / bas	**6.** pierre / bière
Série 3	**1.** neuf / neuf	**4.** vœux / vœux
	2. vert / fer	**5.** vous / fous
	3. font / font	**6.** fin / vin

Page 111, n° 3

1. Pierre apporte le paquet à la poste.
2. Le bébé boit son biberon.
3. Philippe fait des efforts.
4. Valérie vit sa vie à Versailles.
5. Arbre, mon ami vert, ne pars pas en enfer !

Compétences

Page 112, n° 1

Bulletin 1
Dans le nord et à l'est, le temps aujourd'hui est typiquement hivernal ; il a neigé au-dessus de 1800 m et le verglas est abondant !
Températures en baisse sur toute la moitié nord de la France. Attention aux grippes et aux rhumes, prenez manteaux, gants et écharpes pour sortir !
La pluie et le vent sont au rendez-vous sur la façade ouest. Sur la partie sud, tendance à l'amélioration.
Températures en légère hausse dans l'après-midi : 11 / 12 degrés.

Bulletin 2
Le beau temps continue sur toute la France. Du soleil, du soleil, du soleil ! Il ne pleut pas depuis 15 jours !
Hier, les températures ont battu un record : 36 degrés à Marseille et à Perpignan, à 17 h !
Le nord et l'est n'ont pas connu non plus la fraîcheur !
C'est le temps idéal pour prendre son maillot de bain et pour aller à la plage ou à la piscine ! Attention aux coups de soleil et aux insolations !

Bulletin 3
La matinée a été généralement bonne sur la partie sud de la France. Les brumes et les brouillards se sont dissipés très tôt et ont laissé la place à un franc soleil.
En Bretagne, il a plu sur tout le littoral.
Dans le nord, il y a eu encore quelques gelées mais le printemps est là, même si les nuits restent fraîches.
Mais attention, souvenez-vous du dicton « En avril, ne te découvre pas d'un fil ! » : le temps peut encore changer !

Page 112, n° 2

- Que pensez-vous de faire une pause pendant le cours de français ?
- Moi, je suis totalement pour, c'est bien de s'arrêter un peu.
- Ah non, je ne suis pas d'accord ! J'arrive tard en cours à cause de mon travail, alors si on fait une pause…
- Moi, je dis que ça dépend.
- À mon avis, Rémi a raison, dix minutes pour prendre un café ou s'aérer un peu, c'est pas mal, non ?
- Je propose une chose, on vote et on décide après.
- Bonne idée !

Unité 9

Situation 2

Page 121, n° 1

- Il a l'air bien ce resto !
- Oui, tu vas voir, c'est Gérard qui me l'a conseillé. Il m'en a beaucoup parlé. Il vient assez souvent, il aime surtout les desserts.
- Messieurs, c'est pour déjeuner ? Je vous mets à la table près de la fenêtre ?
- Ah oui, c'est une bonne idée !
- Profitez-en, elle est rarement libre.

(Plus tard…)

- Vous avez choisi ?
- On va prendre deux menus du jour.
- Bien, je vous écoute.
- Alors, comme entrée, une salade océane et une terrine de poisson.
- Et après ça ?
- Moi, j'hésite. C'est quoi votre plat du jour ?
- Aujourd'hui, nous vous proposons une sole meunière avec des petits légumes. C'est un plat original et assez parfumé.
- Je vais prendre ça.
- Et pour vous, jeune homme ?
- Pour moi, une bavette à point, s'il vous plaît.
- Et comme boisson ?
- Une carafe d'eau et un verre de vin.

(Plus tard, à son fils…)

- Alors ça te va ?
- Oui, la viande est tendre, mais il n'y a pas assez de frites.

(Plus tard…)

- Vous avez terminé ?
- Oui, merci, c'était vraiment délicieux.
- Bon, alors en dessert, nous avons de la crème brûlée, de la tarte aux pommes, du gâteau au chocolat, des glaces ou des fruits de saison.
- Les glaces, elles sont à quoi ?
- Chocolat, vanille, fruits des bois, caramel, café. La crème brûlée est excellente, je vous la recommande vivement.
- D'accord pour la crème ?
- Alors deux crèmes, s'il vous plaît.

(Plus tard…)

- S'il vous plaît, l'addition !
- Deux menus et c'est tout. Vous payez comment ?
- En liquide. Tenez.

Prononciation

Page 125, n° 1

1. cheveux / je veux
2. Roger / rocher
3. sage / sage
4. hanche / hanche
5. bouche / bouge
6. Jean / Jean
7. manche / mange
8. âgé / haché

Page 125, n° 2

1. quiche
2. jambon
3. fromage
4. charcuterie
5. justement
6. acheter
7. chèque
8. passage

Page 125, n° 3

1. Dans le château du shah d'Iran, les chats sont très charmants.
2. Gina, la jolie girafe, joue tous les jeudis sur la plage.

TRANSCRIPTIONS

Compétences

Page 126, n° 1

- Romain ! Tu fais les courses sur Internet, s'il te plaît ? Je suis en train de finir un dossier pour demain et ton père va chercher Marie à la piscine.
- Oh là là ! C'est toujours sur moi que ça tombe... Tu as fait la liste ?
- Non, commande la même chose que d'habitude.
- Alors... je prends des céréales, du lait... Six litres de lait... Trois paquets de chips... Du coca...
- Achète des fruits et des légumes aussi ! Pas de viande, on va la prendre chez le boucher demain.
- J'achète un ananas ! Et des fraises, Marie adore ça. On a du sucre en poudre ?
- Non, on n'en a plus, prends-en un kilo.
- Ça, c'est fait. Des petits pois, des haricots verts, quoi d'autre ?
- On peut faire une salade de riz mercredi.
- Alors, du riz... Des olives... Trois boîtes de thon... Des tomates, deux kilos. Je prends aussi du saucisson pour l'apéritif !
- Non, il en reste encore un peu. Et deux kilos de tomates, c'est trop, un kilo ça suffira. Prends un pack d'eau minérale et deux bouteilles d'eau gazeuse.
- Dis-moi tout ça doucement ! Eau gazeuse... Eau minérale... O.K. Pour le dessert, je prends des yaourts aux fruits pour Marie, des flans pour moi, et pour vous, du camembert ?
- Oui, et du roquefort aussi ! Prends des oranges pour ce week-end, et des carottes.
- Oranges... carottes... Je prends du jambon et de la purée. Je peux acheter du chocolat ?
- Oui, du chocolat au lait pour vous et à l'orange pour nous. Achète du thé aussi, je n'en ai plus.
- Et avec ça, ça sera tout ?
- Oui, attends... Tiens, la carte de fidélité et la carte de crédit.
- Ils peuvent livrer après-demain. À quelle heure ?
- Après 19 h, si c'est possible.
- Ça y est ! Les courses sont faites !
- Merci Romain.

Unité 10

Situation 1

Page 132, n° 1

- Regarde, ils indiquent une station-service, sortie 19, mets ton clignotant ! Parfait, en plus il faudra nettoyer le pare-brise, on ne voit rien ! Et on achètera une bouteille d'eau aussi, j'ai soif !
- Et avec ça, ça sera tout madame ?
- Oui, il me semble.

(À la station-service...)

- J'ai fait le plein et j'ai nettoyé le pare-brise. J'en ai profité aussi pour vérifier la pression des pneus. Tu as pris une bouteille d'eau ?
- Oui, et j'ai pris les bonbons que tu aimes tant. Dis, on va prendre un café ? Je suis fatiguée et on est encore à 4 heures d'Arcachon. Ça fait 6 heures qu'on roule !
- Je suis fatigué moi aussi. Si tu veux, on prend un hôtel près d'ici. Comme ça, on dînera tranquillement et on reprendra la route demain matin.
- Oh oui ! Je vais chercher un hôtel sur mon portable... Zut ! Je n'ai plus de batterie. Tu me passes ton portable ? Merci. Alors... à Châtel-Guyon, qui est à un quart d'heure d'ici, il y a plusieurs hôtels. Le Métropole a l'air bien et c'est l'hôtel qui est le moins cher, regarde.
- Oui, c'est vrai. Réserve, ça sera plus sûr.
- D'accord.

Prononciation

Page 137, n° 3

1. Ils ont assisté au spectacle.
2. Cyril habite dans un studio.
3. Sylvie n'aime pas faire du sport.
4. C'est un scandale !
5. Il a décidé de faire un stage en entreprise.

Compétences

Page 138, n° 1

1. Quai numéro 1, voie A, le TGV 8713 en provenance de Paris et à destination de Brest va entrer en gare. Éloignez-vous de la bordure du quai ! Rennes, Rennes, trois minutes d'arrêt !
2. Quai numéro 2, le TER 6760 à destination de Saint-Brieuc va partir. La fermeture des portières est automatique. Attention au départ !

Page 138, n° 2

3. Mesdames et Messieurs, nous vous informons qu'en raison d'un incident, le TER 6910 en provenance de Marseille et à destination de Lyon est annoncé voie 11, avec 10 minutes de retard.
4. Monsieur Sloan est prié de se présenter d'urgence à la porte d'embarquement n° 42, porte d'embarquement 42.

Tâche finale

Page 142, n° 1

- Salut tout le monde, ça va ? Je vous présente Benjamin, un ami. Il est parti au Vietnam l'an dernier, il pourra nous conseiller. Benjamin, voici Aurélie et Soufiane, mes compagnons de route !
- Bonjour Benjamin, super !
- Bonjour ! Je ne peux pas rester longtemps, je vais faire vite. Alors, d'abord, il faut un visa.
- Oui, je me suis renseignée, j'ai téléphoné à l'ambassade.
- Comptez une semaine pour l'avoir. Vous allez arriver où ?
- À Hô Chi Minh-Ville, et on repartira d'Hanoi.
- Alors réservez-vous trois jours minimum pour faire le delta du Mékong, ça vaut la peine, mais

préparez-vous pour les moustiques, c'est infernal !
Le climat est tropical, prenez des vêtements en coton et légers.
- Je note ça.
- Et qu'est-ce qu'il y a comme endroits à voir ?
- Il y en a beaucoup, c'est un beau pays, très vert. Huê, la ville impériale, est très jolie mais on a beaucoup marché pour tout voir.
- Et la nourriture ?
- On mange bien, asiatique, et pour pas cher. De toute façon, si vous voulez, on se revoit un soir de la semaine prochaine, je vous expliquerai plus en détails et je vous donnerai les adresses que j'ai. Là, je dois y aller, désolé ! Au revoir !
- Au revoir, et merci beaucoup !
- Bon, on s'y remet ?
- Oui, on a pas mal de choses à faire : demander des traveller's chèques, l'itinéraire, la trousse à pharmacie, voir s'il y a des vaccinations obligatoires, les choses à emporter.
- Il y a aussi le visa mais le plus urgent, c'est les vaccins. C'est l'époque où tout le monde va se faire vacciner, on n'aura peut-être pas un rendez-vous immédiatement. On se partage le travail ?
- Tout à fait d'accord : moi, je réserve les billets. Qui s'occupe de la partie sanitaire ?
- Je m'en occupe, si vous voulez. Et toi, Sarah ?
- Bon, je prépare la liste des choses à emporter. Benjamin nous a recommandé des vêtements en coton et légers, parce qu'il fait une chaleur tropicale. Regardez ce que vous avez chez vous et sinon, on va faire les boutiques.
- Maintenant, l'itinéraire.
- L'itinéraire, à mon avis, c'est simple : on arrive à Saïgon et on doit aller jusqu'à Hanoï, alors on visite le pays entre les deux.
- Oui, mais tu veux passer plus de temps dans le sud, dans le nord ?
- Moi, j'aimerais bien aller jusqu'à Sapa, voir l'intérieur du pays.
- Moi, je préfère la côte. On pourra faire un peu des deux ? Mon rêve : me baigner dans la baie d'Halong.
- Excusez-moi, mais je dois partir... On en reparle samedi.

Unité 11

Situation 2

Page 147, n° 1

- Regarde, il y a une pharmacie en face, on y va ?
- Bonjour !
- Bonjour, nous voudrions deux brosses à dents et un tube de dentifrice, s'il vous plaît.
- Vous voulez une marque en particulier ?
- Non, peu importe.
- Alors, prenez ce dentifrice, c'est le meilleur. Avec ceci ?
- Je voudrais aussi des pastilles pour la gorge. Je crois que c'est mon allergie qui revient : j'ai un peu mal à la gorge, à la tête, j'éternue souvent...
- Vous avez de la fièvre ?
- Non, je ne crois pas.
- Prenez ces pastilles, matin et soir, après les repas. Ce sont les plus efficaces contre l'allergie. Vous verrez, vous vous sentirez rapidement mieux. En plus, elles ne provoquent pas de somnolence !
- Merci ! Tant mieux, on a beaucoup de choses à voir, pas le temps de dormir ! Ça fait combien ?
- 9,30 euros.
- Tenez.
- Merci, voici votre monnaie.
- Vous savez où il y a un marchand de journaux ? Je n'ai plus de lecture, je veux un magazine pour ce soir.
- Vous avez un bureau de tabac au coin de la rue.

Page 147, n° 2

- Regarde ces cartes, elles sont jolies ! Allez, j'en prends pour mes parents et mes sœurs, ça va leur faire plaisir, ça les changera des factures.
- Tu auras le temps de les écrire ? Dis, on prend un jeu à gratter pour rembourser nos achats ?
- Tu crois que c'est notre jour de chance ? On a eu des jours meilleurs qu'aujourd'hui...
- On ne sait jamais ! Je te prends un magazine ?
- Oh non, je préfère me reposer ce soir, et puis, j'aurai mes cartes à écrire.

Prononciation

Page 151, n° 3

1. Ces saucissons sont trop secs, je n'en veux pas !
2. Jeanne est charmante mais elle bouge un peu trop !
3. Vous avez raison, nos cousins ne s'aiment pas.
4. Il neige et le chat s'abrite sous le porche.

Compétences

Page 152, n° 1

- Ça ne va pas Marielle ?
- Non, ça fait deux jours que j'ai mal au ventre.
- C'est sûrement quelque chose que t'as mangé.
- Non, je crois pas, mais en tout cas, ça passe pas.
- Bon mais, si tu fais des repas légers, ça va aller mieux.
- Mais, je me sens pas bien, j'ai mal au ventre, j'ai du mal à digérer, en plus j'ai pas faim.
- C'est normal, si t'as mal au ventre...
- Oui mais, c'est pas seulement ça, j'ai un peu mal au crâne aussi par moments.
- Oh toi, t'as pris froid ! Alors, pourquoi tu vas pas chez le médecin ?
- Oui, je crois que c'est ce que je vais finir par faire.
- T'en fais pas, c'est sûrement pas grave.

TRANSCRIPTIONS

Page 152, nº 2

- Bonjour docteur.
- Bonjour mademoiselle, qu'est-ce qui vous amène ?
- Eh bien voilà, ça fait maintenant deux jours que je ne me sens pas très bien.
- Expliquez-moi ça, vous avez mal où ? Comment ça se manifeste ?
- Eh bien, j'ai commencé par avoir mal au ventre, j'ai pensé que c'était passager mais ça persiste, j'ai du mal à digérer et puis maintenant, j'ai aussi des problèmes intestinaux.
- Vous avez de la fièvre ?
- Je n'ai pas pris ma température mais je ne pense pas. Par contre, j'ai mal à la tête le matin.
- Ce doit être un refroidissement et cela s'est porté sur le ventre. Venez, je vais vous examiner.

Unité 12

Situation 2

Page 159, nº 1

- Salut Manue, salut Jérôme ! C'est Benoît ! Zut, vous n'êtes pas là, c'est dommage ! Je voulais vous demander un service. C'est au sujet de mon chat. Finalement, je ne peux pas l'emmener à Bruxelles, impossible ! Alors voilà : j'ai pensé à vous, mes meilleurs amis ! Vous avez un jardin, un grand appart... vous connaissez bien Moogly... Si vous voulez, prenez-le chez vous une semaine, pour essayer...Vous verrez, il mange de tout, et il est très propre ! Alors, qu'est-ce que vous en pensez ? Vous êtes d'accord ? S'il vous plaît, faites ça pour moi ! Quand est-ce qu'on peut se voir ? Appelez-moi vite, c'est assez urgent ! Ciao.
- Tiens, c'est toi chéri, bonsoir. Ça va ?
- Salut Manue !
- Tu sais quoi, je viens juste d'écouter un message de Benoît sur le répondeur...
- De Benoît... et qu'est-ce qu'il raconte ?
- Euh... eh bien... il nous demande de prendre Moogly chez nous.
- Son chat ! Chez nous ! Mais pour combien de temps ?
- Il dit qu'il ne peut pas l'emmener en Belgique, alors pour un peu plus d'un an...
- Il nous demande de l'adopter, en somme. Vraiment, il exagère !
- Un peu, oui, mais il dit que nous on a un jardin, un grand appartement... et il dit aussi qu'on est ses meilleurs amis, qu'on connaît bien Moogly... c'est vrai ça !
- Il est bien gentil, mais moi les chats...
- Écoute Jérôme, Benoît nous propose de le garder une semaine pour voir, on peut essayer. Il paraît qu'il mange de tout ce chat, et qu'il est très propre ! Qu'est-ce que tu en penses ?
- Bon, on va réfléchir... mais je ne sais vraiment pas si c'est possible. Nous aussi, on voyage...
- Allez, il nous demande de faire ça pour lui ! On l'appelle ?
- Mais enfin, ce n'est pas si pressé, il veut une réponse pour quand ?

(Le téléphone sonne...)

- Tiens, un appel ! Si ça se trouve, c'est lui... Bonsoir Benoît !

Grammaire

Page 160, nº 1

1. Ça se passait à Marseille.
2. J'étudie l'anglais.
3. Elle se levait tôt.
4. Tu regardais dehors.
5. Nous acceptions le cadeau.
6. Vous vous fâchez souvent.
7. Ils travaillent ici.
8. Je téléphonais tous les jours.

Compétences

Page 164, nº 1

- Maman, papa, regardez mon bulletin de notes, j'ai eu 16 de moyenne !
- C'est très bien, Julien !
- Bravo !
- Dites, j'ai bien travaillé, j'ai été sérieux toute l'année... Je peux avoir un chien ?
- Ah non, pas un chien, on t'a déjà dit non.
- Il part bientôt chez mes parents, il s'amusera plus avec un chien que tout seul.
- On n'en a même pas parlé et tu acceptes déjà ! Et qu'est-ce qu'on en fera au retour ? Et tes parents, ils seront d'accord ?
- S'il te plaît maman, je m'en occuperai, je te promets !
- C'est vrai que ça sera compliqué. Tu sais, Julien, on travaille toute la journée ; toi, tu es au collège, il va être malheureux, tout seul à la maison.
- Il pourra rester dans le jardin, on installera une niche ! Allez, s'il vous plaît !
- En plus, tu n'es pas souvent à la maison, tu vas reprendre les cours de violon à la rentrée, les matchs de foot, la natation... Ce n'est pas raisonnable !
- Je fais toujours ce que vous voulez et je n'ai jamais rien en récompense. En plus, c'est vrai, je vais m'ennuyer chez papi et mamie ! Il n'y a rien à faire là-bas ! Il n'y a même pas Internet !
- Écoute, n'insiste pas ! On t'a offert un portable justement parce que tu partais à la campagne ! Va dans ta chambre, et range-la un peu, ça t'occupera !
- Bon, et s'il emmenait le chien des voisins ? Ils ne savent jamais quoi en faire pendant les vacances, il sera mieux à la campagne.
- C'est une bonne idée ! En plus, mes parents seront contents, ils adorent les chiens.
- Appelle tes parents et parles-en avec eux. Mais ce sera à Julien de s'en occuper !
- O.K. Ensuite, on ira proposer ça aux voisins. J'espère que Julien verra que c'est du travail et qu'il ne nous réclamera plus de chien.